「世界哲学」という視点

哲　学　会　編

哲学雑誌　第138巻　第811号

２　０　２　4

哲　　学　　会

目　次

会　　規

1. 本会は定期的行事として，毎年一回カント・アーベントおよび研究発表大会を開くほか，随時，研究会誌として，「哲学雑誌」を刊行する。
2. 本会へは会員一名の紹介をもって入会することができる。

以下略

哲 学 会

世界哲学と仏教

――中世日本仏教の視座から――

頼住光子

近年、日本の哲学・思想研究の世界では、「世界哲学」が無視できないトレンドとなっている。グローバル化を背景として、従来の哲学があまりにも西洋中心であり、哲学史というとギリシア以来のヨーロッパの哲学史となってしまっている現状を見直し、世界の他の地域でこれまで積み上げられて来た知的営為をも「哲学」と捉えて、そこに目を向けていこうとする動きが加速している。そして、その営為を通じて、人間の主体性を、他（他者・自然）をコントロールすることと捉えてきた現代社会の思想傾向を、根本から見直していこうとしているのである。

私自身、中世日本仏教研究を中心とする自分自身の研究分野について、これまで、「日本思想史」（とりわけ和辻哲郎が開拓した「日本倫理思想史」）として把握しており、「日本哲学」というのは西洋哲学を受容した、明治以降の哲学（その代表例が京都学派）であると漠然と考えていた。しかし、「世界哲学」という把握の仕方を踏まえるならば、中世日本仏教もまた一つの「世界哲学」、つまり、日本という固有の場において、世界や人間の普遍的な在り方について、筋道立った思索を展開した営為であったと言うことができる。

本論考では、道元の無常観を手がかりとしながら、中世日本における「世界哲学」の具体的なありようについて検討したい。

はじめに――仏教とニヒリズム

仏教はその成立の当初から、ペシミズム（悲観主義）であり、また、ニヒリズム（虚無主義）であるという評価を受け続けてきた。たとえば、西洋近代において仏教を研究対象とした初期の学者たちの多くは、仏教の「無常anitya」や「空śūnya」の思想を、ニヒリズムであり、またネガティヴィズム（否定主義）であると評した。たしかに、仏教の根本教説である無常説にしても空の理論にしても、悲観的かつ厭世的な虚無を説くニヒリズムと受け取られかねない側面をもつ。

無常説の説く所によれば、われわれの経験する一切の事物は、つねに流動変化し、一瞬たりとも留まることがなく、あらゆるものは、衰滅をその本質的契機としている。この世には、自己同一を保つ永遠不変なものは何も存在せず、生きとし生けるものはみな滅び死んでいく運命にある。そして、衰滅や死を免れられないこの世における生存は苦であるということが強調される。

大乗仏教において発展をとげた「空」の思想は、原始仏教以来仏教の基本教理とされた無常説を深化させたものである。人間だれしも直面せざるを得ない死や老い、別離という現実から出発した無常説は、大乗仏教になると、人間のみならず全世界の全事物事象の存在様態として、さらに理論的に掘り下げられていった。無常も空も仏教の初期から語られてきた言葉ではあるが、(1) 大乗仏教になると、それらは、縁起説と結び付いて理解されるようになる。縁起説では、この世にあるすべてのものは、さまざまな因（直接原因）と縁（間接原因）とが和合することによって成り立っていると捉える。因や縁が変化すれば、そのものも変化し刹那といえども留まることはない。すなわち、この世にあるありとあらゆるものは、絶対的なものではなく、因縁によって、仮にそのようなものとなっている（仮和合）に過ぎないというのである。このような考え方が、この世の既成の真理、実在、価値、権威に対する相対化、否定を含意していることは、容易に見て取れよう。

さて、このような相対化や否定は、ニヒリズムの思想的な特徴である。ニヒリズムといっても、時代や文化圏によって、さまざまなヴァリエーションがあるが、ここでは、まず、現代を生きるわれわれにとって一番近しい西洋近代のニヒリズムを例にとって考えてみよう。西洋近代のニヒリズムは、神の喪失に淵源すると言われる。従来、あらゆる価値の源泉であり、社会秩序の中心であり、聖俗両世界にわたる最高権威として君臨していた神を、近代人たちは、ヒューマニズム（人間中心主義）の名のもとに、あるいは科学の名のもとに否定した。

彼らは、神をその玉座からしりぞかせ、かわりに自分たちがその座を占めようとした。しかし、彼らが見出したのは、確固たる何者によっても自分たちが支えられていないという不安感、無力感、そして、世界、人生の根源は全くの無であり、そこに一瞬、何の必然性もなく現われては空しく消えていくわれわれの生は無意味なものであるという絶望感であった。それは、孤立する自我のおちいらざるを得なかった虚無である。（そして、これらの不安感、無力感、絶望感に対処すべく、人々は、国家や階級、信仰や思想などを絶対的権威として立てたり、または、さまざまな気晴しによって不安や絶望をまぎらわそうとしたりするが、そのいずれもが、問題の本質的な解決にはならないことは、ハイデッガーをはじめとする多くの近代の思想家の指摘するところである。）。

しかし、仏教における無常観にしても空の理論にしても、元来、無力感や絶望感を必然的帰結とするものではない。確かに、仏教の無常観の影響下に成立した我が国の文芸などには、人の命のはかなさや世の栄枯盛衰などを無常ととらえ、それを嘆き悲しむ詠歎的無常感、そして、それが転じた一種の刹那主義がみられもし[2]、また、一切が「空」であるという仏教の基本教理は、世の中の空しさ、人生のはかなさを教えるものとして受け取られもした。それらは、厭世的孤独感、生存の不安感、虚無的気分という意味において、ニヒリズム的な色彩をおびているということができる。しかし、これは、派生的な現象である。仏教の無常観や空の理論は、あくまでも世界の実相についての認識であり、また実践（修行）の根拠に他ならない。

なにものをも絶対化せず、滅びゆくものとして捉える仏教は、にもかかわらず、不安と絶望のニヒリズムには帰結していない。この点から考えれば、仏教の無常観は、われわれ現代人のおちいっている絶望の病としてのニヒリズムにたいして、何らかの示唆を与えることもできよう。本論考においては、仏教の無常観とは何か、そしてそれはどのような思想的可能性をもっているかということを、日本中世の仏教者であり、日本の思想史上でもまれにみる深い哲学的思索を行なったことで知られる道元（一二〇〇～一二五三）をてがかりとして考えてみたい。

第一章　仏道の出発点としての無常観

道元の著作には無常を観じる言葉が散見される。そこで使われている「無常」という言葉の意味には幅がある。まず眼につくのは、世俗的な諸価値を頼みにならないものとして捨てて仏道を志せという言説である。道元によって、捨てるべきであるとされているのは、財産や名誉をはじめ、教養や学問、さらに恩愛や人情など、世俗的には望ましいとされていることのすべてである。たとえば、道元は、『正法眼蔵』「出家功徳」巻で、「すでにうけがたき人身をうけたるのみにあらず、あひがたき仏法にあひたてまつれり。いそぎ諸縁を抛捨し、すみやかに出家学道すべし。（中略）おほよそ無常たちまちにいたるときは、国王・大臣・親昵・従僕・妻子・珍宝たすくるなし。たゞひとり、黄泉におもむくのみなり」（上－六一六）[3]といっている。この世あらゆるものが無常の風に晒されていると自覚することこそが、仏道修行の第一歩なのである。

また、道元は、無常迅速を強調し、刻々と過ぎ去って行く時間を一瞬たりとも無駄にせずに、仏道修行に励むべきであることを説く。道元の言行を弟子の懐弉が書き記した『正法眼蔵随聞記』には、「学道の人、寸陰を惜しむべし。露命消えやすし。時光すみやかに移る。暫く存する間に、余事を管すること無く、ただすべからく道を学すべし。」（下－四八四）という言葉をはじめ、多くの同趣旨の言葉が残されている。ここで道元は、自分をもふくめ人間の命のはかなさを自覚するが故に、自分に与えられた時間を無駄にすることなく仏道に励めと教戒を与えているのである。

以上のような、世俗的諸価値の頼み難さを説く言説や、また、無常迅速なるが故に仏道修行に励めという言説は、道元特有のものではない。臨終の際に釈尊が弟子たちに遺した言葉「もろもろの事象は過ぎ去るものである。怠ることなく修行を完成しなさい。」[4]からはじまって仏教の歩みとともに常に語られてきた言説である。日本にあっても、道元が生きた時代も含めて多くの仏教者によって同じように語られた言説である。伝記によれば、道元は幼時に母と死別し現世の無常を観じ発心したというが、これも他の多くの仏教者たちの経験と軌を一にしている。[5]しかし、道元の無常にたいする考え方は、以上につきるものではない。これまで述べたような、いわば常套的な無常に対する理解に加えて、独自の無常に対する思索が道元の著作のなかには見受けられる。以下、それについて検討してみよう。

第二章　無我と無常

道元の無常をめぐる多くの言葉のなかで目立っているものに、吾我を離れよ、そのためには無常を観ぜよという主張がある。吾我とは、固定的実体として捉えられた自我のことで、仏教的な見地からは、このような自我の捉え方は誤りであり、自我をこのように捉えるからこそ、さまざまな我執、煩悩が生れるとされる。道元は、『正法眼蔵随聞記』の中で、「吾我を離るるには、観無常これ第一の用心也」（下－四三〇）、「真実無所得にて、利生の事をなす、即ち吾我を離るる第一の用心なり。此の心を存せんとおもはば、先ずすべからく無常をおもふべし。」（下－四六〇）などと繰り返し説く。吾我を離れるために無常を思えというのは、道元の特徴的な言説なのであるが、では、なぜ無常を観じることが吾我を離れることになるのだろうか。このことを検討することで、道元のより深まった無常解釈を明らかにすることができる。以下、『正法眼蔵』「恁麼」巻の冒頭の一節をてがかりとして考えてみたい。（なお、『正法眼蔵』の解釈が一定しない研究状況に鑑みて、以下、私見による現代語訳を付す。）

雲居山弘覚大師は、洞山の嫡嗣なり。釈迦牟尼仏より三十九世の法孫なり。洞山宗の嫡祖なり。一日示衆云「欲得恁麼事、須是恁麼人、既是恁麼人、何愁恁麼事」。

いはゆるは、「恁麼事をゑんとおもふは、すべからくこれ恁麼人なるべし。すでにこれ恁麼人なり。なんぞ恁麼事を愁ゐん」。

この宗旨は、直趣無上菩提、しばらくこれを恁麼といふ。この無上菩提のていたらくは、すなわち尽十方界も無上菩提の少許なり。さらに菩提の尽界よりもあまるべし。われらもかの尽十方界の中にあらゆる調度なり。なにゝよりてか恁麼ありと知る。いはゆる身心、ともに尽界にあらはれて、われにあらざるがゆへにしかありとしるなり。

身すでにわたくしにあらず、いのちは光陰にうつされてしばらくもとゞめがたし。紅顔いづくへかさりにし、たづねんとするに蹤跡なし。つらつら観ずるところに、往事のふたゝびあふべからざるおほし。赤心もとゞまらず、片々として往来す。たとひまことありといふとも、吾我のほとりにとゞこほるべきものにあらず。

恁麼なるに無端に発心するものあり。この心のおこるより、向来もてあそぶところをなげすてゝ、所未聞をきかんとねがい、所未証を証せんともとむる、ひとへにわたくしの所為にあらず。しるべし恁麼人なるゆへにしかあるなり。（上－一六二～一六三）

［現代語訳］

雲居山弘覚大師（雲居道膺）は、洞山の法を受け継ぐ弟子である。釈尊から数えて三十九代目の法孫である。洞山宗を受け継ぐ祖師である。ある日、弟子たちに示して言った。「欲得恁麼事、須是恁麼人。既是恁麼人、何愁恁麼事。」（四恁麼）と。

ここで言われているのは、「恁麼事を得たいと思うならば、必ず恁麼人でなければならない。すでにもう恁麼人であるのだから、どうして恁麼事について思い煩う必要があろうか」ということである。

この教えの趣旨は、次のようなものである。「直趣無上菩提」（直ちに赴かれるべき最高の悟り、悟りにおいて顕現する真理）ということを、とりあえず、「恁麼」というのだ。この無上菩提の有り様は、つまり、「尽十方界」（全世界）も無上菩提が一つのものとして現れたものに過ぎない。（無上菩提の無限性に比べれば、全世界といえども、部分的なものでしかないのだ）。さらに言ってみると、菩提（無上菩提）とは、「尽界」（尽十方界と同じく、全世界を意味する）よりもはるかに大きなものである。そして我々もまた、この「尽十方界」の中にある「調度」（身の回りの道具）である。どうして「恁麼」（そのようなもの＝真理）であると知るのか。ここで言われているのは以下のようなことだ。われわれの身心がみなともに同じく「尽界」に現れて、それらはみな、「我」（固定的な実体としての不変の存在）ではないから、こうなのだと知るのである。

自分のこの身とは、すでに「我」ではない。（無我で、無常な存在である）いのちというものは時間とともに移ろい、ほんのわずかな時間も留まらない。紅顔（血色のよい若々しい顔）もどこかに去ってしまい、それを追い求めても跡形もない。改めて考えてみると、過ぎ去って戻らない物事は多い。赤心（真実の心。「紅顔」の縁語）ですらもとどまらず、片々として行ったり来たりする。たとえ「真実」があるとはいえ、それは、吾我（実体化された自己、煩悩の主体）のまわりに留まるようなものではない。

「恁麼」であるから（このようであるから＝すでに真理の中にいるから）、「無端に」（突拍子もなく、いわれもなく）発心する人がいる。この人が発心するや、これまで弄んでいたものを投げ捨てて、まだ聞いたことのないことを聞こうと願い、まだ悟ったことのないことを悟ろうと求めるのである。これは、単なる「わたくし」（固定的な自我）のなすところではない。しるべきである。「恁麼人」であるからこのようなのだ。

ここで道元は、曹洞宗の開祖洞山の法系を嗣ぐ雲居道膺（諡号弘覚大師）の「恁麼」をめぐる言葉を検討しつつ、自己の思索を展開している。「恁麼」とは唐代末から盛んに使われた俗語で、本来は「そのように」「このように」という意味の副詞であったのだが、転じて「そのような」「このような」という形容詞でも用いられるようになる。中国禅宗では権威に囚われない自由自在、闊達無礙な境地を示すために、俗語を積極的に公案問答に取り入れて用いたが、この恁麼という言葉は、真理を指し示す言葉として用いられている。道元もそれを踏まえて「直趣無上菩提、しばらくこれを恁麼といふ」と説明している。

真理をあえて恁麼と呼んでいるのは、真理とは、言語によって説明し尽くされるものではないから「このように」という言葉で間接的、象徴的に示されるしかないという観点と、真理とは現実から切り離されたところにある超絶的なものではなくて、今、ここに、すでにありのままに現成している（諸法実相）という二つの観点から、真理（「無上菩提」）を「恁麼」（このような）という言葉で、端的に表現しているのである。

ここで、「しばらくこれを恁麼といふ」というのは、前述した、真理は言語によっては完全には表現され得ないとの真理観、言語観をふまえてのものである。真理は完全に言語によって固定化され得ないからこそ、真理に関しては様々な表現が可能であり、その可能な表現のうちここでは、「しばらく」（とりあえず）「恁麼」という表現をとるというのである。

引用文の冒頭で示された雲居道膺の言葉（いわゆる四恁麼）は、「恁麼（ありのままに、このようなものとして、今ここに開示されている真理）を得ようとすること、それ自体においてひとはすでに真理を体現する人（「恁麼人」）である。すでに真理を体現しているのだから真理が得られないなどと愁えてはいけない」という意味である。ここで雲居道膺の言っていることは、道元の思想の中軸である「修証一等」と重なる。修証一等とは、修行と悟り（証悟）は一つであり、修行をする今、ここにこそが、悟りは成就し、真理が顕現しているということである。この修証一等の立場からは、修行と悟りとを別々のものとし、原因と結果、手段と目的とするような考え方は否定される。

そして、真理を得ようと志すとき、すなわち、人が仏道修行を志すとき、すでに人は真理を得ているということがなぜ成り立つのかが、以下説明される。道元は、「恁麼」すなわち無上菩提のありさま（「ていたらく」）について語るに、「尽十方界」すなわち全世界も無上菩提（真理）の広大さにくらべれば「少許」（少しばかり）であり、菩提（真理）は全世界に満ちて余りあるといわれている。この尽十方界とは、道元においては、無際限の真理世界という意味で使われることの多い言葉であるが、この文脈では、むしろ、無上菩提に力点がおかれ、無上菩提が無限な広大さとして語られるのに対して、尽十方界は有限な世界のイメージで語られている（真理を語る言葉を固定化しないために、このように言語を多義的に用いることは、道元の文章においてはしばしば見られる。）

そして、道元は、われわれは、その有限な世界の中におかれた「調度」（身の回りの道具）に過ぎないのに、なぜ、この世界に余るほど広大な無上菩提、すなわち恁麼を知ることができるのだろうかと問う。われわれは、限られた時空にあり、限られた智慧しかもたない有限な存在にしか思えないのに、なぜ、無限の悟りを得ることができるのかというのは、まさに恁麼事を愁うることである。また、有限な人間の行なう修行においてなぜ無限の悟りが得られるのかという、修証一等に対する疑問でもあろう。しかし、そのような愁い、疑問は無用であると道元は断言する。われわれの身も心も世界の中におかれ、世界によって規定された有限な存在であるが、しかし、われわれは、固定的な実体（我）ではないからこそ、真理を体得できると、道元は主張する。

ここで道元の言っていることを理解するためには、道元の世界観について若干ふれておく必要があろう。道元は、真理の顕現された世界は、自己と他（他者・他物）とが相互相依し、一つの有機的全体性を実現した世界であると考えている。この世界にある何者も、最初から固定的なものとして存在するのではなく、他との関係において、はじめてそのものとして成立している。仏教的な用語では、この相互相依、関係的成立のことを「縁起—無自性—空」という。「縁起」とは、存在が関係の中でそのようなものとして成立していることであり、「無自性」とは、存在が不変、固有の本質を持たないことである。そして、「空」もまた実体を持たないことを言う。この三つの言葉は、同じ事態を別の視座から言い取ったものである。

「縁起—無自性—空」の考え方に立脚するならば、あるものは、そのものとして不変、固有の本質を持たず、そのものがそのものとして成立するためには、全世界の他のものすべてが、因となり、縁となり、そのものたらしめているということになる。すなわち、一存在が全世界の全存在との関係に中で成立し、その意味において全世界を背負っているということになる。このような一と全体とが相即する世界こそが真理世界であり、人は本来的にはこの世界にいるはずなのであるが、凡夫は、我も他も実体化し執着するから、迷いの世界を幻影のように生み出してしまう。このことに気付き、自分は本来的には、真理世界に位置付いていたものであることを自覚することこそが、仏教でいうところの悟りなのである。つまり、悟りとは、何者かを実体化する執着を捨てることによって、本来的に真理世界にいたはずの自分（恁麼人）に気付くことに過ぎず、何か自分とは掛け離れた理想状態を実現するようなものではないのである。

「われにあらざる」「わたくしなし」「吾我のほとりにとどこほるものにあらず」ということばは、それぞれみな無我ということを指しているが、無我とは、ただ我がないという消極的な事態ではない。それは、関係的成立、真なる全体世界の顕現なのである。つまり、相互相依の関係性のなかにあって、主客の二項対立的な固定的実体（我）は存立し得ない。全体が有機的に関連した真理世界というものが成立するためには、「無我」でなくてはならないのである。

そして、道元は無我を身のそれと、心のそれとに分けて語る。まず、身については、「いのちは光陰にうつされてしばらくもとどめがたし。」と述べる。われわれの命は時とともにうつろって、しばらくの間も留めることはできず、若々しい紅顔はすぐに年老いて跡形もない、あらゆることは過ぎ去り取り返しがつかない、と道元はいう。一瞬、一瞬に人が無常なる流動変化を、（さまざまな因縁により、つまり他との関係性において）繰り返すということを強調することで、人が固定的な存在ではなく、無我であるということを主張しているのである。

さらに重ねて、心の無常について、赤心（誠なる心、文脈に即して具体的にいうならば恁麼事を得んとする心）でさえ、ただひらひらと行ったり来たりしているだけであるという。「赤心」「片片」という言葉は、禅宗では通常、「赤心片片」と熟語として使われ、[6]本来本具の純粋無雑な仏心が、こまごまと行届くという意味をもつが、ここでは、心が片々と切れ切れに翻り、不定であることを表わしていよう。しかし、道元は変化してゆく心を決して否定しているのではない。変化しない心は、固定的実体であり吾我に留まるからである。

以上をふまえて、道元は、「恁麼なるに無端に発心するものあり。」と言う。「無端」というのは、禅語録でしばしば見られる言葉であり、突拍子もなく、いわれもなくという意味である。発心というのは、「縁起―無自性―空」なる真理世界を志向することであるが、存在を不変の要素として実体化して捉える俗世の側からみるならば、そのような真理世界などは関心の対象ではなく、真理世界への志向など、何の必然性も有効性も持たない無意味な行為でしかないから、発心は突拍子もなく、いわれもないこととしてしか捉えられない。しかし、真理世界の側、すなわち恁麼の側から見れば、それは本来的世界を回復せんとする営為であり、必然だということが、この「無端に発心する」という言葉には込められている。その時には、俗世において弄んでいたことをすべて捨てて、これまで聞いたこともないことを聞こうとし、悟ったことのないことを悟ろうとすると道元は言う。この言葉は、俗世と真理世界との隔たりを前提としている。俗世の中には決して位置付かない真理を求めて、人は「無端に発心する」のである。

われわれが無常であることが無我を証明し、さらに、無我はわれわれが有機的に関連した真なる全体世界のなかで関係的に成立していることを示す。そして、このような世界は、本来的世界であり、それを志向すること、すなわち発心し修行することは、この世界によってすでに基礎付けられている。つまり、修行において目指す悟りが、修行の基盤であるという循環構造がここにはある。この循環構造は、道元の思想の核心である「本証妙修」（本来的な悟りを修行によって顕現する）や「修証一等」（修行とさとりは一体である）を別の言い方で言い取ったものである。「恁麼人」、すなわち、言語化できない真理を顕現する人とは、まさに本来あるところのものになるという循環構造において、「本証妙修」「修証一等」の修行をなす人なのである。

第三章 「無常仏性」

前章においては、無常の自覚は、無我の自覚、さらには、空―縁起である全体世界の自覚へと展開することを述べた。その際、無常は無我の自覚の契機として肯定的に評価されたが、本章で検討する「無常仏性」という無常観では、無常はもはや真理に到達するための契機であるに留まらず、無常という事態そのものが真理であるとされる。これは、仏教の無常観のなかでも、無常の意義を究極にまで突き詰めたものといえるであろう。

インド仏教以来、老いや死に常に脅かされている人間存在の脆さや、泡沫や幻影に例えられる現世の虚妄性が強く主張され、そのような自覚のもとに、無常なる現世を離脱し、永遠すなわち常住の真理世界（仏教用語では涅槃という）へと入るべきことが繰り返し説かれてきた。このように無常なる現世を離脱し、涅槃へと到達するという と、無常と常住とが相対立した二元的なイメージを喚起しがちである。しかし、道元は、この無常世界以外に真理世界はないと断ずる。まず、『正法眼蔵』「仏性」巻の「無常仏性」についての叙述を引用してみよう。

六祖、示門人行昌云、「無常者即仏性也、有常者即善悪一切諸法分別心也」

いはゆる六祖道の無常は、外道二乗等の測度にあらず。二乗外道の鼻祖鼻末、それ無常なりといふとも、かれら窮尽すべからざるなり。

しかあれば、無常のみづから無常を説著、行著、証著せんは、みな無常なるべし。今以現自身得度者、即現自身而為説法なり。これ仏性なり。さらに或現長法身、或現短法身なるべし。常聖これ無常なり。常凡これ無常なり。常凡聖ならんは仏性なるべからず。少量の愚見なるべし、測度の管見なるべし。仏者小量身也、性者小量作也。このゆへに六祖道取す、「無常者仏性也」。常者未転なり。未転といふは、たとひ能断に変ずとも、所断と化すれどもかならずしも、去来の蹤跡にかかはれず。ゆへに常なり。

しかあれば、草木叢林の無常なる、すなはち仏性なり。人物身心の無常なる、これ仏性なり。国土山河の無常なる、これ仏性なるによりてなり。阿耨多羅三藐三菩提これ仏性なるがゆへに無常なり。大般涅槃これ無常なるがゆえに仏性なり。もろ〳〵の二乗の小見および経論師の三蔵等は、この六祖の道を驚疑畏怖すべし。もし驚疑せんことには、魔外の類なり。（上‐二一～二二）

［現代語訳］

中国禅宗の六祖である慧能が、門人である行昌に言った。「無常は即ち仏性である。常住であるのは善悪一切諸法の分別心である。」

ここで六祖慧能の言っている「無常」とは、仏教外の教えである外道や、声聞乗・縁覚乗など二乗（小乗）がはかり知ることの出来るようなものではない。二乗や外道の師匠や弟子たちが「無常」を語ったとしてもそれは真実を極め尽くしてはいない。

では、どのように理解すべきかというと、「無常」なるものが、みずから「無常」を説き、行じ、悟るのは、すべてが無常なのである。『法華経』普門品に、観音の説法として「今、自分自身の姿を現わして救済した方がよい者に対しては、自分自身の姿を現わして説法をする」とあるが、これが（無常）仏性ということである。あるときには長大な仏の姿として現れ、またあるときには短小な仏の姿として現れるのである。聖人（は常住なる存在だと思われるかもしれないが、しかし、それ）は、（行じさとり法を説きつつ、つねに自己自身にとらわれず自己自身を超えていく存在であるという意味で）無常である。常住なる凡夫（というものをもし想定したとしてもそれ）は、（行じさとり法を説くことをめざして自己を超越しつづけているのだから、その意味で）無常である。つまり、もし凡夫にしても聖人にしても単に常住で変化しないということになったら、（無常）仏性は成り立たなくなってしまう。（このように凡夫や聖人を常住なるもの、すなわち変化しないものとして理解するのは、）思慮に欠ける愚かな考えであり、せまい見方なのである。このようなとらえ方では、仏もその本性も、矮小化されてしまうのである。それだから六祖慧能は「無常は仏性である」と言ったのだ。

常住とは「未転」（変化しない）ということである。しかし、真の意味の常住、未転であるのならば、それは、「能断」（煩悩を断つ側）に変化しようと、「所断」（煩悩を断たれる側）に変化しようと、それは変化に執着せず、変化をその意味で超えている。だから常住というのだ。

このようであるから、草や木や林が無常であるということが、仏性なのだ。人の身心が無常であるのが、仏性なのだ。国土山河が無常なのは、仏性だからなのだ。最高の悟りである「阿耨多羅三藐三菩提」は仏性であるから無常である。大いなる「涅槃」は無常だから仏性なのだ。狭い考えの諸々の声聞乗、縁覚乗（小乗）や経律論蔵などを講じる経論師などは、この六祖慧能の言葉を驚き疑い恐れるだろう。この言葉を驚き疑い恐れるような者は、悪魔であり外道の類なのである。

ここで道元は、『景徳傳燈録』巻第五（大正51・239a）を出典とする、六祖慧能が弟子行昌に示した「無常とは（者は主格の提示）、すなわち仏性であり、有常（常住）とは、すなわち善悪一切諸法を分別する心である」という言葉をとりあげて、独自の解釈を施している。六祖慧能は、無常こそが仏性（仏性とは、仏教思想史の中で議論が積み重ねられてきた重要概念であり、道元は独自の見解を持っているが、ここでは、とりあえず、衆生が持つ仏の本性としておこう）であり、有常すなわち永遠とは、善であれ、悪であれ、およそ一切の存在を分別する心であると説く。慧能の言葉は、一見、常識に反したものである。常識的な見方からすれば、仏の本性である仏性が永遠で、是非善悪の差別を立てる分別心こそが、はかなく虚しいという意味で無常である。もちろんこのような常識的な見方が、全く誤りであるというわけではなく、このような見方が成り立つ言葉のレヴェルもあるだろう。しかし、禅宗では、真理を表わすどのような言葉であれ、それが固定化されればひとつの固定観念となってしまうと考える。それ故、真理に関する言説は、つねに覆され、新たな表現を獲得することが要請される。六祖慧能の言葉もこのような要請に応えたものであるとみることができよう。

　慧能の言葉の意味する所は、事物事象が流動変化するということこそが真理の開示であるとした上で、それなのにものごとに対して是非善悪の差別をたてる分別心は、みずからを常住のものと僭称しているということである。分別心とは、認識主体として永遠不滅の実体とされた吾我であるが、この吾我は自ら無常のなかにありながら、あたかも自分がその無常性を免れているかのように、絶対的な固定的視点として自己以外のなにものをも意味付ける。無常に対する認識論的無自覚とは、ものごとに対する固定化であり、主体の絶対化なのである。

　このような慧能の言葉をうけて、道元は、慧能の主張する無常の教えは、仏教以外の教えである外道や、仏教として不十分な教えである小乗（声聞乗と縁覚乗の二乗）の人々が測り知ることのできないものであるとした上で、「無常のみづから無常を説著、行著、証著せんは、みな無常なるべし」という。この言葉は、主体も客体もすべて無常の中にあるということである。そして、道元は、無常なる主体の行為の様相を、説法（説著）、修行（行著）、悟ること（証著）の三つに集約して語る。

　まず、説法の場面における無常が、法華経普門品にちなんだ「いま自身を現ずるをもって得度すべき者には、自身を現じてしかもために法を説く」という言葉に基づいて説明される。この言葉は、観音が説法をするとき方便として、仏身から天、竜、夜叉にいたるまでさまざまな姿に化身するという普門品の経文を取意したものである。これに続く「あるいは長法身を現じ、あるいは短法身を現じる」というのも同趣旨の言葉であり[7]、主体の多様な現われかたを指示している。そして、このような、固定化されない主体の表現が成り立つのは、主体自身が、何らかの実体をもった存在ではなく、無我であるからなのだ。そして、このような自由な固定化されないありかたは、「仏性」すなわち真理の顕現する様相と重ねられていく。つまり、ここで道元は、無常ということを、無我であるが故の自由な多様性として捉えている。このような考え方に沿うならば、存在が、次々と流動変化していくことは、真理がさまざまな姿として、そのとき、そのとき発現しているということになるのである。

そして、「常聖これ無常なり」以下では、修行と悟りにおける無常の意義が探究される。ここで道元は、一般に常住のものとされている聖者（仏陀）は無常であり、また凡夫（一般に無常の風にさらされているとされる凡夫にも「常」が付けられ「常凡」とされているのは、常聖と対句的にするためである）も無常であり、凡夫は凡夫、聖者は聖者と永遠に定まっているのならば、仏性ではあり得ないとする。道元は、凡夫と聖者とを区別して考えるようなやり方は、狭い量見の愚かな考え（「少量の愚見」）であり、分別心に基づく狭い考えであるとする。そして、仏と衆生とを対立的に厳格に区別するような考え方では、仏や仏の本質、仏性自体が矮小化されたものになってしまうという。凡夫であれ、聖者であれ、仏祖であれ、等しく修証一等の修行をなし続けることによって、一瞬、一瞬、仏になり続ける（悟りを顕現する）。それは、無常を前提としてはじめて可能となる。成仏とは、「無常」「無我」「縁起―無自性―空」なる真理世界を基盤にしてこそ実現可能なのだ(8)。

以上のように、道元は無常を宣揚するのであるが、しかし、だからといって道元は、常住ということを全く否定するわけではない。たしかに、分別心が措定するような常住、すなわち、無常と対立するような無時間的な常住は、道元にとって否定すべきものであったであろうが、だからとして常住ということが全く成り立たないわけではないのである。以下、道元は、六祖慧能の文脈から離れて、独自に、肯定すべき常住、すなわち、無常を踏まえた上で成立するような常住について語る。

さて、上述の引用文において、道元は、常住というのは「未転」であるとする。そして、真の意味での「常」、すなわち「未転」とは、変化を全く排除したものではなく、能断に変じることもあれば、所断に化することもあると言う。能断とは、煩悩を断除する主体ということで、これまでの文脈を踏まえていうならば仏（聖者）を意味し、所断とは断除されるべき煩悩を持つ存在ということで凡夫を意味しよう。つまり、仏にも変化し、凡夫にも変化するということである。そして、変化しつつも、「去来の蹤跡」には関わらず、それ故に常住であると言われる。「去来」とは、生死去来ということで無常と同義である。蹤跡に関わらないという言葉は、自由自在に振る舞い執着や分別の跡形を残さないことを意味する「没蹤跡」という禅語が下敷きになっている。(9) これは、一瞬一瞬が、執着や分別から解放されているということを示す。この一瞬は、道元が多用する言葉を用いれば、まさに真理を顕現する「住法位」に他ならない。(10) この一瞬において、真理を顕現するが故に、「永遠の今」（全時間がこの瞬間につながり支えるものとして顕現する）が成就するということである。道元の考える常住とは、無常を全く排除して成り立つものではなく、無常なる一瞬一瞬が、永遠の今となること、すなわち、無常の上に成り立つ常住なのである。このような永遠の今を道元は、『正法眼蔵』の他の箇所では、「有時」「而今」などと呼んでいる。つまり、仏性（衆生の内なる仏の本性であり、真なる存在そのもの）とは、無常であることによって常住でもある、一瞬、一瞬の真理の顕現があらゆる時間とつながることによって永遠となる、というのが道元の結論なのである。

このような、無常と常住に対する考え方を踏まえた上で道元は、草木叢林、人物身心、国土山河は、無常であるが、それ故に仏性であるという。これらは無常であり一瞬、一瞬変化しているが、その一瞬においては、それ以外には有り得ず、ありのままのその姿で真理を宿しているという意味で絶対的なものであり、それ故に、仏性といい得る。阿耨多羅三貘三菩提とは、仏の最高の智慧、悟りのことである。これは、仏の本性として永遠性をもつが、無時間的永遠ではなくて、さまざまなかたちで自らを現わすという意味で、固定的な実体ではなく無常（無我）なるものである。大般涅槃とは仏の完全なる解脱であり、上述の阿耨多羅三藐三菩提と同様の意味を表している。

無常をふまえた上での常住、常住を踏まえた上での無常ということがわからない、狭い量見の小乗の徒や、経論の表面的な意味に拘泥する経論師などは、「無常は仏性なり」という六祖慧能の言葉に接して、驚きあやしむであろうと道元はいう。しかし、これを疑うのは、無常と常住とを対立的に捉えているからなのだと、道元は批判するのである。

第四章 「受持四句偈」としての修行と説法

これまで、道元の無常の思想についてそのあらましを説明した。本章においては、「諸行無常」という句を含む四句偈（雪山偈）に関する道元の考え方を検討することを通じて、無常を修することや、伝えることについて道元がどのように考えていたのかを明らかにしたい。

まず、『正法眼蔵』「神通」巻の以下のような一節から取り上げてみよう。ここで道元は、百丈懐海の言葉を解釈するかたちで、以下のように述べている。

いはゆる四果は、受持四句偈なり。受持四句偈といふは、一切有無諸法におきて、眼耳鼻舌各各不貪染なるなり。不貪染は不染汚なり。不染汚といふは、平常心なり、吾常於此切なり。（上―三二一～三二二）

［現代語訳］

ここで言う「四果」（阿羅漢果）とは、四句偈を受持（自ら受け止めて保持）することである。四句偈を受持することは、有ったり無かったりするあらゆる存在に対して、眼・耳・鼻・舌などの感覚器官がそれぞれ貪りを離れて無執着になることである。貪りを離れ無執着になるとは、「不染汚」ということである。「不染汚」というのは「平常心」ということであり、「私はここにおいて懸命に修行をしている」ということである。

この文章は『正法眼蔵』「神通」巻の一節であるが、この巻においては、真の意味での神通とは、決して、空を飛行したり他人の前世を見通したりするなどのいわゆる神通力（超能力）を発揮することではなくて、日々、修証一等の修行を重ねつつ、執着を離れ自由自在に行為することだと主張される。そして、そのような神通の成就する境地が、ここでは、まず、「四果」と呼ばれる。

「四果」とは、仏教の基本用語の一つであり、いわゆる小乗仏教の修行階梯、預流、一来、不還、阿羅漢の中の最高の段階である第四番目の阿羅漢が達成される段階のことである。この段階では、あらゆる煩悩が断じつくされ生死輪廻からの解脱が約束される。道元は、『正法眼蔵』「阿羅漢」巻において、「阿羅漢果」を単なる小乗の最高位とはせず、『法華経』「序品」の定義に基づき「学仏者の極果」（修行者の最高位）としている。

道元は、この境位は、「受持四句偈」であると説明する。四句偈とは、諸行無常偈とも呼ばれ、釈尊の前生譚（ジャータカ）の「施身聞偈」のエピソードに因んだものである（『涅槃経第十四聖行品第七』、大正一二―四五〇ab）。その話の中で、釈尊の前身である雪山童子は、自分の肉体を飢えた羅刹（人喰い鬼）に施すことと引き換えに、「諸行無常、是生滅法、生滅滅已、寂滅為楽」（あらゆるものは無常であり、生滅するものである。この生滅の法に執着する心を滅し尽くせば、寂滅の相を悟って真実を知り平安を得る）という四句から成る偈を教えてもらう。そして、雪山童子は、この偈を人々のために「若（も）しは樹」「若しは石」（あるいは樹、あるいは石）など至るところに書きつけた後に、羅刹に自らの命を施そうとした。しかし、その寸前に羅刹は自らの正体を現して帝釈天となる。帝釈天は、羅刹に変身して雪山童子の求道心を試していたのであった。

道元は、この偈の意味する、「無常なる諸存在に執着しないことこそが真の意味での安楽である」という事態をいいかえて、「一切有無諸法におきて、眼耳鼻舌各各不貪染なるなり。不貪染は不染汚なり。不染汚といふは、平常心なり、吾常於此切なり」と展開する。道元によれば、「諸法無常」とは、一切諸法に対する感覚的執着がないということである（不貪染・不染汚）。「不染汚」とは、六祖慧能と南嶽懐譲の有名な問答の中で語られる「不染汚の修証」であり、修行も悟りも執着によって汚されていないということで、それは、本来性としての、全存在が他との関係性の中で互いを成り立たせ合っているという「縁起―無自性―空」を、今、ここ、この自分において顕現していることを意味する。それは、まさに、固定的実体としての存在を否定する「無常」「無我」なるあり方に他ならない。

そして、そのような「不染汚の修証」は、日常的な修行における執着を離れた心（平常心）であり、今ここで、修行に徹することだ（吾常於此切）と説明される。「平常心」とは馬祖道一の言葉であり、「吾常於此切吾」（吾、常にここにおいて切なり）とは洞山良价が弟子に修行のあり方を示した言葉である。つまり、四句偈で示されるような「諸行無常」とは、あらゆるものに執着しないという修行者のあり方へと帰着し、さらに、その無執着のあり方は、何も求めずただありのままに、他のすべての存在と関係しつつ座るという坐禅を範型とする、修行生活へと展開していく。このような修行生活は、先述した「神通」巻の論旨とも重なり合うと言える。

前章までで述べたように、道元の独自の無常観においては、この一瞬、一瞬は、時間の全体とつながる「永遠の今」であった。一瞬、一瞬、生滅変化するという点においては無常でありつつ、その一瞬が全時間とつながる確かなものであるという点においては常住であった。このような「常住である無常」、「無常である常住」を、自ら自覚し、顕現することは、自己自身もあらゆる存在とつながり合いつつ、確かな存在となっているということであり、その成就こそが道元における修行なのである。（道元においては修証一等であるから、修行であると同時に悟りでもある。）

以上、「神通」巻の一節を取り上げて、無常という考え方がどのような修行のあり方へと展開していくのかを説明した。最後に付言しておきたいのは、無常を説くことの意義である。前掲の「施身聞偈」のエピソードの中では、雪山童子が自分の命と引き換えに得た「諸行無常偈」を、人々のために「若しは樹」「若しは石」（若樹若石）など至る所に書きつけたと語られる。自分が自らの命と引き換えに得た真理の言葉を自分だけが享受するのではなく、他者たちのために書き残すというのは、まさに利他行である。

道元を含め、禅宗に対しては坐禅修行や開悟成道にばかり注目が集まり、それらが大乗仏教の基本である利他行と連動したものであることが看過されがちである。しかし、あらゆるものが、全時空の中でつながり合いはたらき合う「縁起―無自性―空」思想に根差す自他一如の考え方は、まさに利他の思想である。ともすれば固定的な実体として捉えられがちな自も他も、本来、つながり合いはたらきかけ合う関係の中にあり、それ故に、自己は他者に対して、「縁起―無自性―空」の次元への超出を呼びかけるのである。

道元は、『正法眼蔵』「古鏡」巻、「礼拝得髄」巻、「山水経」巻、「看経」巻、「伝衣」巻において、「若樹若石」という言葉を用いて、世界の諸事物には、修行者によって真理の言葉が書き付けられていると述べている。これは、前章で述べた「無常のみづから無常を説著」することでもある。「諸行無常偈」（四句偈）の説く真理は、世界のありとあらゆる事物に書かれている。自らそれを書くこと、つまり諸存在の無常性を表現し、他者に伝えることこそが、まさに無常に徹することなのであった。

おわりに

仏教の根本教説である無常にしても、空にしても、元来、無力感や絶望感との結びつきを必然とするものではない。もし、あらゆるものの流動変化を眼前にして、無力感、絶望感にうちのめされるとしたら、それは、仏教的な見地からいうならば、煩悩ある故である。すべてのものが変化し、流転していくことは客観的な事実にすぎないのに、われわれが自らの老いや別離、死を歎き絶望するとしたら、それはわれわれがいつまでも若くあることを望み、人であれ物であれ、何ものかに対して手放したくない、離れたくないと執着するからであろう。しかし、これまで述べてきたように、このような思いは、仏教では、我執であり煩悩にすぎないと断ぜられる。すべてのものは変化し衰滅していくものであり、その意味で無常、無我である。それなのに、われわれが流動変化するものに対して、自己同一的な実体と捉えてしまいがちなのは、まず、第一に、思考の偏向による。仏教的な言語観によれば、われわれは、ある何らかの事物事象を指示するために「名」を付けるが、「名」とそれによって指示されるところのものとは、つねに乖離し、それ故、「名」は、しょせん仮のものでしかない。しかしわれわれは、「名」の恒常性を、それが差し示すところのものの恒常性だと誤解してしまい、「名」の背後に実体を想定してしまう。凡夫は、このような妄想された実体に対して、執着を抱くのである。仏教、とくに、禅宗が、言語に対する捉われを警戒するのはまさにこの故なのである。

また、われわれの日常性は、生じては滅するという事態を、無常として自覚せずに、反復もしくは循環として捉え、そこにある種の恒常性を想定してしまう。たとえば、民俗的世界観においては、春夏秋冬という自然の循環と同様に、人間も循環を繰り返すものとして捉えられ、死は終わりではなくて、再生すなわち生れ変りの第一段階とされる。また、定期的に行なわれる祭り等の儀礼によって、原型である神代を反復することで、世界は常に新たなものとして再生復活する。このようにして、日常においては、人は無常なる事態に接していながら、それを無常として自覚することなく、漠然とした恒常性のなかでまどろんでいるともいえよう。大和言葉の「つね」(＝常)が、永遠であると同時に日常でもあるということは、日常のおける恒常性の確保ということを端的に物語っているともいえよう。

しかし、仏教的思惟は、この様な意味での永遠性は否定する。仏教とりわけ道元は、修証一等の修行するこの一瞬、一瞬を、無常であるという意味で有限である自己に、無限の永遠が宿る瞬間として捉える。過ぎ去って行く一瞬、一瞬がすべて永遠を宿すならば、その一瞬は、単なる無常なものではなくなる。このような有限と無限との相即関係は、有限なる自己と無限なる真理世界との相即、恁麼人と恁麼との相即というように道元の仏法の全体をおおう基本構造なのである。

註

(1) 最古の経典の一つと言われる『スッタニパータ』の中でも、第四、五章はとりわけ古く、部分的には、古マガダ語を用いたとされる釈尊の肉声に近い言葉が混じっているものと推測されている。ここでも、無常説が説かれている。たとえば、第四章に「八〇四　ああ短いかな、人の生命よ。百歳に達せずして死す。たといそれより長く生きたとしても老衰によって死ぬ。／八〇五　人々は「わがものである」と執着した物のために悲しむ。（自己の）所有しているものは常住ではないからである。この世のものはただ変滅するものである、と見て、在家にとどまっていてはならない。／八〇六　人が「これはわがものである」と考える物、――それは（その人の）死によって失われる。われに従う人は、賢明にこの理を知って、わがものという観念に屈してはならない。」（中村元訳『ブッダのことば　スッタニパータ』岩波文庫、一九八四年、一八一頁）とある。また、「空」については、大乗仏教の龍樹らによって理論的に深められたが、それ以前、初期仏教の段階から「空」の考え方はあった。同じく『スッタニパータ』第五章に「一一一九　つねによく気をつけ、自我に固執する見解をうち破って、世界を空《くう》なりと観ぜよ。そうすれば死を乗り超えることができるであろう。」（二三六頁）という釈尊の言葉が伝えられている。

（2）すでに『万葉集』の段階から無常感を詠んだ歌が見られる。大伴旅人の「世の中は　空しきものと　知る時し　いよいよますますかなしかりけり」（七九三）などはその典型である。また、無常感が転じた虚無的な享楽主義、刹那主義を表わす作品としては、たとえば『閑吟集』の歌謡「何せうぞ　くすんで　一期《いちご》は夢よ　たゞ狂へ」（五五）などが挙げられる。

（3）『道元禅師全集』大久保道舟編、筑摩書房上巻、一九六九年、六一六頁を意味する。以下同じ。ただし、句読点等は私見により適宜改めた。

（4）中村元訳『ブッダ最後の旅　大パリニッバーナ経』（岩波文庫、一九八〇年、一五八頁）参照。

（5）仏教者が若年にして近親と死別し、無常を観じて出家するという典型的行為の原点には、生後すぐに母を亡くし、「四門出遊」の伝説が示唆するように人生の無常や苦に接して出家した釈尊がいる。日本でも、たとえば、道元とほぼ同時代の法然（一一三三～一二一二）は、敵方の夜討ちで亡くなった父漆間時国の遺言によって出家し、明恵（一一七三～一二三二）は、九歳で両親を亡くし翌年、神護寺に入っている。

（6）「赤心片片」は『碧巌録』に一件（大正48・141b）、『圜悟仏果禅師語録』に三件（大正47・755b, 785a, 790c）の他、禅の典籍に多数の用例が見られる。

（7）出典としては、『圜悟仏果禅師語録』巻第九（大正47・753b）や『宏智禅師広録』巻第三（大正48・34b）の「長者長法身。短者短法身」が挙げられる。

（8）河村孝道「無常仏性の考察」（『印度學佛教學研究』一三（二）、一九六五年）は、「自己は本来的に無常の自己であり、その無常現成が一切悉有を貫ぬく実態であり、正にその住法位の各々の無常現成の事実が仏性に外ならなかったのである。」とした上で、「無常を無常の儘に正見し現成せしめる本証受用の無限なる行道（行持）」が必須だと、拙稿と同趣旨の指摘している。なお、拙稿「無常の思想——道元をてがかりとして」（竹内整一、古東哲明編『ニヒリズムからの出発』ナカニシヤ出版、二〇〇一年所収）、同『道元の思想』第一章（NHK出版、二〇一一年）参照。

（9）第二章で扱った「恁麼」巻にも「たづねんとするに蹤跡なし」とあるが、これは「追い求めようとしても跡形もない」という意味で、禅語の「没蹤跡」との直接的つながりはないと考えてよい。『正法眼蔵』中の「蹤跡」の用例としては「没蹤跡」と関わる場合と関わらない場合との二通りある。「恁麼」巻が後者の例であり、前者としては、たとえば「渓声山色」巻に「不堕悄然機、所所無蹤跡」（上－二二七）とある。

（10）「住法位」とは『法華経』方便品の「是法住法位、世間相常住」に由来する言葉であり、道元は修証一等の修行をなす一瞬、一瞬が常住であり、真理を顕現するという意味で用いている。たとえば「有時」巻に「住法位の活鱍鱍地なる、これ、有時なり。」（上－一九二）とある。

「世界哲学」という視点

生成を語る
——精神分析と哲学——

原 和之

精神分析と哲学の関係を考えるにあたり、日本では前者の治療実践としての性格を強調し、両者の差異を強調する見方が一般的だろう。ただその一方で、精神分析にはそれが精神分析の名に値する実践なのかと問う反省的な次元、実践に対する理論の次元が抜きがたく伴っている。この次元が不可分であるというのはおそらく、精神分析がもっぱら「ことば」を用いた「こころ」の治療を謳っていることと関係している。われわれが「ことば」をもちいるということほどありふれたことはないが、そのなかである場合にその運用が、治療的に作用することがある。そうした「ことば」の力についてフロイトは、「魔術」といった言い方をためらわなかったが[1]、同時に精神分析はそうしたありふれた営みのなかでの自律を主張するために、自身がもたらす「ことば」の力を、他の種類の「ことば」の行使による力から区別しなくてはならなかった。そもそも「催眠」や「暗示」といった、やはり「ことば」を用いる既存の治療法とのせめぎあいのなかから精神分析は生まれ、「告解」や「教育」といった類比的な営みとの区別によってその独自性は維持されてきた[2]。時に激しい論争や、さらには端的な分裂や破門にまで行き着くそうした境界画定の努力の執拗さはしかし[3]、他領域との境界となるべきその輪郭が、決して自明な自然的所与ではないということの証明であるように思われる。だとすれば精神分析を、そもそも自立した、自己同一性を備えた項のように捉え、それと哲学との「関係」を考える以外の議論の仕方も、また可能になってくるのではないか。[4]

精神分析が、それにさしあたりの同一性を与えてくれる医学的な制度によりかかることなく一定のプレゼンスを示してきた国々では実際、[5] 精神分析と哲学は対立的な関係に置かれるばかりではない。フランスではドゥルーズ／ガタリやデリダ、フーコーといった哲学者らが、精神分析にしばしば批判的に、しかし終始深い関心を持って言及し続けた一方で、精神分析の側からはジャック・ラカンが認識論たるかぎりでの「哲学」と精神分析との対立を強調しつつも、ヘーゲル、デカルト、パスカル等、哲学者と呼ばれる人々の議論を参照することを決してためらわなかった。そのラカンを、アラン・バディウは端的に「哲学者」として、あるいはより正確には、哲学の二重の起源から発するもう一つの隠れた系譜、「存在」ならぬ「脱存在」の系譜に属する「反哲学者《アンチフィロソフ》」として位置付けるだろう。[6] 従来「哲学者」と目されてきた人々の間に区別を導入する、こうした二重化の構想は、たとえばフーコーが『主体の解釈学』で立てた「自己認識」と「自己への配慮」の区別にも認められるが、哲学の方でも生じるこうした輪郭のぶれ、その二重化は、われわれの問題を複雑にしないではいない。また現在おそらく世界でもっとも活発に精神分析の行われている南米について、私の持っている限られた知識の範囲で言うならば、例えばブラジルでは二〇〇五年から二年に一度、精神分析と哲学をめぐる国際学会が開催され多くの人々を集めてきた。私自身この第二回大会に参加してその盛会ぶりを実見する機会があったが、[7] そこでは他ならぬ「精神分析の哲学（filosofia da psicanálise)」が一貫して問題となってきた。二〇二三年の十一月には第一〇回目を迎えるこの学会の大会趣旨説明文の末尾には次のようにある。「結局のところ、精神分析の哲学がどこに向かおうとしているのかと問うということは、哲学がどこに向かおうとしているのかを問う、さまざまな仕方のうちの一つでもあるのだ」。[8]

広く世界を見たときに、精神分析と哲学の区別を自明視するのとは異なった、両者に相互の関心と交流を、その問いの収斂を、さらには同一性を見る構想もあることを確認したわけだが、それではその具体的な接点は奈辺に見ることができるのか。本稿ではそれが「生成を語る」という課題であるとする作業仮説のもと、そこからどのような観点が導かれるかを考えてみたい。この作業仮説には、一つの思想史的な場面が対応している。すなわち一九三〇年代における、ラカンとアレクサンドル・コジェーヴの共同執筆の試みとその挫折である。これについては近年コジェーヴの草稿や当時の書簡が公刊されるなどの動きもあるが、[9] ここではその詳細には立ち入らず、ラカンとヘーゲル＝コジェーヴ[10]の議論を対比したときに浮かび上がってくる点を確認したうえで、それが最近の議論、具体的にはブラジルの哲学者ウラジミル・サファトルの近著『情動の回路』（二〇一六／二〇二二）[11] でも、哲学と精神分析の関係を考える際の主要なトポスの一つになっていることを示すことにしよう。

＊

コジェーヴが一九三〇年代にヘーゲルの『精神現象学』を読み解く一連の講義を行い、[12] 二〇世紀のフランスの哲学思想の分野を担うことになる錚々たる顔ぶれがこの講義を聴講したことはよく知られている。[13] ラカンはこの講義の熱心な聴講者の一人であったが、それにとどまらずコジェーヴとの共同執筆を企てながら、この企ては未完に終わった。[14] しかしそもそもラカンはなぜこうした接近を企て、そしてなぜこの接近は不首尾に終わったのか。

この二重の問いのうち最初の点については、当時形成されつつあったラカン自身の問題意識の方から説明できるように思われる。ラカンはコジェーヴの講義の始まる直前に提出した一九三二年の医学博士論文のなかで、精神医学を真に「精神」の医学として基礎づけるという認識論的な課題に答えようとしたが、そこで彼が与えた答えは「欲望」であった。ヤスパースの「了解関連」をすぐれて「こころ」にかかわる認識の手段と位置付けた彼は、さらにその了解的認識の前提として「欲望」があるとする。人間が欲望するものである限りにおいて、その欲望とのかかわりで人間の行動や想念は「了解可能」になる。こうして他者の了解可能性の条件とされたその欲望について、ラカンはしかしそれが事実ではなくあくまで想定である、とする立場をとっていた。曰く他者が欲望するということは、「実際には証明不能であり、自由意思に基づく同意を要求する（indémontrable en effet, et demandant un assentiment arbitraire）」事柄である。[15] それは論理学で言う「公準」ないし「要請」（postulat.

ラカンは対応するギリシャ語としてαἴτημαを指示している）なのだが、[16] この術語についてラカンは、アリストテレスを参照しつつ、それが「公理（ἀξίωμα）」のように自明なものとして表れてくるものではなく、また弟子たちが受け入れたがらない想定であるという点で「仮説（ὑπόθεσις）」からも区別されるという点を強調していた。[17] 問題の想定のこうした性格は、なによりこの「公準（postulat）」という語に刻み込まれている。それはそもそも「要求ないし要請する」を意味する「poscere」を語源とする語であって、それによって名指される想定は、強いられることも促されることもなく、「自由意思にもとづいて同意」されなくてはならない。すなわちそれ自体望まれなくてはならないのだ。

他者が欲望するということ、それは「公準」であり「要請」である。こう主張するということはすなわち、表立たない仕方ではあれ、すでにある種の「欲望の欲望」を考えるということに他ならない。そしてこの他者の欲望の望ましさは、主体の知の欲望と絡み合っている。他者が欲望するということが想定である限り、他者が実は欲望しないということも十分ありうるわけだが、ラカンはそれでも他者が欲望するという想定が選ばれる理由として、もし他者が欲望しないとすれば、そもそも他者についての学が、あるいは他者について何ごとかを知る可能性の一切が失われることになるからだ、と考えるのである。[18] これはつまり、欲望の欲望を支える知の欲望を考える、ということだろう。

この「パスカルの賭」と同型のロジックへの関心は、「論理的時間」の議論を経て六〇年代のパスカルを主要な参照先とする議論へと続いているが、この点はさしあたり措こう。[19] ここで確認したいのは、一九三二年の時点ですでに、ラカンにおいては欲望を介した他者への関係という構想が明確に認められるということである。しかもラカンの語法の中には、問題の欲望が他者の欲望であると同時に主体の欲望でもあるということが、言い換えればそこではある種の「欲望の欲望」が問題となっていることが、潜在的に組み込まれている。確かにこの関係は、さしあたり認識論的な水準で指摘されたものであるものの、その重要性に気付いたラカンが、やはり欲望を原理とした他者との関係を論ずるコジェーヴとの共同作業に――未完に終わった共著のタイトルを借りて言えば「ヘーゲルとフロイト：解釈を通した比較対照の試み（Hegel et Freud : Essai d'une confrontation interprétative）」に――強い関心を抱いたのは、自然な流れであったように思われる。

ではなぜこの「試み」は挫折せざるを得なかったのか。一番大きな要因はおそらく、ラカンの側の、フロイトの「解釈」の準備が当時はまだ整っていなかったということだろう。もちろんラカンは一九三二年の博士論文ですでにフロイトのリビドー発達論に基づいた議論を展開し、三〇年代を通じて様々な論文でフロイトを論じている。ただ、そもそもコジェーヴへの関心の源として想定される、当時のラカン自身の問題系から出発した彼独自の「解釈」は、われわれの見方によれば、一九五〇年代の所謂「フロイトへの回帰」を待たなくてはならない。そこで彼の議論の戦略的地点となったのは、「前エディプス期」および「エディプス期」をまとめた総称としての、定冠詞付きの「《エディプス》（l'Œdipe）」である。主体のリビドー的な発達、K・アブラハムの所謂「リビドー発達史」[20]を読み直す、「欲望の弁証法」の構想を以てはじめて、「生成を語る」という課題をめぐるヘーゲルとフロイトの、それぞれコジェーヴ、ラカンによる「解釈を通した比較対照」は可能になるはずのものであったということができる。

＊

さてそれではこの「比較対照」が実際行われたとすれば、そこからはどのような点が浮かび上がってきただろうか。ヘーゲル＝コジェーヴとフロイト＝ラカンは、いずれも欲望を介した他者への関係を考える点で共通している。ただしこの、「他者の欲望」に異なった存在上の身分が認められていることから、その関係は異なった場面において考えられ、同じ「他者の欲望の欲望」に二つの異なった意味合いを認めることが可能になっている。

コジェーヴは人間の本質を自己意識であるとしたうえで、『精神現象学』の記述する自然的認識から絶対知に至る生成のなかでも、特に自己意識の成立が問題となる「死に至る闘争」の場面、いわゆる「主人と奴隷の弁証法」

の場面に注目する。

コジェーヴによれば、人間的な欲望は、それが欲望に向けられる、「欲望の欲望」であるという点を特徴とする。この欲望は、行動と結びついており、これによって人間はすぐれて生成する存在として考えられるようになる。[21]さてこの「行動」がもっぱら「闘争」という形をとるのは、コジェーヴの議論で「**欲望**の複数性（la pluralité des Désirs）」が、あるいは他者の欲望の「事実」ないし「現存在」が前提されているためだ。[22]「他者は欲望する」ということが事実であるとき、その欲望と主体の欲望との間には競合が生じざるを得ない。こうした状況の中で「他者の欲望の欲望」は「承認」の欲望という形をとる。すなわち競合する他者に自己の優位を認めさせ、他者を従えたいという欲望であり、この欲望が「行動」に移されるとき、そこには「死に至る闘争」が現出する。

他方コジェーヴは、「愛」もまた他者の欲望（愛）を求めるものである限りで「承認」の一形式であるということを認めるが、同時にこれをあくまで一種のロマンティック・ラヴとしてとらえ、それが他の欲望の対象となり、自分が備えた美質によって愛されることをひたすら待つ、受け身の、行動を欠いた承認の欲望であることを指摘する。その限りで「愛」は、普遍化の見込みのない、「私的な」ものにとどまり、そこには自身の命を危機にさらし、自己の有限性に直面するといった契機が欠けているということを、コジェーヴはヘーゲル自身の言葉を借りて「真剣さを欠いている」という言い方で批判する。[23]「欲望の欲望」が「闘争」として現れてこざるを得ないということ、また「愛」がいわば承認のあり方として一段低い位置を与えられるということ、これらはいずれも他者の欲望の現存在を前提としたときに導かれる帰結である。

これに対してラカンにとっての「他者の欲望」とはどのようなものか。彼が考える場面は、出生間もない主体と他者との関係である。自らの生命維持に必要な諸々を自ら行いえない時期の主体にとって、助けをもたらしてくれる他者の現前は死活的に重要であり、そのためその不在は喫緊の問題として表れてくる。この問題を、幼い主体は「想像的ファルス」の「公準」のもとで解決しようとする。[24]すなわちこの他者、慣習的に「母性的」と形容されているような他者が、「何か」を、すなわち「ファルス」を欲望するということを想定しつつ[25]、その不在という問題の解決をさしあたり自身の欲求の対象に準えて、口唇的対象や肛門的対象を手掛かりに母性的他者の現前を維持しようとする。他者の欲望は、それが他者の現前と不在に一貫性を与える限りにおいてそれ自体望ましいものであり、その想定は欲望という色彩を帯びている。言い換えれば幼い主体は母性的他者の現前を欲望しつつ、その原因の知を欲望し、その可能になる条件として母性的他者が欲望するということを欲望しつつ、そうして母性的他者の現前を実現し維持する手段として母性的他者の欲望の対象を知り、手に入れることを欲望する。他者の現前の欲望が「愛」の原初的な姿を示すものであり、他者が欲望するということの欲望が、究極的には他者の現前を目指すものである以上、ここに現れる「欲望の欲望」は一つの「愛」の形であり、その限りでこの幼い主体は独自の仕方で愛と知の絡み合いを体現し、コジェーヴが構想したのとは異なった仕方で「愛知者＝哲学者」のありようを示すことになる[26]。

さてこの「愛」は、ラカンの用語法のなかでは身体的な欲求とは異なる「要求（demande）」ないし「愛の要求（demande d'amour）」に対応させることができる。この「愛（の要求）」には、それが与えられた状況を超えて進むということを含意している限りにおいて、普遍化に向けて開かれた「行動」という側面を認めることができる。加えてこの「愛」のなかで、主体は繰り返しその挫折から自身の無力に直面するという仕方で自身の有限性に向き合わざるを得ず、その意味で「真剣さを欠いて」はいない。換言すれば、「他者の欲望」をあくまで想定されたものとするような愛の次元、ロマンティック・ラヴとは異なった愛の次元が存在する。この次元においてはやはり自己が「主体」として、しかし異なった形で——図式的に言えば「他者か私か」ではなく、六〇年代の議論を先取りして言うなら「そもそも私は存在するのか」という仕方で——問題になる。こうした「他者の欲望」をめぐるごくわずかな視角の（柄谷＝ジジェクの所謂「パララックス」的な）ずれから導かれる、これら二つの生成の語り方の間、哲学のそれと精神分析のそれの間には、どのような関係を認めることができるだろうか。

一つのやり方は双方に異なった水準を割り振るというやり方だろう。精神分析の問題にする生成、フロイトが最終的に「エスがあったところ、そこに〈私〉が生成しなくてはならない（*Wo Es war, soll Ich werden*）」[27]ということによって定式化した生成は、あくまで個人の生成にかかわるものであるのに対して、哲学の考える生成は、そうして生成した個人の構成する集団の、すなわち社会の生成にまで及ぶものである、というわけだ。前者は人間が成人するまでの心的な発達を、後者はそうして成人した人間の精神が、他の成人した人間たちの間でたどりうる変転を問題にするのだ、といってもよい。いわば対象領域による棲み分けを主張しようとするこのやり方はしかし、見かけほど自明であるというわけではない。いずれの場合にも、あくまで他者とのかかわりにおいて主体のあり方を考えることが問題になっているわけだが、この他者への開けは主体の構成そのもののなかにすでに複数性を刻み込むものでもある。そもそもフロイトが心的装置の構成要素としての超自我を考えるにあたり、そこでは集団への参照が不可欠になっていはしなかったか（フロイト「集団心理学と自我分析」）。たとえばラカンが『精神現象学』の「美しき魂」の議論を参照するとき、そこでは個人と集団の対立よりもむしろ、主体が反抗しようとしている周囲の無秩序に、実は主体自身が協力しているといった、ある種の共犯関係が問題になっているのではなかったか。[28]

さらにこれら二つの水準を単純に切り分ける難しさは、《エディプス》の、とりわけその終わりのラカン的な捉え方に内在的なものでもある。ラカンが《エディプス》を「欲望の弁証法」として整理しようとしたとき、彼が注目したのはいわゆる「潜伏期」とその理由であった。[29] フロイトは、エディプス期ののち主体のエディプス的に方向づけられた振る舞いが後景に退く現象を指摘し、これを「抑圧以上の」プロセスであるとして、エディプスコンプレックスの「破壊ないし棚上げ〔＝止揚〕（einer Zerstörung und Aufheben）」と呼んだ。[30] ラカンによれば、これはエディプス的な問題が解決し、あるいは解決する能力を身に着けたからではなく、その問題を父性隠喩が先送りすることを可能にしたからである。すなわち〈父の名〉が、父性の将来における実現を保証するものと位置づけられるようになったからこそ、主体はいまここにおけるその実現のために奮闘する必要がなくなったのだ、というわけだ。[31] さてエディプス的な問題とは、父性的〈他者〉をめぐる愛の問題であり、それは母性的〈他者〉をめぐる愛の問題の、異なった定式化であった。《エディプス》を経た主体は、この問題を最終的に解決する能力を身に着けた、というわけでは決してない。問題は解決される代わりに、先送りされたからである。そしてその「解決」ならぬ「解決」、いわゆる象徴的な解決の無力の露呈、ラカンのいわゆる「性関係はあらぬ」こそが、続く主体の取り組む問題の基底となる。したがってこの観点から言えば、「リビドー発達史」が導くのは、たとえばある問題解決能力を身に着けるにいたった自律的な「個人」の完成といったものではない。そこで最終的に問題なのはむしろ、先送りという逃げ道すらふさがれたことによる「袋小路」の完成であり、その一方で同じ愛の問題が形を変えて残り続ける、ということになる。このとき人間の成長の異なった時期に割り振られた階層的な区別は、控えめに言っても従来とは異なった仕方で考えられなくてはならないだろう。

さらにこのことは、その生成を「語る」ということの意味をも変えるだろう。コジェーヴは『精神現象学』、すなわち生成を哲学的に語るということが成立するための条件として、そもそもそれが語る、生成としての実在的な歴史が完了していなくてはならない、と指摘していた。すなわち『精神現象学』は「人類の実在する歴史的発展」を、「その本質的な諸特徴の面から」、すなわち「欲望」から出発して「演繹」し、「人間的な意味と必然性」を備えたものとして「「アプリオリ」に再構築」しようとするものだが、「この「アプリオリ」な再構築は実在する歴史的発展が終わった後でなければ成し遂げられえない」とコジェーヴは主張する。[32] 彼の所論をめぐって戦わされた「歴史」の終わりをめぐる諸議論のなかには、そもそもそうしたポジションを占める可能性そのものを問いに付すものがあったわけだが、ラカンの観点からすれば「リビドー発達史」の終わりについても、同様の問いが問われるのでなくてはならない。そしてもしそれがありえないとすれば、生成とその語りの距離はありえず、生成についてではなく生成の中で語るということがむしろ問題になる。このときこの語りが語る「必然性」の手がかりは、それが実際にそうあった、という事実性以外のところに求められなくてはならない。ただしそれなくしてなされる語りは、生成の「必然的な」筋道を根拠のないままに言い募り、生成をむしろ方向付けようとする、規範的な語りとなることがありうるのではないか。しかし他方で、こうした危険をも内包する、語りの生成への「繰り込み」はむしろ、さしあたっては治療的と呼ばれるような仕方で主体の生成に関与しようとする精神分析[33]そのものの可能性の条件でもある、と言えはしないか。

*

コジェーヴが生成を語ろうとするとき、その前提となっているのはその原理となる他者の欲望の現存在であり、さらにはそれを前にした主体の生成の完了である。これら二つの前提の上で、彼は「行動」を、すでに存在する他者の欲望との間に生起するものとして、その引き起こす変転としての生成の語りを、完了した生成の必然性の開示をめざすものと位置付ける。これに対してラカンにとって、生成の語りの原理となる他者の欲望はあくまで想定されたものであり、その想定の水準にすでに「行動」がある（これはジジェクの所謂「空しい身振り」[34]に対応する、ラカン固有の議論の中の要素である）。それは主体が出生後に出会った問題の、さまざまな解決の試みの一部をなすものなのだが、主体の生成をそうした試みの変転という観点から見た場合、その生成には終わりがなく、したがって生成そのものとはもはや無関係なところから生成について語る、コジェーヴ的な語り手の位置も不可能になる。

こうした語る者の不完全分離、さらにそこから導かれるその可変的な（ある意味ドローン的な）俯瞰高度は、フロイトにおける「性理論」の二重の位置にも現れている。それは人間一般のリビドー的発達を論ずる「性理論三篇」の（メタレベルの、フロイトが自ら構築しようとする）「性理論」であると同時に、幼い主体が他者の由来について問うなかで自ら考案する「幼児の性理論について」の（オブジェクトレベルに位置づけられる、フロイトが患者たちのもとに見出し分類しようとする）「性理論」でもあった。[35]こうした生成の語りの横断的ないし斜行的な性格によって、語りの一方の水準での手直しは、他方の水準に影響を与えないではいない。生成についてではなく、むしろ生成の中で、生成とともに、さらには生成として語るということ、七〇年代のラカンの語法で言うなら「言うということ（le dire）」[36]は、こうして精神分析家ラカンが哲学者コジェーヴからとった距離によって、はじめて構想可能になったように思われる。

さらにこの距離のもう一つの重要な帰結は、複数の生成を考えることができるようになる、あるいは考えることができるようにならなくてはならないという点である。弁証法の起点となる他者の欲望が事実ではなく想定であるとすれば、そこには複数の可能性があり、そこからは複数の可能な生成が考えうる。これは、他者の欲望の現存在から出発し、また最終的に『精神現象学』という著作の執筆に至る一筋の歴史について、その必然性を問題にしようとするヘーゲル＝コジェーヴにとっては考慮の外にあった課題だろうが、複数の性的なポジションの成立を考えなくてはならない精神分析にとっては必須の可能性である。これについては、他の場所でラカンとクラインの議論に基づいてどのような筋道を描くことができるか検討したことがあったが、そこでは想定される他者の欲望の対象として主体の欲望の対象と一致するものを考えるか否かにより、異なる二つの筋道が導出されうること、またそれがラカン的な意味での性的ポジションの差異に対応することが明らかになった[37]。

ただしここには、一方では現代の包摂的な要請に、他方では精神分析に内在的な観点に由来する、一つの問題提起がありうるところだろう。精神分析が、人間の性的生成を語るとき、それが二つの筋道を描くということしか言わないとすれば、その理論は異性愛規範の誹りを免れないだろうし、また分析主体の水準であれ、あるいは分析家の水準であれ、その語りに要請される「言うということ」の高みに、その「言われたこと」に対する「外‐在（ex-sistence）」という創造的ないし（ラカン的な意味における）現実的な機能に達していないということになるのではないか。そこで問題になるのは、すでに起きた一連の出来事についてその必然性を明らかにする、というヘーゲル＝コジェーヴが「哲学」に与えた生成の語りとは異なった役割である。そしてそれとのかかわりで、われわれの試みた導出の役割は、その語りが引き受けた前提を明らかにすることによって、その変更による生成としての語りの、あるいは語りとしての生成の他の可能性を示すという点にある。ラカンが言うように、もし「人が言うということは、聞かれるもののなかで言われたことの背後に隠れたままとなる」[38]のだとすれば、そうした作業は「言うということ」のために場所を開けておくために必要な、精神分析における生成の語りの一局面だと言えるかもしれない。そしてヘーゲル＝コジェーヴの「哲学」観の前提となっていた「歴史の終わり」がそのままのかたちでは受け入れられず、哲学による生成の語りもまた生成の中に掉さすということが不可避であるとするなら、そしてとりわけ哲学のポストヘーゲル的でマルクス主義的な伝統においてそうであるように、その生成へと関与することがむしろ目指されるとするなら、そこには両者の間に問いの収斂を見ることも不可能ではないように思われる。

＊

ただしそうした収斂を実現するにあたっては、微妙な、しかし強固に残存する一種の抵抗点が存在する。そのことを指摘した最近の例として、最後に上述のウラジミル・サファトルの著書『情動の回路』の議論の一部を紹介しよう。

サファトルによれば、六八年五月以降の状況において「労働」をめぐる問題の中心は、搾取ないし収奪から個人の自己実現を阻む非本来的な生の強制へと移行した。またこれと相関して「階級闘争」の概念が後景に退き「承認」の問題が中心的な課題として浮上する[39]。この動きは一九七〇年代に様々なマイノリティの権利要求の動きと合流し、また一九八〇年代以降、左派政治における多文化主義的な傾向のヘゲモニーを加速することになるだろう。こうして闘争から承認へと問題の焦点がシフトするなかで、サファトルが注目するのが哲学者アクセル・ホネットの承認論であり、そこでのウィニコットをはじめとした、対象関係論的な精神分析の援用である。

サファトルはこの援用を、「もっとも巧みに構築されたものの一つ」[40]として評価しながらも、ホネットに母子関係を（ウィニコットの議論に選択的に依拠しつつ）「対称的な」、そしてその意味で「間主観的な」ものと見なす傾向があることを指摘し、(41) それが彼の限定的な「承認」概念——「自己中心的な欲望の相互制限」としての「承認」——を導いているとしたうえで、こうしたホネットの見方に〈他者〉への関係の非対称性を強調するラカンを対置する。(42)

ここでサファトルの議論の鍵となっているのは、諸々の「特性 (propriétés)」ないし「述辞 (prédicats)」の「所有」によって構築される「同一性《アイデンティティ》」を持った「個人 (individu)」という考え方である。(43)「特性」ないし「述辞」が、誰のもとでも同一であると考えられる限りにおいて、これはそれを所有する「個人」の対称性を基礎づけるものとなる。労働を通して「特性」ないし「述辞」を所有するようになり、「社会的な承認」を得るこの「個人」の前提が、ホネットの議論を制約していると考えられるが、労働形態がより柔軟ないし不安定なものへと変化してきたことにより、こうした個体化ないし個人化の過程はもはや自明な所与とは言えなくなっている。この変化を「社会的排除」という仕方で定式化するとすれば、つまりある人々に可能なことがらが別の人には許されていない、という仕方でとらえるとすれば、問題は旧来の階級闘争という仕方であらためて立てられるかもしれない。しかし問題は、上述の変容が全面的なものであり、そうした階層分割がもはや考えられないという点にある。そのためサファトルはここから、闘争という以前の問題構成に舞い戻るかわりに——しかし同時に「プロレタリア」をめぐるマルクスの議論を手掛かりとしつつ——述辞の所有とは異なった形をとる「承認」、彼の所謂「反述定的 (anti-prédicatif) な」承認の概念(44)を考えようとする。そのなかで彼は、パウル・ツェランの詩にあらわれる「愛」を手掛かりとして、それが対象の非人称性、さらには非存在——「個人 (une personne)」ならぬ「誰でもない者 (personne)」(45)——をも導くような非対称性を前提していることを強調しつつ、これを「アンチ - ロマンティック」な愛と規定して、(46) これを諸特性の担い手として相互に承認しあう個人を前提とした「プロト契約論的 (proto-contracualiste)」な愛の対極に位置づけるだろう。(47)

ここでも問題となるのは、議論を制約するような隠れた前提であって、それがわれわれの仮構した「ヘーゲルとフロイトの解釈を通した比較対照」の場合には他者の欲望の現存在であったのに対し、サファトルの場合には誰のもとにあっても同じ価値を有する「述辞」ないし「特性」の束によって規定される「同一性」を備えた「個人」である。後者は他者への関係を、あくまで対称的な関係としてのみ考えるという偏りを生むという点を批判されたが、この観点からは、前者すなわち他者の欲望の現存在ないし「他者は欲望する」という前提もまた、実は最低限であれ関係の対称性を――あるいは〈他者〉の「想像的（imaginaire）」と呼ばれるような性格を――密輸入するものであったことが明らかになる。哲学がそうした制約を離れたところで成立する関係性、その全き非対称性における関係性、ラカンの言い方を借りればその「disparité（非ペア性）」[48]における関係性を考えようとするとき、精神分析はある意味で必須の、とは言わないまでも、少なくとも有益な立ち寄り先となるわけだが、そこでは欲望する他者の現存在を前提とするロマンティック・ラヴとは別の、特異な「愛」の形が問題になる。サファトルはこれを、ラカンが愛のもとに認めた、相互的ではないような贈与のあり方のほうから説明しようとしている。[49]すなわち愛とは「持たないものを与えること（donner ce que l'on n'a pas）」であるとする、彼のよく知られた主張だが、われわれとしてはここまでの議論から、この「ひとが持たないもの」、そうしてそれを与えることが「愛」にあたるものとは、他でもない「欲望」ではないか、とする見方を示唆して本稿を締めくくりたい。

とはいえこれは、議論を終わりにするものではなく、むしろさらに一連の問いを導き出すものである。どのような意味においてわれわれは欲望を「持たない」、と言えるのか。持たれることない「欲望」を、にもかかわらずわれわれが持つと考えていること、このことをどのように理解すればよいのか。そしてそもそも何かを「持つ」ということで、われわれは何を考えているのか。精神分析の欲望をめぐる議論をその最外縁において枠づけているこの「持つこと」ないし「所有」という基本概念の解明こそが、あるいは精神分析が哲学と共同して攻略すべき、次の戦略的地点なのかもしれない。

註

（1）Cf.「言葉は強力な道具であり、私たちがお互いに感情を伝え合う手段であり、他の人に影響を及ぼす方法なのです。言葉は、言いようのないほど人を喜ばせたり、ひどく傷つけたりできます。たしかに、初めに行為ありきで、言葉は後から出来たものです。少なからぬ状況において、行為が和らげられて言葉に変えられたとすれば、それは文化的な進歩でした。しかし、言葉はそれでも最初は魔術であり、呪術的行為なのです。それはいまでもその古い力を失ってはいません」（「素人分析の問題」『フロイト全集19』（岩波書店、二〇一〇年）p. 110)。

（2）告解と精神分析の区別に関するフロイトの見解は、以下を参照。Cf.「素人分析の問題」『フロイト全集19』（岩波書店，二〇一〇年）pp. 111-112. また教育との区別が分析家の間に大きな対立を招いた例としては、A・フロイトとM・クラインの所謂「大論争」を挙げることができるだろう。Cf. 下司晶『〈精神分析的子ども〉の誕生：フロイト主義と教育言説』（東京大学出版会、二〇〇六年、とりわけこの点を包括的に取り上げた「第Ⅱ部 アンナ・フロイト―クライン論争――エピステーメーの変容」(pp. 175-314)．

（3）精神分析運動史のなかで、「それは精神分析なのか」という問いは、フロイトの存命中ではユングやアドラー、ランクやフェレンツィに対して、さらにフロイトの没後フランスではラカンに対して投げかけられ、しばしば問われた側の精神分析運動からの脱退という結果を導いてきている。

（4）こうした方法の模索の最近の例としては、小寺精神分析研究財団における学際ワークショップがあり、この成果は以下の著作にまとめられた。Cf. 十川幸司、藤山直樹（編著）『精神分析のゆくえ：臨床知と人文知の閾』（金剛出版、二〇二二年十一月）。またこの著書についての拙論をも参照されたい。Cf. 原和之，新刊紹介：十川幸司、藤山直樹（編著）『精神分析のゆくえ：臨床知と人文知の閾』金剛出版、二〇二二年十一月，表象文化論学会ニューズレター<Repre>，No.48, 二〇二三年六月.

（5）精神分析の実践を医師のみに許すべきかどうかという問題について、フロイト自身は精神分析の訓練を医学の訓練とは明確に異なったものと位置付け、この訓練を経た非医師による分析の実践を是とする立場をとった（フロイト「素人分析の問題」（一九二八））。これに対してアメリカでは、長年偽医師による診療が問題になってきたといった歴史的経緯もあって、これを医師のみに許すという立場が一般的となったが、第二次世界大戦後はそのアメリカに国際精神分析協会（IPA）が拠点を置いたこともあり、その傘下で精神分析が導入された日本でも「精神分析医」といった表現が特に違和感なく用いられるなど、精神分析には医療ないし準医療的な実践というイメージが定着している。

これに対してフランスでは、ラカンが自身も精神科医でありながら、精神医学的な精神分析を目指したサシャ・ナシュトと対立してパリ精神分析協会から脱退、新たに参加したフランス精神分析協会でも心理学の一部として精神分析を考えるダニエル・ラガーシュと対立するなど、既存の学問分野に回収されない精神分析の再定義を進めようとした。また南米における精神分析の隆盛を説明するにあたり、歴史家のマリアーノ・B・プロトキンは分析団体の数を挙げる。「フランスではIPAに承認された分析団体が二つ（いずれもパリに）しか存在しないのに対して、アルゼンチンではIPAに承認された精神分析団体が六つ（三つがブエノスアイレスに、三つは他の都市に）、ブラジルには全国各地に合計十一の公式な分析団体がある」（Mariano Ben Plotkin, « Dossier: Psychoanalysis in Latin America. Introduction », in *Psychoanalysis and History*, 14(2), 2012, p. 227）。精神分析団体が医学的トレーニングとは独立した養成を行うことを考えると、分析団体の数は精神分析の独立した活動を判断するうえで、一つの目安になるだろう。ちなみに日本でこうした独自の養成を行うIPA公認の分析団体は日本精神分析協会のみで、所属する精神分析家の数は二〇二三年十月二十八日時点で公開されている名簿から数える限り四一名（名誉会員含む。Cf. https://www.jpas.jp/members.html 最終閲覧日　二〇二三年十月二十八日）このほかに日本精神分析学会があるが、こちらは二〇二一年三月時点で会員数二、五六三名（医師七一四名、心理職一、八九八名）を数えている（Cf. https://www.seishinbunseki.jp/society/greeting.html最終閲覧日　二〇二三年十月二十八日）。

（6）Cf. アラン・バディウ『ラカン―反哲学3　セミネール一九九四―一九九五』（法政大学出版局、二〇一九年）。

（7）原和之「ブラジル学会参加報告」（二〇〇七年十月九日付記事）https://utcp.c.u-tokyo.ac.jp/blog/2007/10/post-9/（最終閲覧日：二〇二三年十月十四日）

（8）Cf. https://gtfilosofiapsicanalise.com.br/（最終閲覧日：二〇二三年十月八日）

（9）これらについては二〇一六年に『欲望の原因』誌で公開された。Cf. Alexandre Kojève, « Hegel et Freud : Essai d'une confrontation interprétative », *La Cause du Désir*, 2016/2 No 93, pp. 153-160 ; Jacques Lacan, « Cinq lettres inédites de Jacques Lacan à Alexandre Kojève », *ibid.*, pp. 150-152. この草稿については同号に掲載された以下の論文も参照されたい。Cf. Nicola Apicella, « Kojève, Lacan : Introduction au système du désir », *ibid.*, pp. 161-173.

（10）精神分析の分野では「フロイト＝ラカン」といった表記がされることがあるが、その場合と同様ここでの「＝」も等号ではなく、後者を通してみた限りにおける前者を示す意味のダブルハイフンとご理解いただきたい。

(11) Vladimir Safatle, *Le circuit des affects: Corps politiques, détresse, et la fin de l'individu*, trad. Par Emerson Xavier Da Silva, Lormont, Le Bord de l'eau, 2022. これは二〇一六年のポルトガル語による原著の仏訳である。

(12) 講義の草稿はのちに一九四七年に書籍化された。Cf. Alexandre Kojève, *Introduction à la lecture de Hegel : Leçons sur la* Phénoménologie de l'Esprit *professées de 1933 à 1939 à l'Ecole des Hautes Etudes réunies et publiées par Raymond Queneau*, Gallimard, 1947. 以下ではその抄訳である、アレクサンドル・コジェーヴ『ヘーゲル読解入門：『精神現象学』を読む』（国文社、一九八七年）を参照する。

(13) ドミニック・オフレ『評伝アレクサンドル・コジェーヴ：哲学、国家、歴史の終焉』（パピルス、二〇〇一年）の第四章にある「セミナーを聴講した人々」と題された節を参照（p. 367f.）。

(14) エリザベト・ルディネスコ『ジャック・ラカン伝』（河出書房新社、二〇〇一年）pp. 124-125.

(15) ラカン『人格との関係からみたパラノイア性精神病』（朝日出版社、一九八七年）p. 331.

(16) *Loc.cit.*

(17) *Ibid.*, p. 384.

(18) ラカンはこの「公準」を、「それなしではこのような〔心理学的〕対象についてのいかなる科学をも基礎づけることができず、ただこれらの諸事実についての一種のもっぱら象徴的な読み取りに陥ってしまうような条件」（*ibid.*, p. 331）として位置づけていた。

(19) 一九六〇年代のラカンによるパスカル論については以下の拙論を参照されたい。Cf. 原和之、「悲劇・弁証法・トポロジー――ラカンによる「パスカルの賭」」、『思想』第一一七五号、岩波書店、二〇二二年三月、pp. 102-122（上）、『思想』，第一一七八号，岩波書店，二〇二二年六月，pp. 59-84（中）、『思想』，第一一七九号，岩波書店，二〇二二年七月、pp. 83-110（下）.

(20) K・アーブラハム「心的障害の精神分析に基づくリビドー発達史試論」『アーブラハム論文集：抑うつ・強迫・去勢の精神分析』（岩崎学術出版社、一九九三年）pp. 19-97.

(21) 「**人間**は所与**存在**を変貌せしめ、それを変貌せしめながら自己を変貌せしめる否定する**行動**である。**人間**は自己に生成する限りで在るがままの自己であるにすぎず、人間の真の**存在**（Sein）は**生成**（Werden）であり、**時間**であり、**歴史**であり、しかも**闘争**と**労働**という所与を否定する**行動**において、そしてこの行動によってのみ生成し、**歴史**である」（『ヘーゲル読解入門』*op.cit.*, p. 53）。

(22) *Ibid.*, p. 55.

(23) *Ibid.*, p. 355f. の註33を参照。ラカンがセミネール『不安』で言及しているのは、おそらくこの註だろう。

(24)「想像的なファルスの存在は、一連の事実の要にあります。それらの事実が、その公準（postulat）を要請するのです」（ラカン『対象関係（上）』（岩波書店、二〇〇六年）p. 245. 原文および異版に照らして訳文を修正した。）。これについての詳細は以下の拙論を参照されたい。Cf. 原和之、「「精神分析」を待ちながら―ジャック・ラカンにおける欲望の「公準」」、『思想』、第一〇三四号、岩波書店、二〇一〇年六月、pp. 101-121.

(25) この意味で「ファルス」とは、幼い主体が直面し、定式化しようとする問題の未知項にあたるものである。Cf.「問題はこうです―シニフィエはどんなものなのか。母は何を望んでいるのか。彼女が望んでいるのが私であればよいのですが、彼女の望んでいるのは私だけではないというのは明らかです。彼女に働きかける何か別のものがあります。彼女に働きかけるもの、それがxであり、シニフィエです。そして母が行ったり来たりすることのシニフィエ、それがファルスです」（ラカン『無意識の形成物（上）』（岩波書店、二〇〇五年）p. 256）。

(26) コジェーヴは『精神現象学』の描く生成の中の人間を、常に拡大を目指す自己意識を備えた「哲学者＝愛知者（Philosophe）」と定義し、これを絶対知に到達した「賢者（Sage）」と区別する。彼の言う「哲学者＝愛知者」が知の欲望を前提にするのに対して、ラカンの議論から導き出される「哲学者＝愛知者」は、その基底にさらに愛とその外傷的経験が想定される点で異なっている。二つの「哲学者＝愛知者」の差異については以下の拙論を参照されたい。Cf. 原和之、「知る」、中島隆博・石井剛編著『ことばを紡ぐための哲学：東大駒場・現代思想講義』、白水社、二〇一九年、pp. 86-107.

(27) フロイト『続・精神分析入門講義』『フロイト全集21』（岩波書店、二〇一一年）p. 104.

(28) Jacques Lacan, *Ecrits*, Paris, Editions du Seuil, p. 173.

(29) Cf.『無意識の形成物（上）』*op.cit.*, p. 249-250.

(30)「エディプスコンプレックスの没落」『フロイト全集18』（岩波書店、二〇〇七年）p. 306 [GW-XIII, 399].

(31) *Ibid.*, p. 286.

(32)「[…]『精神現象学』は語の普通の意味での「世界史」とは異なったものである。歴史は出来事を物語る。『精神現象学』は、出来事の人間的な意味と必然性とを開示することによって、それを解明し、把握可能なものとする。これはつまり、『精神現象学』は人類の実在する歴史的発展を、その人間的に本質的な諸特徴の面から再構築する（「演繹する」）、との意味である。『精神現象学』

はこれら特徴をアプリオリに再構築するが、その際これら特徴は人間の生成をもたらす**欲望**（Begierde）から「演繹」されうるのであり、しかもこの**欲望**は他者の**欲望**にむかい（それによって**承認**を求める**欲望**となり）、所与－**存在**（Sein）を否定する**行動**（Tat）により実現されるのであった。だが、再度繰り返すが、この「アプリオリ」な再構築は実在する歴史的発展が終わった後でなければ成し遂げられえない。まず実在する歴史が仕上げられなければならず、次いでこの歴史が人間に物語られねばならない。そのようなときになって初めて、**哲学者**は**賢者**となり、『精神現象学』の中で「アプリオリ」にこれを再構築することによってこれを把握することができるようになる」（『ヘーゲル読解入門』*op.cit.*, p. 239f.）。

（33）ラカンは一九六四年の自身の団体の「設立宣言（Acte de fondation）」で、精神分析家を養成する精神分析――いわば精神分析家への生成を目的とする精神分析――を「純粋精神分析」と見なし、治療目的の精神分析を「応用精神分析」であるとした（Jacques Lacan, *Autres Ecrits*, Paris, Editions du Seuil, 2001, pp. 230-231）。これは治療を第一目標としない点で、彼が比較的早い段階から示していた、治癒をあくまで「おまけで（par surcroît）」生じるものととらえる見方（Lacan, *Ecrits*, *op.cit.*, pp. 324-325）とも一貫している。

（34）ジジェクはヘーゲルの「美しき魂」の議論を要約しつつ、「われわれはある特定の行為によって現実に介入する前に、客観的に与えられた現実＝実在性（reality）を、主体によって生み出され「措定」された「現実性（effectivity）」としての現実＝実在性（reality）に変換するという、純粋に形式的な行為を遂行しなくてはならない」（『イデオロギーの崇高な対象』（河出書房新社、二〇〇〇年）p. 324f.）として、この行為を「空しい身振り（empty gesture）」（p. 329）と呼んでいる。

（35）「性理論三篇」と「幼児の性理論について」はそれぞれ一九〇五年と一九〇八年のフロイトの論文のタイトル。後者でフロイトは、幼児期に出会われる「子供たちはどこから来るか」という問いに対して幼い主体が案出する説明すなわち「幼児の性理論」が幾つかの類型に収まるとした（フロイト「幼児の性理論について」（『フロイト全集9』（岩波書店、二〇〇七年））pp. 287-306）。ただしこの「幼児の性理論」としてフロイトが挙げる類型の中には、かならずしも「子供たちはどこから来るか」という問いに対する直接の答えでないものも含まれる。これについて筆者は昨年の講演で、その問いの背後に「母性的〈他者〉はどうしていなくなるのか」というより根本的な問いを想定することによる説明を試みた。Cf. Kazuyuki HARA, «Théorie, dialectique, fantasme: La sexuation comme le prolongement des "théories sexuelles infantiles" par d'autres moyens», Institut humanités, sciences et sociétés (IHSS)/Société et humanité/Université Paris Cité, 2022.11.22.

（36）ラカンは精神分析の言説《ディスクール》の特性を説明するにあたって数学を参照し、そこで「言われたこと（le dit）は、何らかの現実というよりもむしろある一つの言うということ（le dire）から理由《スュジェ》を得て更新される」（Jacques Lacan, « L'étourdit », *op.cit*, 2000, p. 449）と述べていた。

（37）原和之、「性の多様性に向き合うラカン―「もう一つのエディプス」から出発して」、『I.R.S.―ジャック・ラカン研究』、第一七号、二〇一八年九月、pp. 20-43.

（38）Lacan, « L'étourdit », op. *cit*., p. 449.

（39）Safatle, *op.cit*., p. 227.

（40）*Ibid*., p. 201.

（41）*Ibid*., p. 208.

（42）*Ibid*., p. 201.

（43）*Ibid*., pp. 19-22.

（44）*Ibid*., p. 225ff.

（45）*Ibid*., p. 257.

（46）*Ibid*., p. 259.

（47）*Ibid*., p. 262ff.

（48）セミネール『転移』の冒頭で、ラカンはもともとセミネールのタイトルに含まれていた「disparité（邦訳では「格差」という訳語があてられているが、問題なのはむしろ、差異よりもむしろ根本的にペアにならないという性格である）」の語について、次のように述べていた。「〔…〕この用語で本質的に強調したいことは、ここで扱う問題が、主体間の非対称性という単純な観念よりも先に進んでいるということなのです。この用語は、転移の現象を記載する枠組みを相互主体性〔という概念〕だけで提供しうるという理念に、言ってみれば根源から抗議するものです」（ラカン『転移（上）』（岩波書店、二〇一五年）p. 3）。

（49）Safatle, *op.cit*., p. 265ff.

「世界哲学」という視点

いま、アンデスの地で「哲学の始まり」に立ち会う

中野裕考

はじめに

常識的に考えれば、現代日本で哲学を学ぶ私たちにとって「哲学の始まり」とは、二千数百年前の古代ギリシアにおける出来事を指すだろう。それは学ぶべき過去であって、リアルタイムで目撃できるものではないし、いわんや自ら参加できるものではない。しかしもし、いま、行こうと思えば行ける場所で何かそれに近いことが起こっていたとしたらどうだろうか。本稿は、南米ペルーのアンデス地域で興りつつある、地域の知的資源に根ざした哲学の模索を一つの新しい「哲学の始まり」に見立て、日本哲学にとってのその意義を考察する。西洋近代の大学制度の枠から「哲学」を解放し、より広い視野からこの学問を捉えなおすための一助となれば幸いである。

一　「世界哲学」の主体の範囲

「世界哲学」を「世界哲学史」として展開する際に一つの手がかりとなりうる歴史観の一つに、ヤスパースの世界史観がある。(1)彼は西洋哲学のみならず中国哲学やインド哲学も含めて「哲学」と呼ぶ一方で、こうした高度の知

的活動は、紀元前数百年代の「枢軸時代」に生じた精神革命に由来するとも考えている。それに先立って生まれたメソポタミア、エジプト、インド、中国の高度な驚嘆すべき文明においては、それは起きなかった(2)。紀元後数百年の時点でアメリカ大陸、とりわけ現代のメキシコとペルーに当る地域に現われた高度で驚嘆すべき文明についても同様である。

ヤスパースによると、枢軸時代から西洋、ビザンツ、イスラム、インド、中国といった文明圏が発展し、それらが今日の人類が享受しているすべての知的伝統の源流となっている。たとえば日本はタイやベトナムや朝鮮やゲルマン民族と同様に、自前の文字体系をもたなかったが、ある時点で枢軸時代に組み込まれてその文明圏に入った事例である(3)。ゲルマン民族が早い段階で西洋文明の中心を占めるようになったのとは対照的に、タイやベトナムや朝鮮や日本は、19世紀半ばまで中国文明圏の周辺地域にとどまった。さらに一九世紀以降は、中国文明圏が全体として西洋文明圏に組み込まれたことで、これらの地域も西洋文明圏に組み込まれた。他方で、遅れてきた古代高度文明であったメキシコやペルーをはじめとした中南米地域は、一五世紀末以来スペイン人やポルトガル人に征服されて西洋文明圏に組み込まれた。アフリカやオーストラリアや太平洋諸島などのような地域で形成されていた先住民文化も、西洋による植民地化を機に西洋文明圏に組み込まれた。こうして事実上二〇世紀半ばには世界中が主に西洋で発展した枢軸時代の文明圏に組み込まれ、地球全体に住む人類が一つの世界を生きるようになったと考えられる。

本稿では、以上のような世界史観に正面から異を唱える用意はない。ここではただ、同じ世界史観に対しても、現代日本で哲学研究する立場からは異なったアプローチがありうると指摘してみたい。この観点から見て興味深い考察対象は、インド、中国、西洋という世界の中心を自認する地域から発せられた普遍思想だけではない。そうではなく、中心から外れた地域に導入された普遍思想が、その地の神話、宗教、世界観と相互作用しあうことで被る変容でもある。日本仏教がインドや中国の仏教には見られないオリジナリティを呈しているように、たとえば一九世紀後半のメキシコで一世を風靡した実証主義は、西洋における本家本元の思想内容とは異なる動機と内容をもっていた。(4) 二一世紀に西洋の外で実りある哲学の形を求めるなら、中心地域で生み出された普遍思想が異質な知的風土で受容されて被る変容ゆえのオリジナリティの評価が必要になってくるはずである。アステカ、マヤ、アンデスといった偉大な前近代文明が存在していた中南米地域は、この意味で、日本哲学との格好の比較対象になりうる。

二　口誦文化と文字文化

さて、アンデス地域の文化伝統に根ざした哲学の可能性を探る場合に論点となるのは、文字のない民に哲学は可能か、という問題である。ソクラテスのように著作をものすることなく対話を通じて哲学することも可能なのだから、哲学の実践に文字は不要だという見方もある。(5) これに対しては、哲学は抽象概念にかかわる理論的な知的活動であり、文字の存在なしにそれは成り立たない、という反論がある。(6)

こうした議論状況にあって手がかりになるのが、口承文化［orality］と文字文化［literature］の差異に関する一連の研究である。(7) これらの研究によると、口承伝統に依拠する文字なき社会と文字を導入された社会とでは、人々の思考の体制が根本的に異なっており、哲学は後者においてのみ可能である。

口承文化においては、発話内容の分析やその真偽の吟味は重要ではない。語り手は、伝承された内容を身をもって反復することで、それを自分の経験として生き直す。長い物語を叙述するよう依頼された主体は、それを引き受けて直ちに語りはじめることはなく、むしろ数日間の準備期間を必要とする。それはあたかも、舞踊公演を控えて自分に課せられた振り付けを体得すべく準備する踊り手のようであり、時間が経つほど忘れてしまうのではなく、時間をかけて物語を自らの身体に定着させるのである。聞き手の方も、語られた内容から距離をとるのではなく、語りによる伝承の反復の参加者として一緒になってその伝承を生き直す。ここには批判や分析や根拠づけといった、学問的な知的活動を行う動機がない。

これに対して、読み書きを通じてコミュニケーションがなされる場合、書き手と読み手は互いに隔てられている。書物は、書き手が属していた文脈とは切り離されて移動し、まったく異なる文脈に属する主体に読まれうる。そこでは、著者の意図や書かれてあることの内容が自明ではなくなる。理解は、読み手が属する特定の文脈から抽象された一般的な次元で形成される。書き手もまたそれを見越して、書かれる内容から距離をとり、表出されざる多様な思想を内面に包蔵する独立した主体として自らを捉える。こうして、外界から距離をとった書き手の中で自律的思考が展開し、自明性を失ったテクストを前にした読み手の中ではそのテクストの真正性、その内容の真偽への問いが生まれる。「哲学」と呼ばれる真理の探究が始まるには、語りの文脈からの離脱による真理の自明性の喪失が前提となる。「哲学は、自らを省みて、自分自身が技術による産物であることに気づくべきであるように思われる」[8]。

ハヴロック『プラトン序説』によれば、西洋哲学の始まりがまさに、紀元前八〜三世紀古代ギリシアにおける、口承文化から文字文化への移行を前提していた。プラトンは、その移行を自覚的かつ決定的な仕方で推進したのだった。ホメロスの叙事詩が口承伝統の痕跡を示しているのに対し、プラトンは何よりも思考する主体の自律性を促進した。すなわち主体が認識内容から距離をとって、抽象的で普遍的な次元で「まったき真理」を探究するよう人々に迫った[9]。こうして合理的で批判的な知的探求、すなわち哲学が成立した。

さらに下田正弘『仏教とエクリチュール』は、同様の移行が大乗仏教の始まりの背景にもあると論じている。すなわち仏陀ないしその直弟子の直接的な現前が教えの真正性を保証していた時代から、文字による教えの記述が拡がっていくと、そこに読み手の哲学的思考を駆動する力が働き、結果として教団が形成されるという。「〔大乗経典のきわだった特徴をなす〕「真の仏説への問い」は口伝の世界においてはまず起こりえない。［…］現に聞いている仏説の信憑性を疑うことは、現に説いている人格の信頼性を疑問視することに重なる。［…］真の仏説への問いが成立するのは、口頭伝承におけるひととテクストの重なりが解消され、書記経典がひとから自立をする時点である」[10]。

古代ギリシア哲学や大乗仏教は口承文化から文字文化へ、という比較的シンプルな移行の産物だった。もっとも文字文化への移行といっても、読み書きを習得する人口は長い間少数であり、多くの人びとは書物と無縁の口承文化にとどまっていた。西洋で印刷技術が普及したことで、視覚情報を孤立させて処理するいっそう抽象的な知的活動が拡大し、それが近代と呼ばれる新時代の開始となった。マクルーハンが記したように、「印刷文化［print culture］の人間と写本文化［scribal culture］の人間の違いは、非文字型文化［non-literate culture］の人間と文字型文化［literate culture］の人間とのちがいに勝るとも劣らぬほどである」[11]。ただし、社会全体が短期間のうちに写本文化から印刷文化へと切り替わったわけではなかった。「要するに印刷が発明されたのちも、その後数世紀にわたって散文も視覚的というよりは聴覚的であり続けたのだ」[12]。こうして長いときをかけて社会が経験してきた変化の上に、現在、印刷文化から新しいメディアに依拠した文化への移行が生じつつある。マクルーハンはこの移行に、孤立した均質的個人の文化から、電気技術によって可能になる地球規模での人々の相互関係の復活を期待した[13]。けれどもその後のマルチメディア情報技術のさらなる発達を踏まえるなら、印刷文化の次の姿をはっきりと捉えようとするのは、現時点では明らかに時期尚早である。このように、〈口承文化→写本文化→印刷文化→［…］〉という具合に時間をかけて進行してきた西洋世界にとってすら、近未来の文化形態は見通せない状態にある。ある時点で西洋化の波を被ったその他の文化圏にとってはなおさらである。

いずれにせよ、哲学のような批判的で抽象的な知的活動は、口承文化においては成り立たず、文字テクストによるコミュニケーションの普及による、思想の語り手からの離脱を前提としてきた。現在は、マルチメディア情報技術の今後の発展がどのような影響を及ぼすことになるのか、という点に注目が集まっている。

三　なぜ、いま「アンデス哲学」なのか

ヤスパースの図式でも触れられていたように、先スペイン期アメリカ大陸においても驚嘆すべき文明が出現して

いた。中でも大規模だったのが、ナワトル語圏を中心としたアステカ文明、マヤ系諸語圏を中心としたマヤ文明、ケチュア語やアイマラ語を中心としたアンデス文明の三つである。二〇世紀後半から二一世紀初頭にかけて、このそれぞれの言語文化圏に特有の世界観に取材して、ナワトル哲学、トホラバル哲学、アンデス哲学を標榜する著作が刊行された[14]。

これらの三つの文明圏における先住民言語特有の哲学の展開可能性は、それぞれの事情にしたがって異なった仕方で考察される必要があるだろう。ナワトル語圏は巨大都市メキシコシティの通勤圏内と重なっているため、現代文明と融合する度合いが高い。その点では、近代国民国家の首都とは離れた地域に根ざすマヤ諸語圏とケチュア語・アイマラ語圏の方が、先スペイン期との連続性を保つ度合いが高い。最近ではこうした固有の文化の権利回復の機運が高まり、これらの地域から先住民言語を母語とする主体による思想表現が発表されるようになってきた[15]。話者の数という点では、ナワトル語が二〇〇万人弱、マヤ諸語圏は多くても一〇〇万人未満の話者をもつ多くの言語の集合体であるのに対し、ケチュア語話者は五〇〇万人以上、アイマラ語話者は約二〇〇万人と見積もられている。これらを勘案すると、先住民言語に根差した哲学の可能性を探索する際に、先住民言語の中でも屈指の規模を維持しているケチュア語圏に注目するのは自然な流れだと言えるだろう[16]。

さて、前節も含めた以上のような予備的考察を踏まえてアンデス地域を眺めてみると、次のように言える。すなわち、この地の知的伝統を素材とした、「哲学」と呼ばれうる知的活動が生まれる可能性があるとすれば、いまがそのときである。

じっさいこの地はいま、口承文化から次のコミュニケーション文化への移行の最終局面を迎えている。この過程は、スペイン人が到来してアルファベットをもたらした五百年前から徐々に進行してきたことではある。ただし、植民地時代が終わっても先住民は長い間、近代国民国家の経済社会に統合されないまま周縁に放置されてきた。そうして文字をもたない文化に対する無理解と差別を込めて「文盲［analfabeto］」と呼ばれてきた。けれどもこの間にも、作物の育て方や織物の織り方や家の建て方といった実践的な技術だけでなく、民間伝承や民間療法や占いの流儀などについての言伝えを担う「賢者［hamawt'a］」たちが存在してきた。スペイン語を前提とした西洋系住民中心の経済社会の周縁に追いやられてきたことで、前近代との連続性を保つ口承伝統が辛うじて存続してきたのである。

しかしペルー政府の学校教育整備に向けた長年の取り組みが、前世紀末には広く浸透した。それ以降に学校教育を受けた世代は、多かれ少なかれ読み書きという制度を身につけるようになった。女子の方が男子よりも教育を受ける機会が制限されやすいとか、都市部と山間部との間に格差があるとか、多くの問題はある。けれどもそうした点を度外視して大局的に見れば、アンデス社会はまさにいま初めて、読み書きを習得した者が大半を占める社会へと変容しつつある、と言える。そしてそれは、口承伝統の衰退という帰結を伴っている。

しかし初等学校教育が広く浸透すると、先住民出身者の中から大学教育を受ける者も増えてくる。その中からは、出身地域の文化の重要な部分を占めてきた口承伝統の衰退という事態を憂慮する者も出てくる。前節で見たように口承文化と文字文化では知の体制が根本的に異なっているため、口承伝統の最後の世代がなくなるとともに口承の伝承そのものは消えてしまうだろう。けれども、言語が存続し、また考えるための何らかの材料が残されていさえすれば、その言語文化にとって基礎的な重要諸概念をめぐる真理の探究や議論や批判がなされるようになるだろう。こうして、その材料を確保すべく伝承を聞き取ったり「賢者」にインタビューして録音したり録画したりする取り組みが始まっている。

ここに近年急速に高まりつつある先住民文化の権利回復要求という世界的な潮流が加わって、アンデス地域でも先住民言語による文化発信の試みが増えてきている。この試みは、詩や文学といった古典的な文字表現にとどまらない。二〇二二年に日本でも公開された映画「アンデス、ふたりぼっち」は、全編アイマラ語で作られたペルー初の映画だった。映画に限らず、ケチュア語やアイマラ語の歌謡曲やパンク、ラップなどといった音楽表現も動画サイトなどで気軽にアクセスできるようになっている。こうした表現も、来るべき哲学に素材を、あるいは少なくとも刺激を与えていくはずである。

アンデス地域において興味深いのは、口承文化から移行していく先の文化がまだ見えていないという点にある。前節で見たように、西洋社会にあっては〈口承文化→写本文化→印刷文化→［…］〉という移行は長い時間をかけて徐々に生じてきた。アンデス地域の先住民に読み書きが浸透していったのも同様に緩慢な過程だったとは言える。けれども学校教育のペルー全土への浸透によって起こりつつある前世紀末以来の変化はやや異なっている。アンデス地域がいま経験しつつあるのは、口承文化から一気にマルチメディア文化に入る、というかつて誰も経験したことのない移行である。いま、学校教育により読み書きを身に着ける世代は、ラジオ、テレビ、スマートフォン、インターネット、動画、ＡＩといった最新技術もまた習得していく。このような変化が知的資源の継承にどのような影響を及ぼすのか、予想がつかない。そのため、いま始まろうとしている「アンデス哲学」は、これまでの哲学とは大幅に異なった形をとる可能性がある。これまで「哲学」と呼ばれてきたものが基準として役に立たない可能性もある。それは、「哲学」という言葉の意味を固定的に考えることで新しい思考形態を見過ごすといった危険が、外部からこの地域を眺める観察者の側にはあるということでもある。

四　アンデス哲学の先行例

以上、いまアンデス地域が「哲学の始まり」を迎えつつあるという仮説を立ててみたが、はたしてこの仮説に信憑性はあるのか、といぶかしく思われる向きもあるだろう。そこで本節では、来るべき「アンデス哲学」にとって先行事例として位置づけられることになるに違いない三つの著作を紹介したい。

第一に、「アンデス哲学」というとほぼ必ず最初に挙げられる著作が、すでに上にも挙げたEstermann, *Filosofía andina* (1998) である。著者のエスターマンはスイス出身の哲学者で、アンデス地域の先住民共同体に深く入り込み、ケチュア語やアイマラ語、および先住民の世界観を学んだ。そしてスペイン人に征服される以前のインカ帝国時代の世界観を再現するのではなく、現在の人々が生きている経験を支える基礎的諸概念を考察した。その結果として得た理解を、「アンデス哲学」という名のもとに発表したのがこの著作である。彼によれば、文字のない口承文化だからといって哲学がないと即断するのは誤りで、書かれた言葉はこの地の哲学的反省にとって主要源泉ではなく単なる補助手段にすぎない[17]。むしろ、口承伝統や儀式や習慣などから観察されうる人々の世界像の方が、哲学的分析ないし解釈の対象となる。この解釈を通じて、彼はアンデス的な論理、パチャと呼ばれる世界、自然、時空に依拠した宇宙論、倫理学、人間学などを展開し、西洋的な合理的世界観へのオルタナティブを提示している。こうした企図は、アンデス地域で現に暮らしている先住民を哲学の主体として位置づけた点で画期的で、大きな反響を呼んだ。また方法論についての自覚的な反省と正当化を提供している点でも後進にとって示唆的だった。

にもかかわらず、本稿の観点から言えば、彼の方法論には同調できない点が多々ある。書き言葉を哲学の存立要件と認めず、先住民たち自身が生きている口承伝統そのものをアンデス哲学の本体とみなすその主張は、好ましくない帰結に通じている。第一に、この立場をとると、哲学の主体は自律的批判的に思考する個人ではなく、口承伝統の担い手である集団全体であることになる。じっさいエスターマンによると「哲学の真の主体は匿名で集団的なruna/jaqi、つまり集合的で無意識の生活経験の伝承を担うアンデスの人間であり、経験と解釈によって時空において関係する人間たちの偉大な共同体である」[18]。仮にこのような集合的で無意識の生活経験の主体たちが哲学の主体なのだとすると、その思想表現に際しては、この思想内容を記述し発表する役を担う誰かが必要となる。そしてこの役を買って出ているのがエスターマン自身なのである。「「職業的哲学者」は、このような声なき民たちのスポークスマン［portavoz］ないし「産婆」であり、runa/jaqiの「近接哲学的な［para filosófica］」経験の解釈者にして体系化を担う者なのである」[19]。ここでは、「哲学の真の主体」が無自覚のうちに経験している思想内容を、「職業的哲学者」が解釈し代弁するという構図が前提されている。エスターマン自身は、たしかにケチュア語とアイマラ語の深い理解に達した人だと言われる。けれどもそうはいっても、やはり彼は文字文化の只中で教養を身に着けた西洋人であって、そうした教養とは根本的に異なる体制にあるのが口承文化なのである。彼自身も率直に断っているように彼もまた西洋的観点から観察しスペイン語で記述しているのだとすれば、他者の声を代弁すると称するのは不遜であろう。必要なのは、ケチュア語やアイマラ語を母語とする先住民自身による、伝承の哲学的解釈だと思われる。

まさにそれを提供しようというのが第二の、*Mejía Huamán, Hacia una filosofía andina* (2005) である。メヒア・ウアマンはケチュア語を母語としながらも名門サン・マルコス大学で哲学の博士号を取得した研究者である。彼に言わせるとエスターマンのいう「アンデス哲学」は、実はアンデス人とその文化についてエスターマン自身がまとめた哲学的意見にすぎない。[20] 先住民自身による哲学の実現と表現を目指すメヒア・ウアマンとしては、人々が暮らす際に無意識かつ集団的に前提している世界観がそれ自体として哲学だとは言えない。むしろ彼は、先住民自身が批判的、自律的な思考の主体として自らを形成し、その思考を自らの世界観と言語構造に向けることで、ケチュア語に固有の諸概念を解明することを提唱している。そのうえで彼は、自然、世界、時空等の意味を持つ「パチャ」概念を考察したり、アンデス地域に特徴的な性についてのオープンな捉え方や、労働観などについて論じている。

ケチュア語を母語とする主体が博士号を取得するに至ること自体がまだ希少な時期にあって、メヒア・ウアマンはアンデス哲学の真の先駆者だと言える。上記の著書の他にも、彼は長年にわたってケチュア語の普及と復権にも努め、ケチュア語スペイン語辞典やケチュア語の教科書を作成したりもしている。[21] またケチュア語の基礎概念を西洋哲学の言葉で説明したり、アリストテレス『形而上学』第四巻第一章のような西洋哲学の基礎テクストをケチュア語に翻訳するなどしている。[22] 彼の取り組みには、さながら明治初期に西洋哲学の語彙を日本語に定着すべく行われていた難事業を彷彿とさせるものがある。

とはいえ、実を言えば、*Hacia una filosofía andina* や *Teqse* における個別の論点にかかわる議論の学術的完成度は決して高いとは言えない。だから、というわけではないのだが、残念なことに彼の努力は、現時点で高く評価されているとも言えない。けれどもこのような、ケチュア語の世界観を対象にするだけでなくケチュア語でそれについて考察するという試みが積み重ならなければ、「アンデス哲学」が実際に興隆することは難しいのではないか。しかしケチュア語の世界観についてスペイン語で思考し、スペイン語で発表するという態度の方が現時点では主流になってしまっている。上述のように先住民文化の権利回復要求という世界的な潮流に乗って「アンデス哲学」を論じる主体は増えている。いま、緊急に必要だと思われるのは、すでに高齢のメヒア・ウアマンの努力を引き継ぐ若い世代の出現である。

第三に、「アンデス哲学」の素材に関して言えば、当然ながらさまざまなものがありえる。これまでに述べてきたように先住民共同体に伝わる口承伝統、習慣や祭祀だけでなく、文学や芸術などもある。しかしこういった現存するものと並んで、先スペイン期のアンデス地域の世界観に肉薄させてくれる唯一の貴重なケチュア語資料が、「ワロチリ文書［Manuscrito de Huarochirí］」である。

それは一六〇八年までには成立したと考えられる、アルファベットを用いてケチュア語の文章を表した文書である。偶像崇拝の根絶のためにペルーのワロチリ地方に派遣されたFrancisco de Ávilaが、先住民たちに読み書きを習わせた際にそれを習得した無名の先住民が作者だと考えられている。書かれている内容から見てこの作者はすでにキリスト教に改宗済みだが、母語はケチュア語でありケチュア語文化圏の信仰や価値観や習俗を身に着けて成人した人物である。この人物が、キリスト教に改宗した先住民という立場で、先住民世界の神話伝説、価値観、習慣について記している。分量は小さいものの、先スペイン期のアンデス地方の世界観にアクセスするための第一級の史料である。

この「ワロチリ文書」のごく短い序文が作者の動機を明かしており、極めて印象深い。

昔、インディオと呼ばれている人々の祖先たちが書くことを知っていたら、今日までに起こったように彼らの伝統をすっかり失ってしまうことはなかっただろう。［…］だがそうなっており、それは今なお書きとめられていない。だからここに私が、一人の父パリアカカによって守られていたワロチリの昔の人たちの伝統と、彼らが抱いた信仰と、今日にまで続く習俗について語ろう。[23]

ここに記されているのは、異質な文化の圧倒的な影響にさらされた口承伝統の急速な変質を目の当たりにしている一人の先住民の当惑、あるいは悲しみである。そして元々の口承文化には存在していなかった文字による記録によって、失われつつある文化を保存しなければという焦燥である。この著者はおそらく、文字によって書き留めておけば文化変容を食い止められるとは考えていない。口承文化の変容と喪失が避けられない事態であることを、おそらく彼は理解している。それでもなおそれを書き留めておこうとするのは、異なった伝統や信仰や習俗を生きる後世の人々が、個人的社会的な事柄に関して長期的な視野に立った指針を必要とする際の一助として供するためであろう。かつてここに暮らしていた人々の世界把握の核心がどこにあったのか、と問い、探求することで、後世の人々がその時代を生き延び、次の時代に何を残すかを考えるためのヒントにしてほしい、ということである。

「ワロチリ文書」作者のこのような意図は、『古事記』編纂を命じたときの天武天皇の考えと通じている。

朕が聞けらく、「諸家の賷てる帝紀および本辞、すでに正実に違ひ、多く虚偽を加ふ」ときけり。今の時に当りて、その失を改めずは、いまだ幾年をも経ずして、その旨滅びなむとす。これすなわち、邦家の経緯、王化の鴻基ぞ。かれこれ、帝紀を選録し、旧辞を討覈して、偽を削り実を定めて、後の葉に流へむと欲ふ。[24]

日本はワロチリ地方と違って植民地化されたわけではないし、文明の中心としての中国からは海によって隔てられていた。とはいえ文明の中心地から発せられる影響はやはり巨大であって、口承伝統の変容は天皇の意志で食い止められる規模を超えていた。おそらく天武天皇も、文化変容そのものを停止させることができるとは考えていなかっただろう。ただ代々伝わってきた口誦伝統に関して、「その旨」が滅びることを恐れた。後世の人々は異なる形の文化や信仰を生きるだろうが、それでも過去の人々が暮らした文化の「旨」を反復することができるように、この文書を残しておこうとしたのだった。

現に、口承文化が失われていく代わりに文書は残った。これによって、時空を隔ててそれを読み、その内容の真正性を問い、文化の核心を探求しようという知的活動が可能になる。「ワロチリ文書」が保存されているのはマドリード国立図書館であり、これまでにスペイン語訳だけでなく英独仏語などにも訳されている。さらに二〇一五年にはデパスが「ワロチリ文書」に関して初めてケチュア語原典に依拠した哲学的解釈を展開した。[25] 彼は、スペイン語訳などの翻訳に基づいてこの文書を解釈する従来の研究者たちを批判し、「ペルーをペルー化するという課題はまだ途上なのだ」と問題提起している。[26] そのうえで彼は、西洋哲学の理論とも対照させつつ、かといってその枠に当てはめるわけではなく、この文書に記された神話や習俗を読み解いている。[27]

デパスが強調するのは、「ワロチリ文書」の境界性である。「その意味で同様に重要なのは、「ワロチリ文書」そのものがある境界点、つまり二つの世界、二つの文明伝統、口承文化と書記文化とが出会う地点に位置しているということである。つまりそれは二つの意味の地平が出会う地点にあり、対話に置かれる両者は気づかないうちにより大きな地平のうちに置かれることになるのである」。[28] アンデス先住民世界と西洋世界、口承文化と文字文化といった二つの異質な視野が出会う地点において、人はより広い地平に向けて視野が開かれる。「ワロチリ文書」が成立したころに始まったまさにこの過程が、二一世紀初頭のいま、完結しようとしている。だからこそデパスのこのような著作が現れ始めているのだし、この事実そのものがこの地における「哲学の始まり」の予兆であるとも言える。次の世代からは、スペイン語でなくケチュア語を母語とする主体による「ワロチリ文書」解釈が生まれ、ケチュア語でそれについて議論されるようになることが俟たれる。

ケチュア語で「ワロチリ文書」を読み、先スペイン期の世界観を再構築しようというデパスの試みは、日本で言えば『古事記』『日本書紀』を読んで古代日本の世界観を再構築する試みに対応する。日本では、中世において陰陽論や儒学の枠組みに寄せた注釈の系譜があったし、近世にはそれを批判した本居宣長の国学が現れた。近代以降も、言語学や人類学などの知見を活かした研究が著されており、こういった一連の蓄積そのものが日本の知的伝統を形成している。アンデス地域においてもデパスに続く世代から、ケチュア語内在的な「ワロチリ文書」解釈が出てくれば、ケチュア語の学問世界が形成されていくはずである。

おわりに

アンデス地域に「哲学の始まり」を見出そうという以上のような目論見は、おそらく眉唾ものとして受け流されることになるのかもしれない。実を言えば、本稿としても、かの地で哲学が始まりつつあるというテーゼを満腔の自信をもって保証する用意もない。しかしこの目論見の主眼は、事実としてアンデス地域にオリジナルな哲学が生まれつつあるのかどうかという点にはない。むしろ、西洋の外で固有の歴史と文化をもつ地域がいま、そしてこれからどのようにして知の主体としての態勢を整えていけばよいのか、というより広い問題に関わっている。この意味で、日本で西洋哲学を学ぶ者が西洋の外で哲学を志す他の主体と連帯する意義は大きいのである。アンデス地域以外にも多くの対話相手がいるだろう。多くの対話相手の中の一例として、本稿はこの地を取り上げたということである。

では、アンデス哲学に注目することは、今後の日本哲学の展開にとってどのような有益な視座をもたらしてくれるのか。本稿の見るところでは、その一番の効能は、より広い文脈における日本哲学の自己理解に資するという点にある。

哲学は普遍的な知的活動だというのは確かだが、しかしそれに取り組む主体はつねにすでに特定の言語を話し特定の歴史をもった特定の地域に定位していることも事実である。西洋哲学受容に邁進してきたこの一五〇年の間、このような「定位してある」という事実が含む諸問題を、日本哲学は十分に主題的に考察してきただろうか。むしろ、西洋哲学を学べばあたかも西洋文明の中で生まれ育った哲学者たちと同じように哲学できる日が来ると、漠然と考えられてきたということはないだろうか。しかし西洋の哲学者たちは、彼ら自身が生まれ育ったその文化の歴史を反省することから普遍思想を生み出している。日本やアンデス地域に生まれ育った者がそれに相当することを志すなら、それぞれ日本の、あるいはアンデス地域の歴史や伝統を反省する中から普遍思想を生み出さねばならないわけだが、なかなかそれができていないところに問題がある。そして構造上の必然として、この問題は、ヤスパースの言う枢軸時代の中心文明の視点からはほとんど提起されることのない性格のものなのである。近代以前も含めて中心地域からの文物の受容を基調としてきた日本にあって、中心地域が教えてくれない問題を解きほぐしていく際には、何と言っても対話相手が必要である。その有力な相手の一つがアンデス地域なのである。

註

（1）Jaspers, Karl, *Vom Ursprung und Ziel der Geschichte*, KJG 1/10, Muttenz/Basel, 2017／ヤスパース『ヤスパース選集Ⅸ　歴史の起源と目標』（理想社）。
（2）Jaspers, *op.cit.*, 52／邦訳九五。
（3）Jaspers, *op.cit.*, 61／邦訳一一〇。
（4）Zea, Leopoldo, *El positivismo en México: nacimiento, apogeo y decadencia*, México, 1968 (1ª, 1943-4), I.
（5）Flores Quelopana, Gustavo, *Los Amautas filósofos. Un ensayo de filosofía prehispánica*, Lima, 2015, sec.1.
（6）Sobrevilla, David, *Repensando la tradición de nuestra América. Estudios sobre la filosofía en América Latina*, Lima, 1999, 64.

（7）McLuhan, Marshall, *The Gutenberg Galaxy. The Making of Typographic Man*, Toronto; 1962／マクルーハン『グーテンベルクの銀河系』（みすず書房）：Havelock, Eric A., *Preface to Plato*, Cambridge, Massachusetts, 1963／ハヴロック『プラトン序説』（新書館）：Goody, Jack, *The Domestication of the Savage Mind*, Cambridge, 1977／グディ『未開と文明』（岩波書店）：Ong, Walter J., *Orality and Literacy. The Technologizing of the Word*, Routledge, 1982 (2nd. 2002)／オング『声の文化と文字の文化』（藤原書店）：下田正弘『仏教とエクリチュール――大乗経典の起源と形成』（東京大学出版会）。

（8）Ong, *op.cit.*, 168/350.

（9）Havelock, *op.cit.*, 201/236; 228/269.

（10）下田前掲書一〇五。

（11）Mcluhan, *op.cit.*, 90／邦訳一四三。

（12）Mcluhan, *op.cit.*, 136／邦訳二〇八。

（13）Mcluhan, *op.cit.*, 30-31／邦訳五一―五三。

（14）Leon-Portilla, Miguel, *La filosofía náhuatl. Estudiada en sus fuentes*, México, 1974 (1ª. 1956); Lenkersdorf, Carlos, *Filosofar en clave tojolabal*, México, 2002; Estermann, Josef, *Filosofía andina. Sabiduría indígena para un mundo nuevo*, 2ª., La Paz, 2006 (1ª., 1998).

（15）アンデス地域に関しては後述。マヤ諸語圏ではBolom Pale, Manuel, *Chanubtasel-p'ijubtasel. Reflexiones filosóficas de los pueblos originarios*, Buenos Aires, 2019; Villalobos, Raúl Trejo y Frausto, Obed (coord.), *Filosofía de los pueblos originarios*, México, 2022.

（16）とはいえ以上のように規模を理由に注目する対象を絞る態度に対して批判的な見方がありえるということにも留意しておきたい。先住民言語を話す多様な共同体の間に中心的なものと周辺的なものを分けて捉えることは、少数派差別にもつながりかねない。先スペイン期に存在していた支配関係を追認する危険もある。インカ帝国下の民族多様性およびそれらに対する支配戦略に関しては網野徹哉『インカとスペイン　帝国の交錯』講談社　二〇〇八、第二章：渡部森哉『インカ帝国　歴史と構造』中央公論新社、二〇二四、第六章を参照。

（17）Estermann, *op.cit.*, 77-78; 82-86.

(18) Estermann, *op.cit.*, 87.
(19) *Ibid.*
(20) Mejía Huamán, *op.cit.*, 88.
(21) Lira, Jorge A y Mejía Huamán, Mario, *Diccionario Quechua-Castellano, Castellano-Quechua*, Lima, 2008; Mejía Huamán, Mario, *Curso de Quechua 40 lecciones, Lima, 2013*; —, Quechua avanzado, Lima, 2013.
(22) Mejía Huamán, Mario, *Teqse La cosmovisión andina y las categorías quechuas como fundamentos para una filosofía peruana y de américa andina*, Lima, 2011.
(23) Taylor, Gerald, *Ritos y tradiciones de Huarochirí*, Lima, 2008, 23.
(24) 新潮日本古典集成『古事記』序。
(25) Depaz, Zenon, *La cosmo-visión andina en el Manuscrito de Huarochirí*, Lima, 2015.
(26) Depaz, *op.cit.*, 32.
(27) 各論に立ち入ることは控えるが、本書にはたとえば次のような興味深い解釈が含まれる。五という数のもつ特異性や、中心的な神が孤児でもあるという記述から、さまざまな主体や要素の間に相互依存性・相補性がある：*op.cit.*, 90; 120。神が沈黙する場面に注目すると、キリスト教という超越的一神教の影響で内在的な多神教の世界が脱魔術化されつつあった過程が垣間見えてくる：*op.cit.*, 173。石という形象が生命と多産性の象徴として働いている：*op.cit.*, 245。自らが属する文明のサイクルには終わりがくることを前提として神々の生活が営まれている：*op.cit.*, 258。その終わりに際しては敢えて自ら共同体の散逸と断絶という決断を下すことで将来の生に希望を託すという態度を指摘している：*op.cit.*, 261。
(28) Depaz, *op.cit.*, 302.

「世界哲学」という視点

世界はどのような希望か

河本英夫

「世界」は、どのような対象なのか。あるいは世界はそもそも、対象なのか。対象ではないとしたらどのような「事象」なのか。認識をつうじて「世界」は捉えられてはいるが、それは知が世界とかかわるさいの「生産的な」かかわり方であるのか。世界をテーマとして掲げたとき、それを認識の直接的なテーマとするのではなく、それに対して、より「生産的に」かかわるにはどのようにすることかについての考察が必要となる。ここにある種の知的工夫が必要とされる。それらの工夫がたとえただちに世界論としての方向付けを行なうものとはならない場合であっても、なお課題設定として、考慮しておくべき問いとなっている。

一　「世界」とはどのような問いであるか

世界を知ることはできるのか。誰であれ世界の外に立って、世界を認識することはできない。世界は、認識対象としては、たんに認識の相関項とはならない。カントは、「自然」を認識対象の総体だと規定していたが、その場合でも、実は対象の総体の範囲は決まっていない。だが世界は、それじたいに内在的な無限性を含むような理念的対象ではない。たとえば無理数の無限集合は、数と数の間に無限個の数が含まれており、総体としても無限そのものの全貌を、直接認識対象として知ることはできない。だから指標として無限性の「濃度」を持ち出して、特徴の一部を取り出すような数学的オペレーションが開発された。だがこれは無限性の特徴のごく一部でもある。世界は、このような意味での無限的な対象ではない。

では世界の意味は決まるのか。意味は、当面人間に固有のものだと考えることができる。人間によって認識され、多くの場合人間によって記述される。人間は世界の外にでることはできない。しかも人間の認識は、人間という「宇宙の辺境」から世界を捉えることしかできない。その意味で認識は、世界のローカリズムである。この偏狭主義は、世界についての多くの手掛かりを手にすることはできるが、世界総体についての認識をどのようにしても確保することはできない。

別の言い方をすれば、世界はそれについて記述しようとする場合、世界を記述するような記述の場を設定することはできない。こうした視点が、ガブリエル自身によって「世界は存在しない」と主張された理由となっている。だが総体的な記述ができないからと言って、そのことで「世界の存在」について判定できはしない。すくなくても世界についてのさまざまな手掛かりを得ることはできるが、それらをもとに世界を一義的に規定することはできない。実際、ここまでは成立する。だが一義的に規定できない語は、哲学には夥しく存在する。

哲学の領域には、実際、扱いに苦慮するような「語」が、夥しくある。「魂」という語に典型的なように、医学的には魂という語に対応する「実体的機能体」は存在しない。だが「九回裏の魂の一振り」という語は、比喩としては十分に成立し、理解可能である。魂は、さまざまな活動の集合体（態）だと考えることができる。またそこから物語のような記述を作り出すこともできる。これを詳細に調べれば、「魂の哲学史記述」を形成することができる。また今後とも魂にかかわる物語を紡ぐことはできる。

その点では、「魂」という語に対応するものを指示することはできず、記述的な確定はできない。だが語へのイメージ的な思いは、さまざまな物語記述として活用可能である。この場合、魂という語への体験的イメージは明確であり、分析的に考察すれば複合的な意味内容を含み、かつ分析的な探求のための手掛かりになるような語がある。世界もそうした語に属している。語のなかでも「活動態」にかかわる語には、そのタイプが多い。自我や精神や心は典型である。自我は活動の複合体ではあるが、単一の実体的存在はなく、またみずからを形成し続ける精神という実体的存在も存在しない。

世界は、認識や行為において出現する「人間的な認識や行為」の相関項である。この相関性の内実は、多くの多様なモードをもつ。いくつか取り出してみる。だがかりにどのように詳細な記述を行なおうと、そうした記述が完備している可能性はほとんどない。

（1）世界は、際限がないという意味での無限性（無際限性）を持ち合わせている。語の指示対象に対応するものの総体を明示的に指定することができないものは、それとして無際限性をもつ。認識から見れば、世界は一つの「限界概念」である。（認識の限界の相関項）

（2）世界は、それが何であるかを決めるための手掛かりが過少である。認識がそれに対してつねに過少になるような事象がある。たとえば死後の世界、神、魂の行方等々もそれである。認識はわずかな手掛かりをもとに、物語を紡ぐことを余儀なくされる。それが各民族や部族が固有に紡いできた物語である。その物語には、固有の生活の彩や来歴が浸透している。（超現実性の相関項）

（3）世界は変化しうるし、世界は別様でもありうる。だが別様でありうることの可変性の範囲をあらかじめ決めることができない。というのもそれらの変化の可能性には、人間もさらには人間の能力も別様である可能性が含まれているからである。（生成論的な未確定性の相関項）

（4）世界は、多くの問いに対して解答不能性をもつ。たとえば世界の重さは、どのようなものか。世界の形はどのようなものか。たとえどのような解答をあたえた場合でも、確認しようがない。かりに回答の試みを敢行した場合でも、その試みが完結しないような可能態である。（解答未了の相関項）

そのため世界の希望を語るさいに、世界そのものの各人の生存上の位置価によって微妙に内実が異なる。主要には、知覚にともなう世界、認識にともなう世界、行為にともなう世界の三区分が成立している。すなわち「イメージ的世界」、「認識の限界としての世界」、「行為の環境世界」である。

知覚で物事を捉える場合には、対象とその地平が区分され、同時に捉えられている。知覚対象には地平がともなっている。対象をそれとして特定するように知覚的認定が行われるさいには、すでに同時に「注意の焦点化」が働いている。個物の知覚は、それが何であるかにかかわる知覚と、それが一つの個体であることを特定する注意の焦点化が同時に働く。この注意の焦点化をつうじて、焦点化されたものと焦点化された個物の周囲という区分が進行する。これは焦点化された「注意の視点」を移動させる場合に、有効に機能する。

眼前の建物をみるさいには、焦点化された視野のなかの建物そのものとその周囲が捉えられており、それによって別の角度から見たときにはどのような建物の見え姿なのかという予期と、移動してみれば、およそどのような建物の姿なのかについてのイメージ的な推測も働いている。この意味で地平とは、隣接する別の角度での知覚の可能性を開くものとなる。

では世界は、こうした知覚になぞらえた場合には、どのような働きをもつのか。世界は、個物の地平のようなものではないが、地平に類比的に配置的な規定をあたえるとすれば、フッサールに倣って、「地平の地平」という表現の仕方もできる。この場合、こうした比喩的な意味づけを越えて、さらに注意の焦点化一般に対して、別様な可能性を開くものだと考えることができる。

焦点化することとは別の仕方で世界を捉えようとすれば、事物の知覚は、ある種の「注意の分散」につながっていく。これは厳密に考えれば、焦点化を本性とする知覚とは、別様な知覚があることを意味する。つまり個々の物知覚での視点をずらした知覚ではなく、そもそも「別様な行為としての知覚」がありうることを意味する。このとき地平の地平としての世界は、個々の知覚ではなく、知覚という「行為の可能性」にかかわるのであり、可能的な知覚に対応する。そのため世界という語を手掛かりにして知覚の可能性へ向けて模索する場合、別様な知覚を模索するような試行的な試みとなる。

現在の文化的環境では、知覚は焦点的な注意とともに習得されている。だがそれ以外の知覚の可能性もありうる。たとえば「分散的な知覚」という語を設定して見る。これはただちにどうすることなのかは決まらない。そもそも知覚の出現には、ほとんどの場合注意の焦点化が含まれており、そこに人間に固有の経験の極限化と意味の出現が見られる。

高度な道具を作成するのは、今のところ人間だけである。道具を使う生物は、類人猿にも見られる。棒を使って、丈の高い位置にあるバナナを打ち落とすオランウータンは、実際にいる。だが道具の作成にまで踏み出したのは、人間だけである。長くまっすぐな棒を作り出す場面を考えてみる。歪みや膨らみのある個所を削り、よりまっすぐな棒を作ってみる。物理的に完璧にまっすぐな棒を作ることは容易ではない。だがよりまっすぐな棒に向けて、改良していくことはできる。このとき棒を削り調整する行為とともに、まだそこにない「直線」が何であるかは理解されており、こうした行為のなさかで、そこにいまだない直線が捉えられている。これが後に「意味」と呼ばれるようになるものの出現の場面である。

このとき意味そのものを幾何学的な定式化に落としていけば、直線とは「二点間の最短距離となるもの」である。これじたいは簡潔な定式化であり、ユークリッド幾何学で採用されている。もちろん正しく定式化されている。そしてある種の極限状態の表現にもなっている。問題は、この定式化のもとでも、直線は一つに決まるのかという問いである。二点間の最短距離が描かれている面に、かりに曲率があれば、曲率に応じて複数個の最短距離が成立する。面が球面であれば、たとえば北極と南極のように、多くの最短距離を引くことができる。これは非ユークリッド幾何学の定式化と同じものである。大きな円のごく一部が「まっすぐ」という体験レベルの知覚だったのである。

このとき通常の直線の知覚とは、制約された局所的な知覚だったことがわかる。非ユークリッド的な直線を、通常の知覚のなかの直線と比べてみると、知覚の可能性を拡張するような「まなざし」が必要になることがわかる。直線が、大きな円の一部であると考えて、直線を見ることはできる。だが直接そう見えてくるという場面まで知覚の可能性を拡げることは簡単ではない。こうした経験の可能性の拡張へと向けた果敢な企てに対応するのが、地平の地平としての「世界」である。

こうした可能性を含む知覚の場面にただちに到達することはできない。生活の仕方を変え、行為の仕方を変えるほどの日常の振る舞いそのものを変えていくのでなければ、世界が何を意味するのかさえ、うまく捉えることはできない。ただしそうした場面へとつながるような生活の仕方はあり、それに相応しい生活環境もあるに違いない。その一つのモデルケースを、建築家の荒川修作が作り出している。公的なスローガンでは「天命反転住宅」であるが、知覚そのものの再組織化も狙っている。

これは居住用の家であるが、平らな面はほとんどない。生活そのもののなかで、身体はつねに中心線と重力中心がズレ

アラカワ・ギンズ『バイオスクリーヴ・ハウス』（ニューヨーク郊外）

続けるような生活を送らざるをえない。そのときそうした生活をつうじて「まなざし」そのものの変化が自動的に出現するためのきっかけを手にすることができる。おそらくやがて知覚にも部分的に変化が及んでくる。そうした場面で感じ取られているのが、「世界という地平」である。

次に認識で捉えるさいの世界は、対象認識の総体性にかかわる。たとえば世界の形式を時間・空間で捉えるさいには、「世界」そのものは認識の剰余としてある。どのような認識も認識である限り、世界についてのなんらかの局面の「切り取り」である。時間で見れば、一分、一時間、二十四時間、一週間、一月、一年は、いずれも「同じ時間」からの異なる幅をもつ切り取りである。この「同じ時間」そのものは認識によって切り取られることはあっても、それじたいが切り取られることはない。この同じ時間そのものは、時間認識の可能性の条件ではあるが、それ自体が何であるかが決まらない。そこで、「始まりもなく、終わりもなく、刻々と同じ間隔で流れる時間」を想定してみる。これを「世界の時間」と考えてみる。これがニュートンの「絶対時間」である。このとき「世界」は、認識の限界そのものの相関項となる。そのためニュートンは、絶対時間は「神の属性」だとしていた。

後にこの時間は、カントによって主観性に備わる時間経験の可能性の条件だと位置づけられるようになる。この時間は、はたして「同一の内実」なのか。世界の座標軸のようなかたちで設置されているものは、はたして同一性が維持されるような内実を維持しているのか。あるいはこの座標軸そのものは、あらかじめ指定されるような世界の「外形」の特徴になっているのか。実際には、座標軸という発想そのものに、どこか無理が来ている。世界は、三次元もしくは四次元の座標軸がそこで設置されるような場所なのだろうか。

いま入り組んだ小腸の襞の面積を、「被覆法」で計測する作業を行なってみる。丸や四角の小さな断片で覆って行く。そのとき入り組んだ形であれば、多くの被覆できない面が残る。この残った面の総計が、無限量に発散すれば、面の総和は、二次元を越えていく。この手続きは、面の計測であるから、立体（三次元）にはならない。そうすると二次元と三次元の間には、どちらにも帰着できない多くの次元があることになる。そのとき二次元と三次元の間に別の次元（たとえば二・六四次元、二・七八次元）があることになる。整数次元以外に、多くの次元があることになる。これは「カオス幾何学」での次元の定式化である。

世界は、あらかじめ設定される座標軸で張り出すような仕方では、捉えることができない。かりに座標軸のようなもので世界を張りだしたとしても、同じ座標軸が世界の全領域で当てはまる可能性は著しく低い。

このとき世界の肌理が変わる。世界という「イメージ的統一」のなかに別の分節単位が入り込んでいる。世界について、あらかじめ座標軸を設定するように輪郭を決めることはできない。また一様に同程度の肌理の座標軸が当てはまるということにもならない。とすると認識の限界として、世界を対象認識そのものの相関項として特徴づけようとしても、座標軸そのものが決まらないことになる。そのことは世界を「統一的な何か」としてイメージしたとしても、その内実が決まらないことを意味する。あるいはイメージ的な統一性そのものに無理が来ている。世界は、一つの全体性、統一性だと考えることには、端的に多くの無理がある。そのとき世界は圧倒的に多様なものから成る「未定のイメージ的複合体」だと考えてよい。

さらに行為的自己の相関者としての世界が考えられる。行為者から見ると、行為の反復的遂行によっておのずと区分される「行為的な自己」にとっての環境が成立する。この場合の自己と環境の区分の基本形は、作動を継続しながらおのずと形成される「行為する自己—環境」という「対関係」である。

自己はみずからの行為の持続的な遂行をつうじて自己の位相領域をおのずと形成する。それと同時に自己の環境を区分している。行為主体から見ると、この環境は、「環境世界」となる。こうした事態は、生命あるものにはすべて当てはまっており、当然のことながら人間の範囲で見ても、狩猟民や遊牧民、さらには農耕民にもあてはまっている。

狩猟民は、持続可能性の範囲を長年の知恵でおのずと見極め、その範囲の環境のなかで暮らしている。アフリカ南部に今も残るブッシュマンたちの生活世界と環境は、生存可能性の範囲を反復的におのずとなぞるようなものとなる。また遊牧民は、生誕の場所をもたない。移動のさなかで、個体は生まれているからである。移動し続けることによって、ともに暮らす家畜たちも餌場を変え、ときとして交差する他の遊牧民との交易をつうじておのずと文化の伝播を生み出している。

さらに農耕は、定住生活を基本とする。農耕の基本は、食糧の備蓄である。一般には三年間の食糧生産があれば、次の一年間は備蓄した食糧でやっていけると算定されている。農耕社会は、社会のなかの各人に仕事上の役割分担を生み出した。毎年の気象の記録を残すもの、天体や地震や自然発火する山火事を観測する者、それぞれの気象で農作物の栽培方法の工夫や災害対応を行うもの、備蓄した食糧を守る者、外敵の侵略に備える者等々の職務の分担が生じていく。このなかに先人の教えを記憶し書き留め、さらにそこに新たな知見を追加し、知の形態を整えていく者たちが出現する。これが哲学そのものの先行形態となる。生存のモードによって、環境世界もモードを異にする。

環境世界は、一般に意識にとっては際限ない深さをもつ。意識以前に出現し、生活文化とともに成立している。環境世界の認識には「先験的過去」（行為的過去）が含まれる。先験的過去とは、思い起こされ、想起されるような記憶ではなく、行為とともに反復的に起動される過去である。たとえば自転車に乗るさいには、自転車に乗る姿を想起して、その想起像に合わせて自転車に乗ることはまずない。こうした場面で起動する手続き記憶は、像や意味を思い起こす「想起記憶」（経験的過去）とはまったく異なっている。

行為の伝承をつうじて継承されている文化は、こうした手続き記憶を含んでいる。伝統的な踊りや各種儀礼のような身体行為には、手続き記憶が含まれ、意味やイメージとは別に、行為をつうじて実行され、継承される。たとえば万葉集の歌には、文字化され意味として継承される以前に、実際に歌い継がれ何度も繰り返し歌われたものが含まれている。文字となったものは、歌い継がれた歌の副産物であり、行為の影でもある。

文化の継承の多くは、こうした遂行的行為の反復によって実行されてきたのである。それは先験的過去を反復することによって行われる文化の伝承である。そうした行為的な現実の事態を、言葉の意味や歌の鑑賞的な解釈に縮小するのは、ずっと後の評論家が行うことである。評論家や哲学者のなかにもときとして名人芸のレベルの批評家もいる。このタイプの批評家は、表現者自身が行為とともに実行してしまっているが、本人にも意識化されないでいる領域や経験に届いていることが多い。

作動する自己―環境世界には、内部につねに不連続性があり、接触面は「界面」であり、複雑性を増大させる仕組みでもある。それぞれの文化的伝承は、それぞれに固有領域を形成するが、相互に浸透してもいる。それぞれの持続可能性をもつ行為の連鎖は、固有のシステムを形成する。そうしたシステムがさまざまなかたちで連動しながら交叉している。簡略的な模式で示せば、以下のようなものとなる。

それぞれのシステムは、固有の位相領域を形成している。各システムの交叉は、実は同じ平面でまるで幾何学模様のように重なっているわけではない。またさらにこの事態は、図をただ単に三次元的に立体化して表記しても解決するわけではない。3次元的な立体化の奥行きを何重にも作り出せば、かろうじて似姿を描くことができるかもしれない。

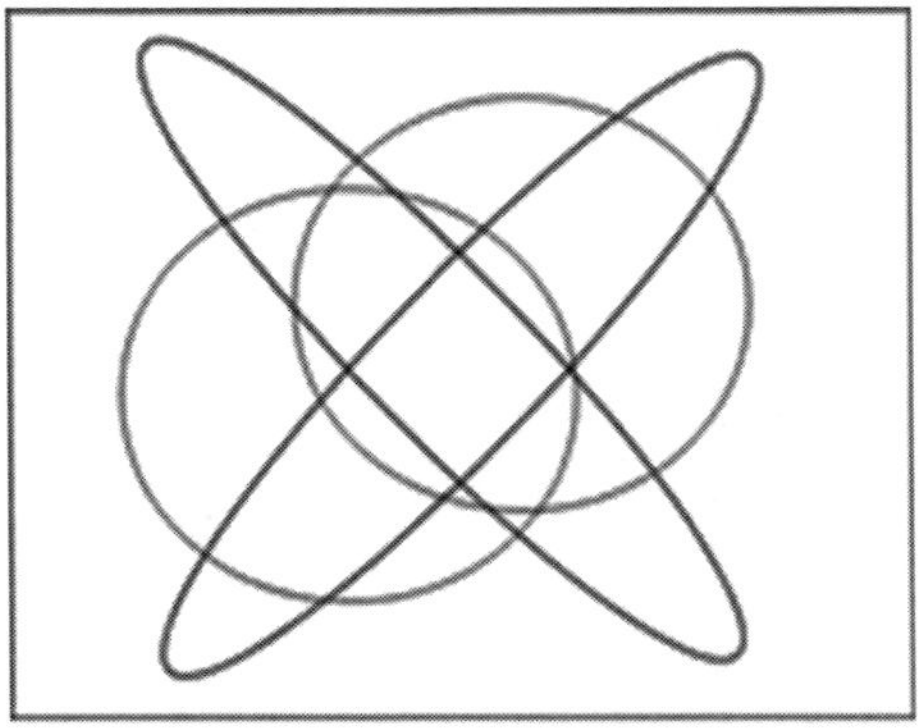
交叉する多重システムの模式図

それぞれの行為は、環境世界内行為であり、行為の反復的持続は、行為に固有の位相領域を形成する。この位相領域の相関者が、環境世界である。この持続的行為には、多くの場合地政学的、地経学的諸要件が浸透している。そのためそうした持続的行為をつうじて哲学・思想が形成された場合、地域的、民族的な固有性が出現する。また時代とともに歴史的固有性も出現する。哲学は、「時代の子」であると同時に、「環境地域文化の子」でもある。

このとき世界そのものとは、こうした複数個のシステムを観望する「観察者」にとって成立している。観察者の最終的な希望は、世界の全貌を掴むことである。この終わりのない欲望に対応するのが、この全貌に呼応する「世界」である。世界とは、総体的認識の欲求の他者であり、欲求の相関者である。そのとき複合的に連動するシステムの「余白そのもの」が世界となる。

そしてこうした事態は、各システムの主体的行為者にとってはむしろ成立しない事象である。観察者の視点と行為者の視点は基本的にずれており、観察者にとっては、つねに自分の視点や知を括弧入れしながら進み、行為に戻り続ける知的操作が必要になる。そこに必要とされるのが「システム的還元」であり、観察する位置から行為者へと繰り返し戻っていくのである。実効的に世界にかかわるさいには、この世界そのものをカッコ入れして、なんらかの行為の持続的な系列を踏み出してみなければならない。つまり配置された全貌をカッコ入れすることが必要になる。

このとき先ほど観察者として捉えていた世界が、時として行為のさいの選択に手掛かりをあたえるものとなる。行為者の選択に応じて、世界にはそれまで見えていなかった事象が見えるようになったり、新たな選択の可能性を見出すこともある。世界は、まさにそれを括弧入れすることで、新たな持続的に産出行為を行なうことのできることの行為の参照項でもある。

こうしてみたとき哲学は、さらに新たな課題を見出すことになる。こうした図柄でただちに垣間見えるのは、各システムの複合体は、「多元論」にしかならないことである。ただしそれぞれのシステムは固有に自己展開し続けるのでなければ、たんに過去の遺物となり、他のシステムとの連動性の外に廃棄される。このとき観察者から見れば、そのシステムは歴史的遺産もしくは歴史の遺物となってしまう。ところがこの場合でも、各システムの作動の条件が変更されれば、かたちを変えた再作動はいくらでも起こりうるのである。このとき多元論は、並置され配置をあたえられたさまざまな構想の集合体に留まることはできない。このとき世界論は、多くの構想の並列的配置に留まることはできず、各システムの固有の展開に向けて、新たな選択肢を提示し続けるものとなる。

こうした議論には、実は前史がある。新カント派マールブルク学派のカッシーラーは哲学史の丹念な読解以外に、多くの「文化論」を書いている。文化としての哲学を構想していたのである。カントの三批判を並べてみたとき、認識論（第一批判）、実践論（第二批判）についで、『判断力批判』（第三批判）と並ぶが、カントではこの第三批判では、美的判断力と有機体論が扱われている。だがそれは容易に「文化論」に拡張していくことができる。カッシーラーの認識論では、カントの感性論は「表出」Ausdrueck に置き代えられ、「悟性」は「代表象」Darstellen に置き換えられ、理性は、「象徴的表現」Symbolischen に置き換えられる。この象徴的表現の多くが、文化論となる。文化論の一つの部門が芸術である。文化としての哲学は、カッシーラーの場合、神話の解読、言語的表現行為、各種科学的な発見や定式化にも及んだ。

マールブルク学派の場合、認識の典型事例は、数学的認識である。数学こそ主観性を貫く活動である。そこにかたちをあたえていくことが、認識の基本となる。カントでは対象の質料性は、客観由来である。ところがカッシーラーでは質料性そのものも主観性が作り出す。そのため認識とは、つねに「表現」のかたちを取る。ただしカッシーラーの場合、どうしても認識論から脱出することはできなかった。ある意味でカッシーラーの行なったことは、「表現行為の認識論」なのである。そのためたとえ神話や言語を論じる場合でも、認識する主観性のなかでの配置を受け、層状に重ね合わせられることになる。

こうした立論の仕方では、さまざまな表現行為は認識主観の表現のモードの違いに帰着され、表現行為の総体が、認識主観にとっての「世界」となる。表現世界の認識論からさらに行為論的な制作行為にまで転換すれば、先の「交叉するシステムの模式図」へと進むことができる。このとき文化哲学は、それとして一つの文化の形成プロセスでもある。

二　文化哲学としての「民藝」

先の交叉するシステムを考察する場合、観察者の位置から捉えている全貌を括弧入れし、ともかくも特定のシステムの作動を分析していかなければならない。どのような知であれ、生活のなかで生活とともに営まれ、そして実生活を超え出るように形成され、さらに生活のさなかで活用される。これが実践的に行為するシステムの在りようである。それらは「文献的な言語的知」に解消されるものではなく、また言語的に表記されたものに縮小されるのでもない。となればそこでの考察は、文化人類学的なフィールド調査や社会学的な考察に吸収されていくのではないのかという思いもよぎる、だがこれらには、「参与観察」という現場の同行者の位置から描かれたものが多い。

たとえば未開部族の神話の分析を行うさいには、その神話で描かれた世界の構造分析が多用される。だがそれらの部族にとっては、そうした神話とともに生活が行われているのであり、単に認識分析だけであれば、神話的知とともに生活する「実践的行為としての知」には、容易に届かせることはできない。言語的表記をもとにした物語的な構造分析は、行為とともに反復され継承される生活の影のようなものでしかない。

たとえばそれらの部族に固有の言語的な表現の分析を行うさい、言語的な表現の起源からみれば、どのようにしても起原そのものやその実際の変形を突き詰めることはできない。というのも固有の言語的表現は、いまなお継承され、行為として反復的に実行され、そのつど差異化を続けているからである。

スローガン風に言えば、言語的表現行為は、いまなおつねに反復的に起原を生き続けている。そのため行為としての言語的表現は、描かれた意味や像に留まらず、起源を反復し、それを差異化し続ける行為としての知であり、それじたい反復されるたびに差異を生み出し続ける「行為知」である。その場合、知は「先験的過去」を繰り返し再組織化するように反復され、そのつど差異を生み出し続ける。世界哲学的な考察は、その次元まで届かせようとする果敢な企てだと考えることができる。

行為として生きられ続けている知は、たとえば情報ネットワークに解消される形にはならない。世界各地のさまざまな知は、旅行案内に書き留められたような情報ではなく、いやおうなく行為として遂行される不透明さと奥行きを帯びる。情報知は、進化学者のドーキンスが定式化したように遺伝的情報（ゲノム）ばかりではなく、言語的知（ミーム）にも大幅に制約されている。だがそう言ったとしても、いまだ大きな欠落がある。知の基本は、言語的情報のみならず、身体ならびに身体行為にも大きく制約されている。これを体細胞的な知という意味で、「ソーム」（ソマトロープの略語）と呼んでおくことにする。

職人的な制作知や儀式や踊りのような非言語的表現は、生活の基本的なスタイルを形成している。その点で、世界哲学的な考察は、情報ネットワークでは語られることもなく通り過ぎられてきた「身体行為的な知」にも及ぶはずである。ある意味でこうした知は、世界各地で継承され、不連続なかたちでなだらかにつながる「世界大のガラパゴス的知の系列」である。情報ネットワークで対比的に取り上げられる知の案内ではなく、それぞれが固有化するプロセスを取り出すような企てとなると考えられる。この場合プラットフォーム型の情報知とは、まったく異なった知の系列が出現してくると思われる。

プラットフォーム型の情報知は、相互対比的に配置される知である。そのため注目されようとすれば、極端な主張、際物がかった論説、スタンドプレーのような主張が繰り返し持ち込まれ、時として内容に応じて炎上していく。そして一時の炎上を楽しむ多くの傍観者がいる。そこには時として詳細な分析も見られ、専門家としての蓄積も垣間見られることがある。これに対して、ソーム的な知は、伝承のなかにさらに新たな可能性を見出し、新たな選択肢を提示しながら、みずからの経験をさらに一歩前に進めるものである。

ここではそうした事例を一つ取り出しておきたい。それは柳宗悦（一八八九－一九六一）らによって定式化され、日本各地で文化運動となった「民藝」である。柳宗悦は、民衆の暮らしのなかから生まれた美の世界を収集し、それらを公開していくために、一九二五年（大正十四年）から「民藝」という語を用い始めている。一九二六年四月に、柳宗悦は、陶芸家の富本憲吉、濱田庄司、河井寛次郎とともに、連名で「日本民藝美術館設立趣意書」を発表している。

濱田庄司は益子に住み、「益子焼」という全国的なブランドを立ち上げた超人的な制作者であり、第一回人間国宝である。また河井寛次郎は、島根県出身の陶芸家であり、気質的には硬質の天性の詩人である。彼らが当初参加していた白樺派とのかかわりのなかでは、当初小説家、批評家が集まっており、またそのなかに美術品を収集するものもいた。そしてこの「趣意書」の段階で、陶芸家のような実際に物作りを行う人たちが入ってきている。「民藝」は、こうして一つの文化運動となっていた。

「民藝」は芸術の一つのスタイルであるが、そうした名前で呼ばれる以前から、日本各地で実行されていた「日用品」の生産活動でもある。それを「民藝」という固有名で呼ぶことで、新たな美の「枠」として捉えるようにもなった。日本各地には、地方の事情に応じてすでに多くの名産品があった。農産物に少し手を入れたカボチャの置物やダイコンに顔を書き込んだ飾り物や、各地の素材を利用した箒や織物や道具があった。和紙の生産や金物類にも、地域の素材に応じて多くの固有の製品がある。ごく普通に生活の周囲にあるこまごましたものが、「民藝」というカテゴリーを得たことで、別の輝きや彩をもつことになった。

そうして日本各地で、民藝に相当するものを選び出し、それを展示し公開していくような動きが出始めた。民藝は各地の固有性を前面に出していくような広域的地域活動となっていった。また韓国には韓国で固有の民俗性を帯びた民藝品がある。民藝的な活動は、各地方、各地域の固有性を維持したまま、「手触り」や「味わい」のある物品を作っていた。そこには素材の地域性を最大限に発揮させるような固有の技法の開発が行われていた。

柳宗悦は、多くの地域に足を運び、各地の工芸品を見て回っている。同時代の日本の生産過程の急速な変化によって、各地域で埋もれてしまう地域の工芸品があった。旧藩の文化には、工芸の技法が残り続けている。ある意味で、ギルト的な生産システムがかろうじて残り続けていた時期でもある。

民藝品というのは、江戸時代から明治末期あたりまで維持されていた「徒弟的な生産形態」の産物であることがわかる。柳宗悦は、これらを「民藝」という固有のカテゴリーとして設定し、文化的な伝承として、再度それらに固有の領域を確保しようとしたのである。地域性と地域の日常生活の感触を残し、しかも生活のなかでの工夫が織り込まれたものが、「民藝品」である。

やがて民藝関連の展示会が日本各地で行われるようになり、モデルケースを作り上げるような機運も生じた。大きなきっかけとなったのは、一九二八年（昭和三年）に上野公園で開催された「御大例記念国産振興博覧会」への「民藝展」の参加である。このときには展示会用の建物を作るという作業から開始された。すでに多くの関心をもつもの、賛同するもの、後援するものたちがいて、倉橋藤次郎（工政会理事）や山本為三郎（後にアサヒビール社長）らが後援者となり、資金の手当てを行い、「民藝」風の建物を建てて、ここに全国の器物や織物を収集し、総合展示するという計画が立てられた。現代風に言えば、パビリオンを建てて、そこに多くの物品を展示したのである。このパビリオンは、当時大変な話題となり、各宮家や大臣まで参加して賑わったようである。そして建物の一画に売店を設置し、各地域の名産を展示販売した。

いくつかの典型的な民芸品を提示してみる。現物を直接見ることが大切である。民藝は、個々の生活や生産の現場での固有の素材を最大限活用し、素材の固有性にふさわしい作品を作り上げる。陶芸品であれば、各地の土の性質に依存するので、素材を最大限に活用する。そ

濱田庄司記念参考館所蔵、バーナード・リーチ作

うなれば韓国にも中国にもヨーロッパ各地にも、固有の素材がある。そしてそれらはそこでしか作ることのできない地域性を備えたものとなる。また民藝品は、展示され陳列されるような「作品のための作品」ではない。むしろ日常の生活のなかで活用され、生活とともに日常に細かな肌理と潤いをあたえるようなものとなる。それらの作品は、多くの場合、作者不詳となるが、署名がなくても、また作者の名前を知らなくても、「あの人」の作品だということはわかる。民藝品は、「無名の固有性」である。

大津絵・作者不詳

さらに民藝品は、過度の技巧には向かわない。芸術は、ほとんどの場合、おのずと詳細な技巧へと進み、余人をもっては代えがたいという作風になる。江戸末期に完成段階を迎えた「浮世絵」は、技法の高度化と無類の繊細さの方向に進んでいる。それらは何を描いても、素材や対象の固有性を描くというよりも、同じ手法や方法で描かれている。物や風景に接する前に、「方法」や「技法」を練り上げているのである。

この場合、世界の個々の現実の固有性に触れる以前に、方法や技法が完成されていく。こうしたタイプの巨匠（たとえば安藤広重、喜多川歌麿、葛飾北斎等）を真似ていけば、やがて技巧だけが前景に出て、身体的な触覚性や行為に触れていく部分がやせ衰えてしまう。これに対して、民藝は技法的な作為を抑制し、物の固有性と作品の力強さを優先する。それは日々生きていることの素朴さと息遣いが残る作品だと言ってもよく、生活の隙間にきらめく霊性だと言ってもよい。

一般に「民藝」というカテゴリーは、微妙なバランスで成立していることがわかる。先端芸術、高級芸術ではないが、庶民の身近にあるものにすでに含まれている美をそれとして取り出す作業であり、庶民性のレベルでの工夫である。しかも装飾であるよりも、同時に実用性を兼ね備えた生活品であり、必要に応じて活用されるのである。その意味で希少性が主たる価値ではなく、日用品、実用品としての小さな工夫の蓄積が主要な価値である。その点では、「庶民性」あるいは「高度化の手前に佇む豊かさ」に注目することにもなった。典型的には、仏像でも可憐とも思えるほどの神々しさをもつような仏像ではなく、むしろ江戸時代に全国各地を回り、造仏活動を行い、独特の「微笑仏」を残した「木喰行道」や「妙好人」がそうした民藝作品である。これらは、美しさ以上に「下手のなかの息づきや佇みや味わい深さ」を現わした作品である。

これらの作品の多くは、現在では展示室や各地の記念館に収蔵され、歴史の断片として保存されている。一九三四年（昭和九年）、民藝運動の活動母体となる「日本民藝協会」が設立され、一九三六年（昭和十一年）に、柳宗悦が初代館長となり、「日本民藝館」が創設された。この民藝館は、現在、東京目黒区の駒場にあり、位置的には現在の東大先端研の裏あたりにある。多くの作品、物品を典型例として収蔵している。この民藝館の現在の趣は、歴史的文化遺産の保存である。当初は、民藝のテーマパークであったと思われる。そのためか恒常的に来客があり、外国人の来訪者も多い。これらはデジタル全盛の時代にあって、いまなお別様の選択肢を提示し続けている。そうした可能性を内在させた知的行為の潜在性を現実に引き出すことも、世界哲学の課題である。

参考文献

石澤良昭『東南アジア　多文明世界の発見』（講談社学術文庫、二〇一八年）
伊藤徹『柳宗悦――手としての人間』（平凡社、二〇〇三年）
カッシーラー『シンボル・技術・言語』（篠木芳夫、高野敏行訳、法政大学出版、一九九九年）
ガブリエル『なぜ世界は存在しないのか』（清水一博訳、講談社、二〇一八年）
河井寛次郎『蝶が飛ぶ、葉っぱが飛ぶ』（講談社、二〇〇六年）
志賀直邦『民藝の歴史』（ちくま学芸、二〇一六年）

スーズマン『「本当の豊かさ」はブッシュマンが知っている』（佐々木知子訳、ＮＨＫ出版、二〇一九年）
中見真理『柳宗悦──「複合の美」の思想』（岩波、二〇一三年）
西岡文彦『柳宗悦の視線革命』（東大出版会、二〇二三年）
納富信留『世界哲学のすすめ』（筑摩書房、二〇二四年）
濱田庄司『無尽蔵』（講談社文芸文庫、二〇〇〇年）
馬頭町広重美術館『「浮世絵ってなんだ」展示録』（二〇〇四年）
真木悠介『時間の比較社会学』（岩波書店、一九八一年）
柳宗悦『工藝文化』（岩波書店、一九八五年）
柳宗悦『手仕事の日本』（講談社学術文庫、二〇一五年）
柳宗悦『民藝とは何か』（講談社、二〇〇六年）

« ego ille »（Descartes, *Meditatio II*）について
――あるいは、哲学と「私」――

大西克智

はじめに

人が自分自身を指して「私は……」と語るようになったのは、おそらく、言語における人称システムの成立と同期して、いつからとも画定し難い遥か昔からのことだろう。これに比べれば、無数に存在する一人称の「私」を概括する〈私〉が、つまり〈私〉という概念が形成されたのは、西洋の哲学・思想史に場面を設定する限り、一七世紀半ばにすぎない。

本稿では、まず、この形成過程の引き金となったテクストを、近時提出された重要な解釈の検討を踏まえて分析する（第一節〜第三節（一））。テクストとはすなわち、すでに幾度となく論じられてきた« *Ego sum, ego existo*（私は在る、私は存在する）» というデカルト（René Descartes, 1596-1650）の言明とその周辺であり、とりわけ、この存在言明に続けて« quisnam sim ego ille » と問われる« ego ille » のステータス――〈私というもの〉なのか、「かの私」なのか――が鍵になる。その上で、以上のデカルト哲学に即した考察を、哲学と「私」の関係をめぐる一般的な考察に繋げてゆく（第三節（二））[1]。

一　«ego ille» という概念

「私」と〈私〉の差異をまず手短に確認しておこう。例えば、「私は神によってこのポリスに付着させられた者である」（プラトン『ソクラテスの弁明』三〇E）。あるいは、「記憶こそ、私自身（ego ipse）がそれであるものに他なりません」（『告白』第一〇巻第一六章）。一つ目の私は語り手ソクラテスを、二つ目のそれはアウグスティヌスを指す。私＝ソクラテスは、「アテナイ市民」あるいは「知を愛する者」はたまた「虻」でもありうる。私＝アウグスティヌスもまた、「魂」その他の概念規定を受け入れる。いずれにしても、またこの二例に限らず、古来、長らく、私は、そう口にし、あるいは記す当の者のことだった。文法的にいえば、私は一人称代名詞だった（そのような私を、必要に応じて「私」と表記する。右のソクラテスの例のように、西洋古典語の人称代名詞はしばしば省略されるが、この点は目下の論旨に影響しない）。「私」は、他にも存在する無数の「私」といくつかの述語を共有しながらも、述語の束には還元されえない唯一無二の存在である。

ところがその後、無数の「私」の傍らに、一般規定としての私が現れる。文法的には実詞（substantif）に分類される、概念としての私である（こちらを適宜〈私〉と表記する）。はたしてこの〈私〉は、正確にいってその後のいつ、姿を現したのか？――哲学（史）のさまざまな局面に波及する、しかしこれまで問われたことのない問いである。その所在を明らかにしたのはフランスの近世哲学史家V・キャロー[2]。いつに関する彼自身の答えは、デカルトが「第二省察」で«ego ille»と記したときに、すなわち「第一省察」の懐疑を振り返りつつ始まった「第二省察」が最初の肯定的な言明に到達し、それを受けて考察の局面を更新する次の一節[3]において、というものである。

> [……]「私は在る、私は存在する（*Ego sum, ego existo*）」というこの言明は、私が口にするたびごとに、あるいはむしろ私の精神に抱かれるたびごとに、必然的に真であると論定されなければならない。

とはいえ、私は、こうしていま必然的に在る私というものが何者であるのか（quisnam sim *ego ille*, qui jam necessario sum）、未だ十分知るには至っていない。

懐疑を遂行したいま、肉眼に映るものも、記憶に結ぶ像も、偽りである。身体も感覚も、自分は持ちあわせていない。物体・形・広がり・運動・場所も虚像にすぎない（24, 14-17）。このように突き詰められた想定の下で「いったい何が真であるだろう？　おそらく、確実なものは何もないという一点のみである」（24, 17-18）。こうしてみずから設えた全面的な不確定状態からの脱却が「第二省察」最初の課題となり、この課題は、「至上の力と狡知を具えた正体不明の欺き手」に抗うかたちで果たされる。たとえ彼が自分を目下の極限状態に追い込んでいるのだとしても、追い込まれている自分がいることだけは、つまり欺かれている自分自身が在ることだけは、疑いようがない（25, 5-10：正確な経緯は第二節（二）で追う）。辛うじて得られたこの認識によってみずからの存在を確認し、ついで、そのみずからについて何者であるのかと問うているのが、右のテクストである。

この一節を要石として、キャローは「《ego ille》＝最初の〈私〉」というテーゼを打ち出すことになる。「最初の」という点には稿末で触れることとして、《ego ille》を一つの概念と見なすために彼が展開する議論の要点を抽出しておこう。[4]

（一）《illud》ではなく《ille》

一般に、《ille》は指示形容詞（三人称単数男性形）に分類されるが、《ego ille》の《ille》が「私は在る、私は存在する」を「真であると論定」した「あの」という意味で《ego》にかかることはない。ラテン語の自然な用法として、指示形容詞の性数は、かかる先の名詞にではなく、それが指示する事柄と一致する。したがって、「あの」《ego》というためには、波線部の事態を指す中性形の《illud》を用いて《illud ego》となるはずである。そうではなく、デカルトがあえて《ille》を用いたのは、『百科全書（*Encyclopédie*）』の「代名詞」と「語」の項にいう「形而上学的形容詞（adjectif métaphysique）」としてである。すなわち、欧米語の定冠詞がもつ対象の概念化機能をラテン語では《ille》が担うからである。したがって《ego ille》は、個別の人格である「あの私」を指す人称代名詞ではなく、「私というもの」一般を指す実詞である。デカルトはこの特異な「ラテン語表現――私の知るかぎり、中世から近世のラテン語に前例はない――に、彼の手になる概念の革新を首尾良く刻み込んだ」（六〇頁）。すなわち、《ille》によって《ego》を「実詞化（substantivation）」し、「私という概念（concept de moi）」を創出し、「私というもの」を一般的に語る場を切り拓いた。なお、《ego ille》が従える関係代名詞節の動詞は一人称になっているが（《qui jam necessario *sum*》）、これは、ラテン語の文法上、《ego》を主語とする動詞は（フランス語における《ce moi, qui *est*...》のように）三人称化しないためであり、《ego ille》の概念性と矛盾はしない。

（二）《res cogitans》でも《substantia》でもなく

とはいえ、「文法と形而上学を混同してはならない」（四四頁）。《ego ille》の概念性は、最終的に、思想の水準において問われるべき事柄であり、とりわけ、概念としての独立性について正確を期す必要がある。デカルトは、「こうしていま必然的に在る私というものが何者であるのか、未だ十分知るには至っていない」と述べたあと、かつての自分はこの「何者」かについてどのように考えていたかを振り返りつつ、「人間」、「魂」、「身体」などの一般的な概念を退ける（25, 35 - 26, 22）。そうして最終的に「思うこと」を見出すに至る。「唯一これだけが、私から剥ぎ取られえないものであり」（27, 7-8）、したがって、「何者なのか」と問われた「私というもの」は、「思うもの（*Res cogitans*）」である（27, 13：この箇所は第三節（一）で引用する）。――しかしそうだとしたら、《ego ille》は、これを述語づける《res cogitans》という概念に回収されることになるのではないか。《ego ille》が概念として自存するための場は『省察』内部に存在しないのではないか。同じことは、《ego ille》と《substantia》（実体) » 概念の関係についても言えるだろう。

こうした疑念を解消するためには、まず、« res cogitans » を語るデカルトの視線が「思う (cogitans)」という働きそれ自体に向けられている点に注意する必要がある。ただ、「私とは思うである」では言語表現として不安定であるために、「語彙上の単なる支え」(二六二頁) として、「もの」を「思う」に先立てたにすぎない。すなわち、« res cogitans » には、例えば « ens cogitans (思う存在 (者)) » という場合のような概念性がそもそも欠けており、よって « ego ille » がそこに吸収されることもない。他方で「実体」は間違いなく『省察』を支える中心的な概念の一つであり、デカルト自身 « ego autem substantia » と述べて « ego » を « substantia » に付託する。もっとも、この措置は「第三省察」も半ばを過ぎて講じられるのであり (45, 7)、少なくとも「第二省察」の範囲に « ego » と « substantia » を関係づける要素は見当たらない。

以上から、« ego ille » は「実体化なき実詞化 (substantivation sans substantialisation)」(六二頁) により成立し、「第二省察」を通じて存立し続ける、一つの独立した概念である。たしかに「第三省察」以降、その独立性は希薄になってゆく。その意味では、また、デカルトの後、今度は紛うことなき定冠詞によって —— « *Qu'est-ce que le moi* (私とは何か) ? » —— パスカルが完遂する実詞化＝概念化との比較においても、« ego ille » は、厳密に言えば「半実詞化 (quasi-substantivation)」の段階にとどまっている。それでも、パスカルのこの問いはまさしくデカルトの問い —— « quisnam sim *ego ille* » —— を意図して踏襲したものであり[5]、その延長線上に、ライプニッツの許で「実体の類同者 (analogon)」と化した〈私〉が、あるいはロックの許で端的に「自己 (the self)」と化した〈私〉が現れる。デカルトの « ego ille » は、〈私〉をめぐるこうしたロゴス (Egologie) の系譜のトリガーとして哲学史を画するものであり、トリガーたりえたのは、「『省察』の私 (le moi) が、固有の性質と来歴を具えた個人としての私ではなく、純粋なる私 (un « moi pur ») であった」(六四頁) ために他ならない。言い換えれば、« ego ille » が、懐疑の効果として身体性も場所性ももたず、そうして「残された純粋性 (pureté résiduelle)」の内に書き込まれたエゴ、つまりただ純粋に存在するだけのものとして考えられたエゴ」（五八頁）であったために他ならない。

節を改めて、以上のような解釈手続き[6]の妥当性を（一）（二）の順に検討する。

二 「すべての［思いの］重み」

（一）ウェルギリウスから

ラテン語における指示詞（démonstratifs）の用法は、定冠詞および（再帰形を除く）三人称代名詞の不在と絡まって、文法学者を悩ませる問題である。それでも、あるいはむしろそうであればこそ、《ego ille》の《ille》は《ego》を先立つ文脈から切り離すために選ばれたというキャローの解釈に、黄金期ラテン文学の象徴的作品にある実例[7]をもって留保を付すことはできる。すなわち、ウェルギリウスの『アエネーシス』劈頭を飾る《Ille ego》である。

私は、かつてか細い牧笛で一つの歌を奏でた者（*Ille ego, qui ...*）。後に森を出で、近隣を耕す人々の止め処なき欲望を、農事を言祝ぐ作品に従わせた者（et egressus silvis ...）。そしていま、その私が、容赦なきマルスの／戦と一人の勇士を歌う（at nunc horrentia Martis / arma virumque cano）……

「一つの歌」は『牧歌』を、「農事を言祝ぐ作品」は『農耕詩』を指す。つまりこの四行は、ウェルギリウスの著述歴を披瀝することで『アエネーイス』の導入に代える役割を果たしている。四行の書き手が誰であろうと、「私（Ille ego）」は明らかにウェルギリウスその人を指し、したがって《ille》を「形而上学的形容詞」と見なす余地はない。《ille》を邦訳にあえて反映させるなら、「私は、かつてか細い牧笛で一つの歌を奏でた、かの者である。後に森を出で…従わせた、かの者である」となるだろう。すなわち、«ille»は、いかなる品詞に分類されるのであれ、関係代名詞節が説明する一面を通じて「私」に読み手の注意を惹きつける働きをしている。こうした働きを、文法では強勢（emphatique）と呼ぶ。主動詞「歌う」の主語を「そしていま、その私が」としたのも、強勢機能を反映させるためである。

この四行をキャローが知らないはずはなく、実際、«Ille ego»の二語に限って、その所在には触れている（五九頁）。«ille»一般の強勢機能にも言及している（五七頁）。それでいて、«Ille ego»の意味については何も述べていない。いずれにしても、«quisnam sim *ego ille*, qui jam necessario sum»というデカルトの問いを、『アエネーイス』に倣い、「こうしていま必然的に在る、かの私は何者であるのか」と解することを妨げる理由は文法的に何もない。邦訳に「かの」と加えるのは、«ille»が«ego»を先行文脈に送り返す指示詞であるためではない。そうではなく、«ille»が、「何者であるのか」と問われている「私」に、問うている「私」自身の注意が向いていることを示すと同時に、読み手の注意をその「私」に惹きつける役割を担っており、つまり強勢機能を果たしており、その強勢を反映するための「かの」である。

このように考える場合、何者かと問われている「私」を、この問いに到達するまでの「私」から区別する理由はなくなる。たとえ«ille»が指示詞でないとしても、«ego ille»は、問いに先立つ「第二省察」を遂行してきた「私」であることになる。この同一性ゆえに「かの（ille）」は先行する「私」を指すのと同じ格好になるが、それは、結果的にそうなるだけである。したがって、同一性に誤認が生じないのであれば、«Ille ego»と同様に、「かの」は訳出しなくても差し支えない。――「こうしていま必然的に在る私は何者であるのか」。

キャローが«ille»の指示機能を否定するための文法的議論に少なからぬ紙幅を割くのは、それによって«ego ille»を直近の文脈から切り離し、「純粋なる残余のうちに書き込まれたエゴ、つまり純粋に存在する限りで思考されたエゴ」と解する道を平坦にできると考えたからだろう。しかし必ずしもそうはならないということを、ウェルギリウスの《Ille ego》は示している。

デカルトの《ego ille》を論ずるうえで避けては通れない文法上の問題について、正確を期すべきこと、期しうることは、以上で尽きたのではないかと思う。「第二省察」に戻り、その探究プロセスに即して、《ego ille》が『省察』の形而上学において占める位置と意義を改めて確認しよう。

(二) 絶対的奪格

キャローが立論の支えとする「第二省察」の一節を再掲する。今回は、彼が言及しないために前節では省略した[……]内も訳出しよう。すなわち、「「私は在る、私は存在する」というこの言明は……論定されなければならない」という主節を導入する、次の絶対的奪格(ablatif absolu)である。

> こうして、すべての重みを十分にも十二分にも秤るなら、最終的に(Adeo ut, omnibus satis superque pensitatis, denique)、「私は在る、私は存在する」というこの言明は、私が口にするたびごとに、あるいはむしろ私の精神に抱かれるたびごとに、必然的に真であると論定されなければならない。
> とはいえ、私は、こうしていま必然的に在る私というものが何者であるのか、未だ十分知るには至っていない。

なぜキャローは、主節の内容を導入する分詞構文を無視するという、構文レヴェルで初歩的な誤りを省みようとしなかったのか。答えは、《ille》の指示機能を否定する理由と重なる。すなわち、「ただ純粋に存在するだけのものとして考えられたエゴ」を内容とする「概念」として《ego ille》を理解するためには、この「言明」に流れ込んでいる直近の経緯を遮断する必要があるためである。これに対して絶対的奪格を踏まえる場合には、「こうして」

が引き取っている次の箇所（24, 20 - 25, 10）から「言明」へ、そして « quisnam sim ego ille » の問いまでを、当然ながら一連の流れとして読むことになる。出だしの「しかし」は、「いったい何が真であるだろう？おそらく、確実なものは何もないという、この一点のみである」という「第一省察」の帰結からの反転開始を告げている。

> しかし、私がたったいま数え上げたあらゆるものとは異なるもの――疑うべき最小のきっかけすらないようなもの――は何もないということを、私はどこから知るのだろうか？ こうした考えすらも、何らかの神が、あるいはどう呼ぼうともその者が、私に送り込んでいるのではないだろうか？ ↕ けれどもなぜ、私はこのように考えるのだろう？ もしかすると、私自身がこうした考えの作り主であるかもしれないのに。そうだとしたら、少なくとも私は何かである（ego aliquid sum）のではないか？ ↕ しかし私は、いましがた自分が感覚や身体をもっていることを完全に否定した。↕ にもかかわらず、私は躊躇する。実際、そのことから何が帰結するのだろう？ ↕ 私は身体およびその諸感覚と結びつけられており、だから、これらなしに私は存在しえない（esse non possim）ということではないか？ そして私は、世界にはまったく何もなく、天空も大地も精神も物体（身体）も一切ないのだと、私自身に説き伏せた。そうだとすれば、私もまたない（me non esse）ということになるのではないか？ ↕ いやそれでも、私が何かを私自身に説得したのなら、私がいた（ego eram）ことは確かである。たしかに、至上の力と狡知を具えた正体不明の欺き手が、技巧を弄して私を常に欺いている。そして彼が私を欺いているのなら、疑いなく私は在る（ego etiam sum）。欺く者は、力の及ぶ限り欺くがよい。それでも私が自分を何かである（me aliquid esse）と考えているあいだ、私が無である（nihil sim）ような事態を作り出せはしない。こうして、すべての重みを十分にも十二分にも秤るなら、最終的に……

ここに記されているのは、「私が何かである」および「私が在る」と、「私がない」さらには「私が無である」とを両極として揺れ動く思い(cogitatio)のダイナミズムであり(その動きを視認しやすくするために「↕」を挿入した)、極度の緊張をみずからに強いた独自の思索経験である。ここでの結論——「疑いなく私は在る」——に至る経緯の全体を引き受けているのが、「こうして、すべての重みを十分にも十二分にも秤るなら」という絶対的奪格であり、「すべて(omnibus)の重み」とは、したがって、こうした「すべての思いの(omnibus *cogitationibus*)重み」のことである。(8) その「重み」が、デカルトをして、「「私は在る、私は存在する」というこの言明は[……]必然的に真であると論定されなければならない」と言わしめる。(9) そしてこの後、探究は、右の経緯に垣間見えていながら手つかずの問題へ向かうことになる。すなわち、「私は何かである(ego aliquid sum)のではないか?」そして「私が自分を何かである(me aliquid esse)と考えているあいだ」と語られた「何か」へと。(10)「とはいえ、私は、こうしていま必然的に在る[かの]私(*ego ille*)が何者であるのか、未だ十分知るには至っていない」という問題意識は、間違いなく、直前の文脈から発したものである。

以上のように論脈を回復してみれば、何者かを問われているこの«ego»が、思索の緊張を耐えてきたのと同じ«cgo»であることは明らかだろう。«ego ille»はあくまでも「第二省察」を遂行する「私」であり、「固有の来歴(son histoire propre)」をもたない「純粋なる私」でも、「ただ純粋に存在するだけのものとして考えられたエゴ」でもない。このような内容をもつ概念としての〈私〉ではない。そうではなく、「在る」と「ない」の間を揺れ動く思索の緊張を「みずから経験し」(註9参照)、直近の「来歴」であるこの経験を起点にして「何か」へと、すなわち「思うもの」へとすでに向かい始めている、そのような「私」である。

第三節では、「私」がみずからを「思うもの」として見出す場面を一瞥したうえで、この場面が西洋の精神史においてもつ一つの小さからぬ意味について、パスカルの件ともども考えてみたい。

三　封印された問い

（一）抽き出されなかったもの

「こうしていま必然的に在る［かの］私が何者であるのか、未だ十分知るには至っていない」。「人間」その他の一般的な概念も、「身体」および「栄養摂取」や「歩行」や「感覚」といった身体機能も、懐疑の想定下では答えにならない。「それでは」と続くのが次の一節である（27, 7-13）。

> 思うこと（cogitare）はどうか？ ここに私は見つけ出す。思い（cogitatio）こそがそれである。思いだけが、私から引き剥がされえない。私は在る、私は存在する。このことは確実である。いかなる限りにおいて、そうなのか。私が思う限りにおいてである。というのも、すべての思いを停止させたなら、私はその瞬間に私自身が在ることを放棄することにもなりうるだろうから（*si cessarem ab omni cogitatione, ut illico totus esse desinerem*）。私はいま、必然的に真であるもの以外は何も認めない。その限り、私とは、抽き出してのみ言えば、思うものであり（**sum igitur praecise tantum** *res cogitans*）、言い換えれば、精神、あるいは心、あるいは知性、あるいは理性となるが、こうした言葉が意味するところに以前の私は無知であったということである。いまやしかし、私は真なるものであり、真に存在するものである。それははたしてどのようなものなのか？ 私は言った。思うものである、と。

ここにいう「すべての思い」は、「在る」と「ない」を両極として展開された「すべての思い」と（単複こそ違えど）別ものではないだろう。思いの停止は存在の放棄に直結する。このような想定は、「私は在る、私は存在する」という「言明」を可能にした思索経験なしには生まれない。この経験も、それに基づくここでの想定も、高い強度の負荷を精神にかけなくては成り立たない。自分が「ない」ことになりかねないという想定も、独り自分の思いだけをもって自分が「ない」のではないことを支えることも、同様である。そして、ここを転機に、存在言明をもたらした思索の経緯を、あるいは思索の経験的性格を、デカルトが振り返ることはなくなる。「私とは、抽き出してのみ言えば、思うものである」[11]という自己規定によって「思うもの」が抽き出されるとき、当然ながら、抽き出されなかった何かが後に残される。その何かは、身体と身体的諸機能、諸感覚だけではない。「私」の「存在」に確証を与えてくれた「すべての思い」のうち、いわば、その形相に当たる「思うこと」を除いた経験的質料もまたそうである。これらすべてを後に残して抽き出された「思う」ことを橋頭堡に、デカルトは「真理の明証的な認識」[12]へと歩みを進めてゆく。以降の探究のそうした方向性を、右の一節を締めくくる《Dixi, cogitans》という端的な言葉は告げている。

振り返れば、キャローは、《ego ille》の概念的自存性をいうために、《res cogitans》は概念ではない以上、《ego ille》を回収することもありえないとした。しかし「思うもの」は、「思い」の内に見出される「観念」を足場に「神」と「世界」へと向かう起点としてデカルト形而上学の成立に不可欠な、やはりすぐれて一つの概念である。[13]むろん、「私」を「思うもの」とすることで、「私」自身が概念になるわけではない。あくまでも「私」が、ただし「思うもの」として、形而上学の構築に向かうのであり、パスカルの批判（註5）もそのような「私」に向けられていたのではないかと考えられる。

いずれにしても、《ego ille》を《res cogitans》という概念に託すことで、デカルトは《ego ille》の拠り所であった思索経験から離れてゆく。その距離は、デカルト的《ego》を批判するべくこれを《le moi》と概念化したパスカルによって、さらに拡大される。ただし、「私」から「思うもの」を抽き出すのであれ、「私」を端的に〈私〉化するのであれ、こうした操作を可能にする条件を整えたのは、デカルト自身ではない。ましてやパスカルではない。期せずして彼らの先駆者となったモンテーニュ（Michel de Montaigne, 1533-1592）のことを、考察の

視野に収めておく必要がある。(14)

(二) 逆説的先駆者

『エセー（*Les Essais*）』（一五七二～一五九二年）は、著者モンテーニュによる多様な試み（essai）の複雑な集成体だが、その核をなす最も重要な試みについて、彼は次のように述べている。

世の中の著者たちは、自分のことを何か特別で目新しい標しによって人々に伝えようとする。これに対して私は、人々に向けて私の全存在を示す、つまり文法家や詩人や法律家などとしてではなく、ミシェル・ド・モンテーニュとして示す、最初の者（moy le premier）である。

第三巻第二章「後悔について」

補足すれば、「私の全存在を示す」というのは、すでに自分で把握している「私の全存在」を「示す」ということではない。「自分に本当に関係のあるもの、自分が本当にもっているもの、そして自分の実質に属するものを、知らなければばならない」（第三巻第一〇章）。「私は、自分の内側を凝視する［……］、私自身の内部を転げまわる」（第二巻第一七章）。この類の言葉が『エセー』の随所に見出されるが、これらはすべて、モンテーニュが「自分のことを知ろうとする者」（第二巻第六章）に留まり続けたことを、すなわち「示す」べき「私」を探し求めて何も見出せずにいたことを、物語っている。何も見出せなかったのは、「文法家や詩人や法律家などとしてではなく」という制限条項によって、「自分のことを知ろうとする」試みは、対象を奪われて空転し続けることを余儀なくされるからである。どういうことなのか、もう一つ別のテクストを踏まえて説明しよう。

われわれは、宇宙の原因やその運行といった、われわれ自身が関与しないでも何ら支障をきたさない一般的な問題のために、自分の考えを疲弊させている。そうして、われわれが、例えば私がミシェルであるという事実を等閑に付している。この事実こそ、われわれが人間であるという一般的な事実よりも、われわれ自身と密接に関わるものであるにもかかわらず。

第三巻第九章「虚しさについて」

「文法家」等々のカテゴリーは、他の人々にも当てはまりうる。「人間」という概念は、他のあらゆる人間に妥当する。範囲の広狭を問わず、およそカテゴリーないし概念を介する限り、「私」は他の人々と同じ地平に否応なく立たされる。そうして、「私がミシェルであるという事実」は、人間なら人間という「一般的な事実」のなかに埋没してゆく。だから私はそのような地平を後にするというのが、モンテーニュの鮮明に反哲学的な方針である。彼が知ることを求めた「私」は、一切の他なるものを破棄しなければ到達しえない「私」であり、そのような「私」を「私」たらしめている「実質」すなわち根拠であった。

けれども、この意味での根拠を言葉で掴むことは、モンテーニュならずともできない。言葉なくして思索は立ち行かず、根拠の探究は言語的一般性の水準で展開される以外にないからである。たしかに、「一日刻み、分刻み」で「移り変わる」（第三巻第二章）彼自身の姿の描写なら、他の誰にも当てはまることはないだろう。彼に固有の経験的質料は、あくまでも彼自身のものである。しかし、心身の諸現象と諸経験をどれほど微細に描写しても、そこに「私の全存在」の根拠が映り込むことはない。「私は、私が何者であるのか（quisnam sim ego ille）、未だ十分知るには至っていない」というデカルトの言葉はつとにモンテーニュの言葉でもあり、しかし、デカルトと異なり、モンテーニュが問いの答えを見出すことはない。

最終的に、彼が知ろうとした「私」は、他の人間と共有可能なものはすべからく排除せよという過重な条件の下、「何者とも規定しえない者」という否定態に追い込まれてゆくのだが、その顛末まで追跡する必要はないだろう。ここでは、モンテーニュが、「私」の一般化を極限まで拒むことによって、「私」がひとつの謎と化しうることを初めて明らかにした、という一点を銘記しておけば十分である。「私」は、「私」を見出そうとする「私」自身から常に逃れ去りつつも完全に立ち去ることはなく、「私」の内に一つの謎として滞留し続ける。彼は、そのような事態に遭遇した、西洋の精神史における「最初の者」だった。

*

一七世紀半ばに視線を戻すとき、「私」から「思うもの」を抽き出すことも、「私」を〈私〉として概念化することも、「最初の者」の試みと無関係であったとは考え難い。[15] 精神でも魂でもなく「私」を規定する。「私」を〈私〉として概念化する。いずれも、そういう仕方で「私」を処理する必要があったということである。この必要性こそ、モンテーニュが、「私」を一つの謎と化すことで、後世に残したものに他ならない。概念の力に対する不信によってモンテーニュ自身は処理する道をみずから絶った「私」を、デカルトが、ついでパスカルが、それぞれの——しかしいずれもモンテーニュが拒んだ——仕方で処理することになる。すなわち、問いの答え難さを、まさしく概念（res cogitans, le moi）の力によって、問いもろとも封印することになる。デカルト・パスカルだけでなく、彼らに触発されるかたちで展開された〈私〉をめぐるロゴスの系譜を通じて、モンテーニュが執拗に探し求めた「私」が問われることはない。

一切の他なるものを破棄しなければ到達しえない「私」について、そのような「私」を「私」たらしめている根拠を問う。モンテーニュのこの問いが当面の哲学史から姿を消したのは、たんに、あるいはそもそも、これが哲学的探求とは無縁であったためなのだろうか。たしかに、「学は個別の事柄に関与しない（scientia non est singularium）」（トマス・アクィナス『神学大全』第一問題第二項）という古来の一般則に従えば、とりわけ「学」が形而上学である場合、問いの答えは、すなわち個別の「私」が個別の「私」である個別のゆえんは、おのずと対象外になるだろう。対象に含めるべきでもないだろう。しかし、答えの個別性と問いの普遍性は別である。にもかかわらず、哲学が関与せずにきたとすれば、それはなぜなのか。もし仮に、封印された問いが、後世、「最初の者」がみずからに課した条件を大幅に緩和しつつ（私の私たるゆえんを一般規定を介さずに求めるという極端な突き詰め方を人はしないし、できない）、「アインデンティティ」（E・H・エリクソン）と呼ばれる問題として、多くの人々の許に舞い戻ってくることになるのだとしたら、こうした経緯の全体を、哲学はどのように受け止めればよいのだろうか。

註

（1）本稿は、東京大学哲学会二〇二二年度大会ワークショップ「自由と主体の系譜学」（共同提題者・近藤智彦、司会・鈴木泉）における提題を大幅に改稿したものである。考察範囲は西洋近世哲学の一領域であるが、取り上げる問題そのものは、「私」というものの遍在性ゆえに、しかるべき変更を施すことで他の思想文脈へ移植されうるのではないかと期待する。本誌特集――「世界哲学」という視点――にあえて寄稿するゆえんである。

（2）Vincent Carraud, *L'invention du moi*, P.U.F., 2010. ただし、最初に掲げたソクラテスとアウグスティヌスの例は、本稿筆者がキャローとは異なる視点から「私」について考察した経緯を踏まえたものである。拙著『『エセー』読解入門―モンテーニュと西洋の精神史』第七章参照。

（3）*Meditatio II*, AT. VII, 25, 10-15. デカルトのテクストはアダン・タヌリ新版に拠り、略号ATに巻、頁、行数を続けて示すが、本文中のAT. VII（『省察』および「反論」と「答弁」）は省略する。邦訳は、デカルト以外に関しても、既存の各国語諸訳を踏まえて筆者が試みたものである。

（4）続く（一）と（二）および註5は、緻密さと入念さによって一筋縄ではゆかないキャローの論述をいったん解きほぐし、二つの観点から再構成したものである。若干敷衍した箇所はあるが、筆者の判断は交えていない。（一）は前掲書中デカルトを主題とする第二講（IIe leçon : Ce moi qui pense）、（二）は同講および第六講（VIe leçon : Qui est le moi ?）、註5はパスカルを主題とする第一講（Ire leçon : Le premier moi）に基づく。著作は、第二講を軸に、中世から古代へ哲学史を遡行する第五講と、近世から現代へ下降する第一、第三、第四、第六講からなる。遡行は、「創出」すなわちそれ以前の不在を証明するためであり、下降は、〈私〉をめぐってデカルトおよびパスカルからハイデガーへ連なる思索の系譜を描き出すためである。こうしたプログラムの全体像に関しては、本稿筆者による書評（文献表URL）を参照されたい。

（5）「私とは何か」（*Pensées*, Lafuma 688）―「私とは憎むべきものである（Le moi est haïssable）」（597）―その「自己愛（amour-propre）」（617）ゆえに。このように考えることで、パスカルは« le moi »を形而上学の圏域から追放する。デカルトの« ego ille »を否認するべくこれを対象化することと、定冠詞« le »により« moi »を実詞化すること（フランス語に前例はない）は一体をなし、« le moi »はパスカルの思考において独立した概念の地位を保ち続ける。

（6）『省察』に先立ち『方法序説』「第四部」に登場する« ce moi »のステータスについて、および「第二省察」における「何者・誰（quis）」と「何（quid）」の落差について、キャローは解釈の支えとして「第六講」で丁寧に論じているが、以下の検討結果を左右することはないため再録は省く。

（7）『アエネーイス』諸版の多くは「戦と一人の勇士を私は歌う（Arma virumque cano）……」と始まるが、拙訳の参考にしたLes Belles Lettres羅仏対訳版など、この一文に先立ち、« arma virumque »を導入する四行から始めている版もある。次に引くのはその四行であり（改行略、「／」まで）、劈頭というのはその冒頭である。この四行の真正性に関しては*Oxford Scholarly Editions Online*掲載の解説（文献表VIRGILに付したURL）を参照。

（8）「重み」と訳すのは、« pensito, -are »（« pensitatis »は受動分詞複数奪格形）が「重さを秤る」という物理的原義の転用として「想念の重みを秤る」を意味するからである。*Dictionnaire étymologique de la langue latine*, « pendo »の項によれば、この意味は帝政期ラテン語においてすでに定着していた。

（9）デカルトの名につきまとう「コギト・エルゴ・スム（ego cogito, ergo sum）」について、必要最低限のことを註記する。デカルト研究においては周知の事実だが、『省察』本文にこの定型句は存在しない。これが記されているのは、『方法序説』第四部の« je pense, donc je suis »（AT. VI, 32, 19 & 33, 17）を先行形態として、『省察』本文に付された「第二答弁」第三項（AT. VII, 140, 20-21）と『哲学原理』第七項（AT. VIII-a, 7, 8）である。カンブシュネルによれば、「コギト・エルゴ・スム」は「第二省察においてのみ正確なかたちで提示された［……］［デカルトに］特有な知性の働かせ方」につけられた「固有名詞のようなもの」にすぎない（D. Kambouchner, *Descartes n'a pas dit [...]*, p.63）。デカルトに「特有な知性の働かせ方」とはどのようなものか、カンブシュネルは述べていないが、いま確認した絶対的奪格から主節への流れが、この「働かせ方」の具体的な作動現場に相当する。すなわち、絶対的奪格によって引き受けられている内容が「コギト」に対応し、一文の主節が「エルゴ・スム」に対応する。具体的には、絶対的奪格の直前で展開されている思索経験の張力と充溢性が「重み」として存在言明を促し、その真性を疑いなきものにするということである。このような思索の途切れない流れを定型に流し込んだのが「コギト・エルゴ・スム」であり（詳しい分析は省くが、「第二省察」に記されたこの流れが『哲学原理』第七項とその前後で再現されることはなく、この点は『方法序説』「第四部」も同様である）、逆にいえば、定型の実質をなす思索の運動を考慮に入れずに、「コギト・エルゴ・スム」は「三段論法」なのか、あるいは「直観」によるのかと議論することに意味はない（キャローは彼独自の解釈を打ち出すうえで戦略的に絶対的奪格とこれが受ける内容を存在言明から分離したが、この分離操作自体は、意図的かどうかはともあれ、研究史を通じてつねに共有されてきた。だからこそ、「コギト命題」が解釈上の重要論点として今日まで継承されているのである）。たしかに、途切れない流れを一挙に捉えるのは「直観」であるといえばいえるかもしれない。デカルト自身「第二答弁」第三項で、「思い」から「存在」を知るというのは、「あたかも（tanquam）それ自体で知られるものを精神の直観によって認知する」（140, 21-23）ようなことだと説明している。しかしこれも、あえて説明すれば「あたかも」そうなるというだけであり、「すべての思いの重み」に押されて「私は在る」という「言明」が奔出するプロセスは、最終的には「みずから経験する（apud se experiatur）」以外にない（140, 26-27）。何を「みずから経験する」必要があるのかといえば、「第二省察」にいう「すべての思い」であり、その「重み」であり、この「重みを十分にも十二分にも秤る」ことである。

以上のように考える場合、肯定的に評価するか（V. Carraud, *op. cit.*, p.54 ; J.-L. Marion, « Méditation Seconde », p.94）、批判的に捉えるか（D. Kambouchner, « Identification d'une pensée : le *Cogito* de Hintikka »）を問わず、今日なお影響力の強いヒンティッカの行為遂行論的解釈に拘泥する必要はなくなる（J. Hintikka, « Cogito ergo sum : Inference or Performance ? »）。「私が口にするたびごとに」という「発話行為」を「私は在る、私は存在する」という「言明」の根拠とするこの解釈もまた、絶対的奪格の無視を前提にしているからである。

（10）アダン・タヌリ版では、「私は在る、私は存在する」の再確認から「何者か」の探究へ向かう流れが段落変更によって遮られているが（引用にはこの変更を反映させている）、デカルトの原文にこの区切りはない。所雄章編 LES TEXTES DES « MEDITATIONES », p.68を参照されたい。

（11）デカルトが « praecise » という副詞に込める独自の意味に関しては、所雄章「『省察』的用語の一考察―「praecise」について」を参照。

（12）『省察』「読者への序言」AT. VII, 10, 11.

（13）こうして拓かれる「観念の道」については、村上勝三『デカルト形而上学の成立』第Ⅲ部第三章および第五章を参照。

（14）続く（二）は註2に掲げた拙著に基づいている。ここでは論証を省いて必要最小限の結論に止めざるをえないむね、ご諒解願いたい。

（15）モンテーニュが「最初の者」であることは、拙著第七章で確認した。「私」を「思うもの」とするのであれ、端的に〈私〉とするのであれ、こうした操作の条件をモンテーニュが整えたのだとすれば、〈私〉概念が彼以前に遡ることはありえない。よって、中世以前に〈私〉は存在していなかったという点に限れば、キャローの見解に筆者は同意する。彼我を分つのはモンテーニュを考慮に入れるか否かであり（概念から始めるキャローの哲学史的構想にモンテーニュが占める実質的な場所はない）、視野に入れることで初めて、「経験的質料」（本稿92、94頁）が思索において占める位置の段階的な変化（モンテーニュの固執、デカルトの依拠と離脱、パスカル以降における脱落）という問題が見えてくる。そして、〈私〉をめぐるロゴスの系譜をより広い精神史的視野の中で問うことが可能になる。総じていえば、哲学という営みとその歴史の相貌が大きく異なってくる。。

参考文献

DESCARTES R., *Œuvres de Descartes*, éd. Ch. Adam & P. Tannery, Vrin, 11 vol., 1964-1973.

——— LES TEXTES DES « MEDITATIONES », éd. T. TOKORO, CHUO UNIVERSITY PRESS, 1994.

MONTAIGNE M. de, *Les Essais*, éd. Villey-Saulnier, P.U.F., nouvelle éd. 2004.

PASCAL B., *Pensées*, in *Œuvres complètes*, éd. L. Lafuma, Seuil, 1963.

VIRGIL, *Énéide,* I-IV, Les Belles Lettres, 1981; cf. https://www.oxfordscholarlyeditions.com/newsitem/113/a-false-start-to-virgils-aeneid

*

Dictionnaire étymologique de la langue latine, éd. A. Ernout et A. Meillet, Klincksieck, 2001.

Carraud V., *L'invention du moi*, P.U.F., 2010.

Hintikka J., « Cogito ergo sum : Inference or Performance ? », in *Philosophical Review*, vol. 71, n° 1, 1962, pp. 3-32.

Kambouchner D., « Identification d'une pensée : le *Cogito* de Hintikka » in *Revue internationale de philosophie*, n° 250, 2009, pp. 405-422.

——— *Descartes* n'a pas dit *[...]*, Les Belles Lettres, 2015.（津崎良典訳『デカルトはそんなこと言ってない』晶文社、二〇二一年）

Marion J.-L., « Méditation Seconde », in Les Méditations Métaphysiques Objections et Réponses *de Descartes Un commentaire*, éd. D. Arbib, Vrin, 2019, pp. 89-106.

村上勝三『デカルト形而上学の成立』講談社学術文庫、二〇一二年。

大西克智 « Comptes rendus », in *Dix-septième siècle*, 2011/4, pp. 798-800 ; http://www.cairn.info/revue-dix-septieme-siecle-2011-4-page-791.htm.

———『『エセー』読解入門——モンテーニュと西洋の精神史』講談社学術文庫、二〇二二年。

所雄章「『省察』的用語の一考察——「praecise」について」『現代デカルト論集 Ⅲ 日本篇』デカルト研究会編、勁草書房、一九九六年、一四～三七頁所収。

「世界哲学」という視点

メガラ派とアシュアリー派

小村優太

はじめに

アリストテレスは『形而上学』Θ巻第三章において、メガラ派への批判をおこなっている。そしてアラビア哲学において、『形而上学』Θ巻に基づいて力能（δύναμις, quwwa）と現勢/活動（ἐνέργεια, fiʻl）を論じた人物として、アヴィセンナとアヴェロエスの二人を挙げることができる。彼らはそれぞれ『治癒の書』と『形而上学大注釈』という著作において、Θ巻の内容を取り扱い、そしてアヴィセンナは暗示的に、アヴェロエスは明示的に、アリストテレスのメガラ派批判をイスラーム神学におけるアシュアリー派批判へと結びつけている。しかしテクストを実際に検討してみると、アヴィセンナとアヴェロエスによるメガラ派の理解はアリストテレスのものと大きく異なることが明らかになる。むしろ彼らはアリストテレスのメガラ派批判に、アシュアリー派による能力（qudra, istiṭāʻa）と活動（fiʻl）の概念を読み込んでいることが分かる。本稿においては、アリストテレス、アヴィセンナ、アヴェロエス、アシュアリーそれぞれの議論を検討することによって、アラビア哲学におけるアリストテレス理解が、ときに先行するイスラーム神学の議論に影響を受けていることを明らかにする。

一、アリストテレス『形而上学』におけるメガラ派

アリストテレスは『形而上学』Θ巻の第3章においてメガラ派への批判をおこなっている。(1)

しかし、メガラ派のように、活動するときのみ~することができるのであり、活動しないときには~することができないと言う者たちがいる。たとえば家を建てていない者は、家を建てることができない、しかし家を建てている者はいつも、家を建てているときに［家を建てることができる］。他のものどもについても同様である。(2)

ここで述べられているメガラ派の主張をBeereは以下のように定式化する：

メガラ主義：何らかの行為φにかんして、何ものかがφすることに携わっているときのみ、それはφできる。何ものかがφすることに携わっていないとき、それはφできない。(3)

『形而上学』で実際に与えられている例は建築である。建築家は実際に家を建てているときのみ、建てることができる（δύνασθαι）。実際に家を建てていないときに、彼は家を建てることができない（οὐ δύνασθαι）。アリストテレスは「そこに奇妙なことが生じるのを見るのは困難でない」(4)と言って、メガラ派の主張を一蹴する。アリストテレスによれば、彼らの主張から帰結する不合理な結果は、変化が不可能になるということである。(5)Θ3におけるアリストテレスの議論の流れを、Makinは以下の四つに整理する(6)：

一、メガラ派は技術的力能の獲得と喪失を説明することができない。
二、メガラ派の主張からはプロタゴラス的相対主義が帰結する。
三、メガラ派は、視覚のような、生物がもつ非技術的力能に妥当な説明を与えることができない。
四、メガラ派の主張からは、いかなるものも変化しないことが帰結する。

アリストテレスがここでメガラ派にたいしておこなっている反論の妥当性についてはどうあれ[7]、彼が最終的に到達する要点は、メガラ派の主張によれば、力能を欠いているものが～できないならば、生成しないものは生成することができない。そして生成することができないものが在るとか在るだろうと言うのは誤りである。そのため、メガラ派の主張は変化も生成も否定してしまうことになるだろう[8]。

二、アヴィセンナによる暗示的言及

時代は下り一一世紀の東方イスラーム地域において、アラビア哲学における新プラトン主義的アリストテレス哲学の大成者であるアヴィセンナ（980-1037）は『治癒の書』「形而上学」第四巻第二章「力能、現勢、能力、無能力、あらゆる生成物にとっての質料の定立」において、メガラ派に言及している[9]。この章の中ほどで、アヴィセンナは力能の種類をさまざまに分類し、力能を生じさせるものとして本性、習慣、技術、偶然を挙げる。習慣と技術によって生じる力能は、一見して異なっているにもかかわらず、よく観察してみると同じものから生じていると述べた後、アヴィセンナは本性による力能へと話を移す。そこにおいて彼はメガラ派への言及をおこなう。

古代人たちの一部、つまり彼らのうちのメガラ派（ġārīqū）は言った。「力能（al-quwwa）は現勢/活動（al-fi'l）と同時に（ma'a）生じ、それに先行しない。」彼のずっと後に到達した人々もこう言ったのだ。この言説を言う者は、まるで「座っている者は立ち上がるための力能をもたない（laysa yaqwā）」と言っているかのようである、すなわち彼が立っていないかぎり、彼はその気質（ǧibla）において、立つことができないと。それでは、彼はどうやって立つのか？また、木材は、その気質において、そこから扉へと彫刻されることがないと［言っているかのようである］。それでは、いかにして彫刻されるのか？[10]（傍点引用者）

これを言う者たちは、一日のうちに何度も見たり視認したりすることをまったくできない。つまり、実際のところ盲人である。むしろ存在しておらず存在するための力能をもたないものはすべて、存在が不可能である。（……）[11]

アヴィセンナはここで、「彼のずっと後に到達した人々」が誰であるか明言していないが、その者たちは「座っている者は立ち上がるための力能をもたない」と言っているかのようであると指し示している。そして、アヴィセンナにとって、ここで重要なのは、メガラ派も、彼のずっと後に到達した人々も、「力能は活動と同時に生じ、それに先行しない」と主張しているという点である。ただし、アリストテレスによるメガラ派批判の文脈において、力能と現勢／活動の前後関係はとくに問題となっていない。また、アリストテレスは基本的に現勢／活動の力能にたいする先行性を強調しており、あくまでも力能が現勢／活動に先行するのは時間にかんして、個体において、という限られた局面であることも重要である。アヴィセンナ自身もこの現勢／活動と力能の前後関係について述べた箇所において、以下のように説明している。

というのも、彼らはこう言ったからである。「力能は活動よりも前である、種や精子や、あらゆる制作されたものにおけるように。」我々はこれを熟慮し、議論するのが相応しい。我々は言う：生成消滅する個別的なものどもにかんしては、彼らが言ったような事態である。というのもそれらにおいて、力能は時間において活動より前なのだから。しかし普遍的なものや、個別的ではあるが消滅しない被創出物にかんして、力能的なものはけっしてそれらに先行しない。[12]

ここでアヴィセンナ自身が参照している言葉にあるように、アリストテレスにおいて、個体的なものにかんして力能が時間的に現勢／活動に先行している事例は、あくまでも種が木に先行する、精子が人間に先行するといった事例であり、座っている者が立ち上がるためには、彼のうちに立ち上がるための力能が先行していなければならないといった、能力的な側面はそれほど注目されていない。さらに興味深いことに、上記引用文の最後において、アヴィセンナはメガラ派の議論から導き出される論点として、生成の不可能性にも言及しており、その意味ではアリストテレスの論点を踏まえているとも言える。しかしアリストテレスが生成の不可能性をメガラ派批判の中心に据えたのにたいして、アヴィセンナはあくまでも力能と現勢／活動の前後関係を重視しているという大きな違いがある。

三、アヴェロエスによる明示的言及

アヴィセンナはメガラ派と同じ主張をしている者たちの名前を明記しながったが、彼よりも1世紀半ほど後にアンダルシアで活動したアヴェロエス（1126–1198）は『形而上学大注釈』Θ巻第3章への注釈の冒頭において、彼らをはっきりと名指している。

彼（アリストテレス）は言った：人々のなかには、メガラ派（ġārīqūn）のように、力能（al-quwwa）は現勢（al-fiʿl）とともに（ʿinda）のみであると言う者がいる。

彼の意図はこうである：人々のなかには、その力能がそれについて力をもっている（qawiyya）ものにたいする、時間的に先行する力能の存在を否定する者がおり、彼らが言うには、「力能と、その力能がそれにたいして力をもつと見なされる事物は同時に（maʿa）存在する。そして以上のことから必然的に帰結するのは、力能がまったく存在しないということである。なぜなら、力能は現勢／活動と対立するので、それらが同時に存在することはできないのだから。」現在この言説を信奉しているのは、我々の宗教の徒のなかではアシュアリー派（al-Ašʿariyyūn）である。これは、その信念（iʿtiqādāt）と行為（aʿmāl）において、人々の本性に背いている。[13]

アヴィセンナが参照しているアリストテレスのテクストは、ギリシア語本文「活動するときのみ〜することができ、活動しないときには〜することができない」[14]の後半部分を省略しており、原文では動詞と不定詞で表現されていた「活動する」と「〜することができる」が、それぞれ名詞化され「力能は現勢／活動とともにのみ（inna al-quwwa ʿinda al-fiʿl faqat）」となっている。

それから、この例がやってきた。**彼（アリストテレス）は言った**：座るための力能（quwā ʿalā al-quʿūd）をもつものがあり、彼にとって、この座ることを生じさせる活動（al-fiʿl）が可能ならば、それにかんする力能を生じさせないものは何もないという私の言説のように。

彼の意図はこうである。その例はこういうことである。座るための力能をもつ何らかのものがいて、彼は座ることができる者であるならば、これは、もし彼が座ったならば、彼はそれにかんする力能がない活動をおこなうのではなく、むしろ、彼はただそれにかんする力能があることをおこなうのであり、ただ、その事物を活動するときに、それを意図したということである。よって、力能が活動に先行するのを否定する者に、「この活動は、活動の前にそれにかんする力能があるものなのか、力能がないものなのか」と言って質問せねばならない。もし彼が、それにかんして力能がないものであると言ったならば、彼は禁止されていること（不可能なことmumtaniʿ）をおこなった。もし彼が、それにかんして力能があることをおこなったのだと言ったならば、彼は現勢の前の力能を認めたことになる。(15)

アヴィセンナがメガラ派の主張を、「力能は現勢／活動と同時に生じ、それに先行しない」と要約し、まるで「座っている者は立ち上がるための力能をもたない」と言っているかのようであると述べたのと同じく、アヴェロエスも、アリストテレス原文のなかでもとりわけ、座るための力能をもつ者は、座ることが可能で、座ることができるならば、座ったところで何の問題もないという箇所に注目している。(16) しかし奇妙なことに、アリストテレス自身の文脈においてこれは変化の可能性について論じている箇所であり、力能が現勢／活動にたいして先行するかどうかという論点は原文においてまったく登場していない。やはりアヴェロエスもアヴィセンナと同じく、力能と現勢／活動の前後関係と、座っている者は立ち上がるための力能をもたないという主張を結びつけいる。むしろアヴェロエスの書き方は、アヴィセンナの影響を受けていると言うことができるかもしれない。またアヴェロエスはこの箇所への注釈の直後に、長々とした脱線を付け加えている。この箇所において「アシュアリー派」の名前は明示的に挙げられていないとはいえ、それがイスラームの当該の神学派を揶揄していることは文脈から明らかである。

我々の時代の徒について言えば、彼らはあらゆる存在者の現勢／活動（afʿāl）に、媒介をもたないひとつの能動者（fāʿil wāḥid）を定めており、それは神（al-ilāh）（彼に讃えあれ）である。彼らには、さまざまな存在者は、神が彼のうえに刻印した固有の現勢／活動（fiʿl ḫāṣṣ）をもたないことが帰結する。諸存在者が、彼らに固有の現勢／活動をもたないならば、固有の本質（ḏawāt）ももたない、なぜなら現勢／活動は、本質の差異によってのみ異なるのだから、そして本質が否定されると、名前（al-asmāʾ）や定義（al-ḥudūd）も否定され、存在者はひとつのものになる。この見解は、人間の本性にとってきわめて奇異な見解である。そして、彼らがこのような言説に至ったのは、彼らが思弁（al-naẓar）の扉を塞いでいるからである。彼らは思弁を呼び掛けながら、思弁の人々を否定するのだ。以上すべては、このような立場やそれに類したものによらずして、シャリーアの信念（iʿtiqād）は妥当でないという彼らの思いなし（tawahhum）のせいである。そして以上すべては、彼らのシャリーアにかんする無知であり、内面のない外的な彼らの理性（nuṭq）による高慢である（……）[17]。

この後も続く論争的主張において、アヴェロエスの反論はもはや力能と現勢／活動の前後関係という問題から外れてしまっている。しかしアヴェロエスがアリストテレス『形而上学』Θ.3におけるメガラ派への反論において、アシュアリー派を強力に意識していることは明白である。すなわち、アヴィセンナは暗示的に、アヴェロエスは明示的にであるが、『形而上学』Θ.3におけるメガラ派への批判をイスラーム神学派のひとつアシュアリー派の主張と結びつけており、そこで彼らは同じく、メガラ派（とアシュアリー派）の主張を、アリストテレス自身の理論には不在である、「力能は現勢／活動と同時に生じ、それに先行しない」という定式にまとめており、それがまるで「座っている者は立ち上がるための力能をもたない」と言っているかのようだとしているのだ。このふたりの大哲学者による、『形而上学』Θ.3の奇妙な読解の理由を理解するためには、アシュアリー派がどのような主張をおこなっていたのかを実際に検討する必要がある。しかしその前に、アシュアリー派以前のイスラーム神学の概観をおこなう必要があるだろう。

四、イスラーム神学における力の問題の概略

八世紀にワースィル・イブン・アターウ（748/9歿）と、アムル・イブン・ウバイド（761歿）によって興されたとされる神学派であるムウタズィラ派はアッバース朝の宮廷において拡大し、カリフ、マアムーンの在世において権勢をふるった。とくにマアムーンがその在位最終年において発布した「コーランの被造物性」を巡る異端審問（通称ミフナ）は、ムウタズィラ派と伝統主義者を巻き込んだ大混乱を引き起こした。[18] イスラームにおける最初の思弁神学派として興ったムウタズィラ派は、一般的に理性主義神学を奉じていたと称され、そのギリシア哲学とのつながりについても論じられる。[19] ムウタズィラ派には大きく分けてバスラ学派とバグダード学派が存在し、彼らのあいだに統一的な教義を見出すことは困難であるが、彼ら自身は自らを「神の一性と正義の徒」と称しており、とりわけこれらの要素を重視していたことが分かる。

本稿において重要なのは、ムウタズィラ派が人間の力能と活動について、どのような理論を提示していたのかである。アラビア語において「力」を意味する語は複数存在し、そのなかでも神学者たちに好まれたのがqudraとistiṭāʿaである。それに加えて、哲学の文脈において一般的に使われるquwwaという語も存在する。アヴィセンナはquwwaとqudraの意味を区別し、quwwaが困難な活動と成し遂げる強さを意味するとし、逆にqudraは、望むときに活動をおこない、望まないときに活動をおこなわない能力とし、quwwaの方がqudraよりも強調された意味をもつとしている。[20] またistiṭāʿaは神学の文脈においてqudraと一緒に使われる用語であるが、哲学の文脈においてはほとんど使用されない。また重要なことに、アラビア語におけるqudraは、まずもって神の99の美名のひとつ「力ある者」（al-Qadīr）に適用される名辞であり、その意味において、アリストテレスにおいて使用される力能δύναμιςよりも、むしろ伝統的なギリシア語と近しい意味をもつと言える。[21] そのため、神学者たちにとってqudraとは、「生成の状態における、完全性に対応する未完成ではなく、満たされた現勢」[22]であることに注意しなければな

らない。すなわち、力qudraと活動fiʿlの関係について、神学者たちはアリストテレスのような現勢と力能の二極構造を想定していなかったということは念頭に置く必要がある。ただしこれは、イスラームの神学者たちがギリシア哲学について無知だったことを意味しない。むしろ、イスラーム神学は一般的に原子論を奉じており、彼らが主張した原子論はヘレニズム哲学からの影響が指摘されている。(23)

ムウタズィラ派神学者たちは、世界の構成要素を神、原子、付帯性と考えており、世界にいま現に存在しているものは原子であり、そこにさまざまな付帯性が生じていると考えた。そして彼らは人間について、人間が自分自身で生きており、能力をもつのか、そうではなく人間に自らとは別個の生命や能力が付随するかどうか議論していた。(24) そのため、人間と生命、能力は別個のものであると考えたアブー・フザイルやムアンマルなどは、人間の能力は付帯性であると考えた。(25) つまり、ムウタズィラ派の多くの見解によれば、人間は原子の集合体であり、そこに付随している生命や能力などは実体的なリアリティをもつというよりも付帯性であり、不安定な存在的身分をもつものと見なされていた。よって、能力がはたして持続するのかどうかという議論は彼らにとって重要な問題であった。能力が付帯性という不安定な身分をもつという見解があるにもかかわらず、大半のムウタズィラ派は、能力が持続するという立場を採用していた。能力が持続しないという立場の場合でも、活動が無能力（ʿağz）によって生じることは不可能なため、時刻aに存在した能力が時刻bにおいて不在であった場合、神が時刻bにおいて力を創造し、その先行する力によって活動が生じるということになる。以上のことからムウタズィラ派は、能力（istiṭāʿa）が活動の前に存在しており、それはその活動とその反対の事柄をおこなう力（qudra）であり、活動へと義務付けられていないものであることに合意していると言われる。(26)

五、アシュアリー自身の議論

バスラのムウタズィラ派の大成者であるアブー・アリー・ジュッバーイー（915頃歿）のもとで学んだアブー・

ハサン・アシュアリー（936歿）は、当初師の教えを受け継ぎムウタズィラ派の教義を学んでいたが、40歳のころに伝統主義への転向をおこなった。[27] アシュアリーの立場は、思弁を中心とするムウタズィラ派と、聖典を重視する伝統主義の中間を目指すものであり、彼の教えはその後「アシュアリー派」として、イスラームにおける正統派神学のひとつへと展開していった。アヴィセンナが『治癒の書』において暗示的に、アヴェロエスが『形而上学大注釈』において暗示的に批判しているのは、このアシュアリーに淵源する神学的立場ということになる。アシュアリー自身は多数の著作を記したとされるが、不幸なことにその多くは散逸している。ただし、アシュアリーの神学書『閃光の書』は現存しており、そこにおいて我々は彼が人間の能力についてどのような議論をおこなっていたのか知ることができる。『閃光の書』第6章「能力について」において、彼は以下のように述べる：

誰かが言ったとする：なぜあなたたちは、人間は彼と別のものである能力によって［何かを］をすることができる（yastaṭīʿu）と言うのか？

彼らに言われる：なぜなら彼はときに能力があり（mustaṭīʿ）、ときに無能力（ʿāǧiz）なのだから。まるで彼がときに知っており、ときに知らない、ときに動いており、ときに動いていないように。よって、彼は彼とは別の何らかの概念（maʿnā）によって［何かを］することができるのでなければならない。まるで、彼が彼とは別の概念によって知っていなければならないように。なぜなら、もし彼が自らによって（bi-nafs-hi）、または彼とは分離不可能な概念によって能力があったならば、彼は能力があるのでなければ存在しなかっただろう。しかし彼はときに能力がないのだから、彼の能力は彼と別のものであるのは真であり確実である。[28]

この箇所においてアシュアリーは、人間と能力が本質において同じものなのか、それとも人間と能力は別のものなのかという問いに答えている。アシュアリー自身がムウタズィラ派などの学説をまとめた『イスラームの諸言説』によれば、ナッザームとアリー・アスワーリーは能力や生命が人間の本質に含まれると考えていたが、ムウタズィラ派の多数派は人間の本質と能力や生命は別物であると考えていた。[29] アシュアリー自身の立場は、ムウタズィラ派の多数派と異ならない。彼によれば、人間はあるときに能力があり、あるときに能力がない（＝無能力）。あるときには知っており、あるときには知らず、あるときには歩いており、あるときには歩いていない。しかし、もし能力が人間の本質に含まれているのであれば、人間はつねに知っている能力、つねに歩いている能力をもつのでなければ、存在することができなかったであろう。そして次にアシュアリーは、人間と能力が別物であるとしたうえで、能力と活動の前後関係にかんする問いへと進んでゆく。

誰かが言ったとする：あなたたちは彼に、彼とは別のものである能力を定めているのだから、なぜあなたたちは、能力が活動（fiʿl）に先行することが不可能だと主張するのか？
彼らに言われる：我々がそのように主張するのは、活動は、能力の発生の瞬間において、能力と同時に（maʿa）生じるか、それよりも後かのいずれかでなければならないからである。もし能力の発生の瞬間に、能力と同時に生じるならば、能力は、活動と同時に、活動のために生じるのが正しい。しかし、もし能力の後に活動が生じるならば、——そして能力は持続しないということがすでに証明されている——活動は、非存在の力（qudra maʿdūma）によって生じるのでなければならない。もしそれが可能だったなら、無能力（al-ʿağz）が能力の後に生じることができ、活動は非存在の力によって生じるだろう。そしてもし、彼が非存在の力によって無能力である瞬間において活動することができたならば、彼は力が生じた瞬間から一〇〇年後に活動することが可能であろう、たとえ彼がその一〇〇年のあいだずっと無能力であったにもかかわらず、一〇〇年のあいだ非存在であった力によって。しかしこれは不合理である。[30]

アシュアリーの『イスラームの諸言説』によれば、ムウタズィラ派は能力が活動に先行するということに合意していたため、ここでの彼の立場は明確に反ムウタズィラ派的ということになる。また多くのムウタズィラ派は能力が持続すると考えていたが、アシュアリーはここで、能力は持続しないという立場であることも明らかにしている。[31] また思い出さなければならないのは、イスラーム神学の言説において、能力というのはアリストテレスの力能と異なり、何らかの在りようが実際に現勢していることを指すという事実である。以上のことに鑑みると、アシュアリーの立場によれば、たとえば立ち上がる能力が何者かのうちにあるということは、彼が実際に立ち上がるという活動をおこなっているまさにそのときに、彼のうちに立ち上がるという能力が付帯性として生じているということになる。そして能力はその活動をまさにおこなっているときに発揮されているため、彼が立ちあがり終えてしまったならば、立ち上がるという付帯性としての能力は彼のもとから消滅してしまう。そのため、アシュアリーの定義を受け入れるかぎり、ある人物に立ち上がる能力があり、「その後に」その人物が実際に立ち上がるというのは奇妙なことであり、不合理である。そしてアシュアリーは、もし能力の後に活動が生じるとしたらどのような矛盾が生じるかについて説明する。彼によれば、立ち上がるという能力は、まさに立ち上がるためのエネルギーが瞬間的に発揮されていることを言うのだから、能力の後に活動があるという時間差を許してしまうのであれば、立ち上がるためのエネルギーが瞬間的に発揮されたときは立ち上がらず、それからしばらくして、そのエネルギーが消え去ってしまった後に、実際に立ち上がるという動作が生じるということになる。

さらに：もし活動が力の非存在（ʻadam al-qudra）にもかかわらず生じることが可能で、活動が非存在の力によって発生することができるならば、燃焼は、神が火を冷へと変えてしまった後の、非存在の火の熱によって生じ、切断は至高なる神が剣を葦へと変えてしまった後の、非存在の剣の切断によって、そして切断は非存在の腕によってなされ得ただろう。しかしこれは不可能である。よって、それが不可能ならば、活動は、能力が

生じる瞬間に、能力と同時に生じるのでなければならない。(32)

アシュアリーはここで神を例に挙げているが、すなわち、能力と活動の同時性を認めず、両者のあいだに時間差を認めるとすれば、実際に燃焼させる力をもつ火がなくなってしまってから燃焼という活動が生じたり、実際に切断する力をもつ剣がなくなってしまってから何かが切られるということが起きたりすることになるということである。そのため、ムウタズィラ派神学者やアシュアリーによる言葉の使い方によるならば、能力があるというのは、実際にその活動をおこなうエネルギーが現に発揮されている瞬間的な状態を指すのであり、その点からすると、むしろアリストテレスにおける現勢（ἐνέργεια）に近いとも言うことができるかもしれない。

六、バーキッラーニーの見解

最後に、アシュアリー派神学者による議論も概観しておくことにしよう。バーキッラーニー（1014歿）はアシュアリー派神学の概説書である『一次的なものどもの序論』において、アシュアリーの言説を「アシュアリー派」の教義として明確化している。この本において彼は「能力について」というセクションを設け、以下のように述べている。

誰かが言ったとする：あなたたちは、活動（al-fiʿl）はそれを獲得する前にあることができる（yastaṭīʿ）と主張するのか、それともその獲得の瞬間（fī ḥāl）においてか？

我々は言う：否、むしろその獲得の瞬間においてである。そして、その前にはその活動をおこなうことができない。

誰かが言ったとする：なぜあなたたちはそう言ったのか？

彼に言われる：さまざまな理由により。そのなかには、獲得される力は、持続することが妥当でない付帯性だということがある。よって、活動が、その（＝力）発生の二回目の瞬間において存在しており、力はその瞬間においては不在であったならば、かつて存在しており、それから消滅した、不在の力によって存在したことになるだろう。もしそれが可能であったならば、燃焼（al-iḥrāq）の発生が、かつて存在しておりそれから消滅した、不在の熱によることが可能であり、暴力（al-baṭš）が、不在の手によることが可能であろう、そしてそれらはすべて、一致して不合理である。なぜなら人間は、もしある活動を、それが在るより前におこなうことができたならば、彼がそれを獲得する瞬間に、彼には彼の主［なる神］が不要であるだろうし、その活動を助けるにかんして、彼（＝神）を必要としないだろう。もし活動の瞬間において神の援助（maʿūna）を必要としないことが可能であったならば、彼が活動していなかったときには、神を必要としないことがより相応しかったであろう。これは一致して不合理である。よって、能力は活動にかんして、活動と同時でなければならない。(33)

ここにおけるバーキッラーニーの議論は、大筋においてアシュアリーのものと同一である。バーキッラーニーによれば、能力や力というものはそれが獲得される瞬間に生じるものであり、持続することのない付帯性である。(34)そのため、もし活動が獲得される前に、その活動をおこなうための力があったならば、すでに無くなっている熱によって燃焼が生じることも可能だろうし、すでにその場にない手によって暴力がおこなわれることも可能であろう。この箇所についてバーキッラーニーの議論はほぼアシュアリーのものを踏襲しているが、最後の箇所において「獲得」という概念が注目される。アシュアリー派において、能力は人間の内部から、おのずから生じてくるものではなく、その都度神が創造し、それを人間が獲得するものだという構造をもつ。そのため、人間が特定の活動をおこなう前に、すでに能力を保持しており、その能力に基づいて彼が活動をおこなうという想定は、それぞれの活動における神の援助を不要としてしまう。この箇所におけるバーキッラーニーの議論において、アシュアリー自身の議論にあった、能力がもつ瞬間的なエネルギーの発揮という側面はそれほど前面に出てきていないが、いずれにせよ能力が活動に先行することは、アシュアリー派神学においてはあり得ない事態であると見なされている。

おわりに

アリストテレスが『形而上学』Θ巻でおこなったメガラ派批判に基づいて、アヴィセンナ、アヴェロエスというアラビア哲学のふたりの哲学者はそれぞれ議論をおこなっている。しかし彼らの議論はいずれも、「力能（quwwa）が現勢／活動（fiʻl）よりも前か、同時か、後か」という論点を問題にしており、その点だけを見ればアリストテレスの議論を読み損なっていることになる。しかし彼らが暗示的、明示的に批判しているアシュアリー派の議論、ひいてはイスラーム神学全体における議論を読み込んでゆくと、アリストテレス的な文脈とは別に、イスラームにおいてすでに能力（qudra, istiṭāʻa）と活動（fiʻl）にかんする活発な議論が存在しており、アヴィセンナとアヴェロエスは明らかにこの神学における議論を、彼らの理解の下敷きにしていたことが分かる。そしてイスラーム神学、とりわけアシュアリー自身の議論を見てみると、そもそも能力という概念の定義が、アリストテレス的な力能とずいぶん異なることも明白である。そのため、アヴィセンナとアヴェロエスはアリストテレス的な文脈において、メガラ派批判という態でアシュアリー派の批判をおこなっているが、彼らの反論はいずれもイスラーム神学における用法とは異なる理解に基づいているため、そこには奇妙なディスコミュニケーションが存在している。以上は、アヴィセンナとアヴェロエスという、彼らの時代において最高峰の哲学者たちがアリストテレスの読解において、ギリシア的な文脈とは別の、イスラーム的な文脈に基づいて議論をおこなっている場合もあるということの一例である。

註

（1）Makinによれば、ここで実際にアリストテレスが批判の対象としているのは具体的なメガラ派というよりも、この章で批判される立場の提唱者の代表的なものということに過ぎない（Aristotle, 2006, 60-61）。

（2）Aristotle, *Metaphysics*, Θ.3, 1046b29-32.

（3）Beere, 93.

（4）Aristotle, *Metaphysics*, Θ.3, 1046b32-3.

（5）しかしBeereによれば、メガラ派自身はけっして変化の可能性を否定していない。Beereは、メガラ派とされる哲学者が登場するプラトン対話篇『パイドン』や『テアイテトス』を検討し、メガラ派の主張は変化を否定しておらず、むしろヘラクレイトス的な流動的世界も包含していると示唆する（Beere, 99）。

（6）Arstotle, 2006, 60におけるMakinの記述を基にしている。

（7）BeereはΘ3におけるアリストテレスの議論を詳細に検討し、そこにおけるさまざまなアリストテレスの強引な論の進め方を分析している（Beere, ch, 5参照）。

（8）Aristotle, Metaphysics, Θ.3, 1047a10-14.

（9）アラビア語においてメガラ派はġārīqūという奇妙な音写がなされている。現存するアリストテレス『形而上学』テクストのアラビア語訳としては、アヴェロエス『形而上学大注釈』に保持されているウスタート（九世紀）のものが挙げられるが、そこにおいてもメガラ派はġārīqūnと音写されているため（語尾のnの有無という違いはある）、この奇妙な呼称がアラビア語におけるメガラ派の名前として定着したのだろう。アリストテレス『形而上学』のアラビア語訳については、Bertolacci, ch. 1参照。

（10）Ibn Sīnā, *Ilāhiyyāt,* 176-177; Avicenna, 135.

（11）Ibn Sīnā, *Ilāhiyyāt,* 177; Avicenna, 136.

（12）Ibn Sīnā, *Ilāhiyyāt,* 183; Avicenna, 142.

（13）Ibn Rušd, *Tafsīr*, 1126

（14）1043b29-30: ὅταν ἐνεργῇ μόνον δύνασθαι, ὅταν δὲ μὴ ἐνεργῇ οὐ δύνασθαι.

（15）Ibn Rušd, *Tafsīr*, 1135.

(16) Aristotle, *Metaphysics*, Θ.3, 1047a26-28.
(17) Ibn Rušd, *Tafsīr*, 1135-6.
(18) ミフナの詳細についてはHurvits 2016参照。
(19) ムウタズィラ派とギリシア哲学のかかわりについては多くの論考がある。ムウタズィラ派やイスラーム神学全般にたいするギリシアやキリスト教の影響を強調した立場としては、Wolfsonのものが挙げられる。一方でHourani 1985aは、ムウタズィラ派があくまでもイスラーム内部から生じた運動であると主張する。
(20) Ibn Sīnā, *Ilāhiyyāt*, 170; Avicenna, 130.
(21) Beere, ch.1参照。
(22) Frank, 1966, 19.
(23) イスラーム神学における原子論については、Dhanani, 1994参照。
(24) al-Aš'arī, Maqālāt, 229.
(25) al-Aš'arī, Maqālāt, 229.
(26) al-Aš'arī, Maqālāt, 230.
(27) アシュアリーの生涯についてはHourani, 1985b参照。
(28) al-Aš'arī, *Luma'*, 54.
(29) al-Aš'arī, *Maqālāt*, 229.
(30) al-Aš'arī, *Luma'*, 54.
(31) al-Aš'arī, *Maqālāt*, 230.
(32) al-Aš'arī, *Luma'*, 54-5.
(33) al-Bāqillānī, *Tamhīd*, 324-5,
(34) 獲得（kasb）理論はアシュアリー派にとってきわめて重要なものであるが、現在の紙幅で説明することは到底適わない。アシュアリー自身による獲得の議論は『閃光の書』第五章al-Aš'arī, *Luma'*, ch. 5参照。獲得理論そのものについては、Abrahamov 1985参照。

参考文献

Abrahamov, Binyamin, "A Re-Examination of al-Ash'arī's Theory of "Kasb" According to "Kitāb al-Luma'"," *The Journal of the Royal Asiatic Society of Great Britain and Ireland*, 1989 (no. 2), 210-221.

Aristotle, *Metaphysics*, 2 vols. ed. W. Ross, Oxford: Clarendon Press, 1924.

———, *Metaphysics Book Θ*, trans. Stephan Makin, Oxford: Clarendon Press, 2006.

al-Aš'arī. *Kitāb Maqālāt al-Islāmiyyīn wa-Iḫtilāf al-Muṣallīn*, 2 vols, ed. Helmut Ritter, Istanbul, 1929-39.

———. *The Theology of al-Ash'arī*, ed. and trans. Richard McCarthy, Beirut: Imprimerie Catholique, 1953.

Averroes. *Tafsīr Mā Ba'd at-Ṭabī'āt*, ed. Maurice Bouyges, Beirut: Dar El-Machreq Éditeurs, 1990[3].

Avicenna. *The Metaphysics of* the Healing, trans. Michael Marmura, Provo, Utah: Brigham Young University Press, 2005.

al-Bāqillānī, *Kitāb Tamhīd al-Awā'il wa-Talḫīṣ al-Ḍalā'il*, ed. 'Imād al-Dīn Aḥmad Ḥaydar, Beirut: Mu'assasa al-Kutub al-Ṯaqāqiyya, 1987.

Beere, Jonathan. *Doing and Being: An Interpretation of Aristotle's* Metaphysics *Theta*, Oxford: Oxford University Press, 2009.

Bertolacci, Amos. *The Reception of Aristotle's* Metaphysics *in Avicenna's* Kitāb al-Šifā', Leiden, Boston: Brill, 2006.

Dhanani, Alnoor, *The Physical Theory of Kalām*, Leiden, New York, Köln: E. J. Brill, 1994.

Frank, Richard. "The Structure of Created Causality According to Al-Aš'arī: An Analysis of the 'Kitāb al-*Luma*'' §§82-164," *Studia Islamica*, no. 25 (1966), pp. 13-75.

Hourani, George. "Islamic and non-Islamic origin of Mu'tazilite ehical rationalism," *in Reason and Tradition in Islamic Ethics*, Cambridge, London, New York, New Rochelle, Melbourne, Sydney: Cambridge University Press, 1985a, 118-123.

———. "Ash'arī," in *Reason and Tradition in Islamic Ethics*, Cambridge, London, New York, New Rochelle, Melbourne, Sydney: Cambridge University Press, 1985b, 118-123.

Hurvits, Nimrod. "al-Ma'mūn (r. 198/813-218/833) and the Miḥna," in *The Oxford Handbook of Islamic Theology*, ed. Sabine Schmidtke, Oxford: Oxford University Press, 2016, 649-658.

Ibn Sīnā. *al-Šifā': al-Ilāhiyyāt,* vol. 1, eds. Georges Anawati, Sa'īd Zāyid, Cairo: al-Hay'a al-'āmma li-šu'ūn al-maṭābi' alamīriyya, 1960.

Wolfson, Harry. *The Philosophy of the Kalam*, Cambridge, London: Harvard University Press, 1976.

シンポジウム報告

『世界哲学』という視点

提題者：河本英夫
原　和之
中野裕考
頼住光子
司会：納富信留

第六十三回哲学会研究発表大会では第二日に当たる二〇二三年十月二十九日の午後にシンポジウム「『世界哲学』という視点」が開催され、河本英夫、原和之、中野裕考、頼住光子の四氏の提題を受け、「世界哲学」をめぐって多角的な議論が行われた。司会として報告するにあたり、まず、本シンポジウムの背景となる「世界哲学」の試みと、これまでの経緯を説明したい。

「世界哲学World Philosophy」は日本発の学術プロジェクトで、二〇一八年に北京で開催された第二十四回世界哲学会議World Congress of Philosophyを契機に、東京大学東洋文化研究所の中島隆博、京都大学の出口康夫、上原麻有子、立教大学の河野哲也、そして私が中心となって推進してきた。これまで西洋哲学・西洋哲学史に閉ざされがちであった「哲学」の営みを、日本を含めた非西洋の伝統に開きつつ、異領域にわたる議論のプラットフォームを構築する趣旨のプロジェクトである。そこでは、何よりも「哲学」を西洋哲学と同一視し、そこに限定する枠組みの打破と、新たな哲学の問い直しが始まっている。グローバル化の名のもとでの一元化に対抗する多元性と個別性の重視が図られ、ヨーロッパや中国といったメインの哲学伝統の狭間や周縁、さらにその外部に注目が向けられる。

「世界哲学」は単独に進められるより、「世界文学、世界歴史、世界宗教」といった隣接分野での類似の試みとの連動が有効であろう。また、科学、芸術、社会、経済、自然、生活といった視点で、それとの関係を再考することが必要となる。世界に視野を広げつつ、そこで「普遍性、真理、論理、批判的思考」の新たな形を追求することが提唱されている。「世界哲学」の意図は、哲学そのものの復興、現代における真の役割の遂行にある。

「世界哲学」を旗印にした企画は、二〇一八年七月に中島隆博が座長となった「京都フォーラム」の一連のセッションに始まり、二〇一八年八月の「第二十四回世界哲学会議WCP北京大会」での日本代表の提案で世界に向けて発信された。提案のきっかけは世界哲学会議の日本招致への基盤づくりにあり、日本の哲学界が全体として推進すべきプロジェクトとして提案されたが、WCP大会は二〇二八年の東京（東京大学）開催が決定した。

二〇一八年以来、日本国内では哲学系の諸学会で「世界哲学」を主題とするセッションが多数企画されている。比較思想学会では、二〇一九年六月にパネルディスカッション「世界哲学をリードする日本哲学」（於、西田幾太郎記念哲学館）で、二〇二三年七月には五〇周年記念大会シンポジウム「世界哲学と比較哲学」（於、大正大学）で大々的にこのテーマが論じられた。とりわけ記念大会では、二〇世紀後半に「世界哲学」の理念を抱いて研究を進めた中村元の業績が参照され、「比較哲学・比較思想」との連関の重要性が確認されている。

中国社会文化学会でも、シンポジウム「世界哲学としての中国哲学」（於、東京大学）が二〇一九年七月に開催され、上原麻有子が主催した日本哲学史フォーラム「Histories of Philosophy in a Global Perspectiveプロジェクト」（於、京都大学）では二〇二〇年十二月にオンライン研究会で、ドイツ・ヒルデスハイム大学で哲学史見直しプロジェクトを立ち上げているロルフ・エルバーフェルト教授や、「日本哲学」の総合的な研究を進めているアメリカ・ロヨラ大学メリーランド校のブレット・デービス教授らが参加して、国際的な議論が展開された。また、未来哲学研究所のシンポジウム「世界哲学における翻訳の問題」（於、東京大学）も二〇二一年九月にハイブリッド開催され、その成果である諸論考は『未来哲学』第五号（二〇二三年一月）に掲載された。メンバーの多くが連携会員を務める日本学術会議の哲学委員会では、二〇一九年十一月にシンポジウム「世界哲学の可能性」が開催された。

日本哲学会でもいくつかの企画が立てられてきた。二〇二二年五月には大会公募ワークショップ「世界哲学のための言語と論理」（於、九州大学）がハイブリッドで開かれ岡本賢吾、岡田光弘が報告し、二〇二三年五月にはＦＩＳＰ（哲学系諸学会国際連合）と共同の公開シンポジウム「世界哲学と世界の危機」（於、東京大学）が開催され、世界各地から参加したＦＩＳＰ委員と日本人研究者の間で「世界哲学」が論じられた。さらに、二〇二三年九月に東北大学で開催された第七回日中哲学フォーラム「世界哲学において東アジアが果たす役割」でも、基調報告や研究発表で東アジア哲学における「世界哲学」の意義が議論された。

東京大学では、中島隆博が代表を務めた東アジア藝文書院ＥＡＡの公開シンポジウム「世界哲学・世界哲学史を再考する」で、二〇二一年三月から十一月に計六回のオンライン研究会開かれ、二〇二二年十一月には東京大学主催の東京フォーラム二〇二二で「世界哲学パネル」が立てられて諸外国から演者を招いて議論がなされた。

このような諸学会での試みに合わせて、本哲学会でもまず二〇二〇年十一月の研究大会でシンポジウム「世界哲学における西田幾多郎」を開催したが、今回の研究発表シンポジウム「『世界哲学』という視点」はそれに続く第二弾となった。

「世界哲学」の推進にあたっては、学会等での議論だけでなく、書籍や論文でも研究が発信された。伊藤邦武・山内志朗・中島隆博・納富信留の四名が編者となったちくま新書『世界哲学史』全八巻プラス別巻が二〇二〇年一月から十二月までに刊行され、本編では八十二章と三十一のコラムで一〇二名の執筆者が、別巻では編集委員三名に加えて十三名の執筆者で世界の多様な哲学伝統を紹介した。その反響を受けて、私は二〇二四年一月に『世界哲学のすすめ』を同じちくま新書から出版し、世界哲学の可能性と問題点を総合的に議論している。これらの試みを通じて、「世界哲学」は一つの哲学運動を進める議論の場として、日本の哲学界で認知されつつあり、海外でもヒルデスハイム大学の哲学史見直しプロジェクトなど、類似研究グループとの連携で注目されている。

「世界哲学」プロジェクトを開始して五年となる二〇二三年秋に開催された哲学会研究発表大会でのシンポジウムは、これまで必ずしも十分に論じられてこなかった論点へと視野を広げ、四名の提題により総合的な議論が行われる野心的な試みとなった。

まず、東洋大学文学部の河本英夫教授は、「世界はどのような希望か」というタイトルで、これまで氏が積み重ねてきた世界哲学への視点を、改めて「世界」という視点から論じた。「世界哲学」は単に多様な個別伝統を集積するものではなく、当初からプロジェクトがこだわってきたように「世界」という哲学概念を精査する必要がある。河本氏の提題はそこに切り込む新鮮な論点を提起した。

続いて、東京大学大学院総合文化研究科の原和之教授が、「生成を語る―精神分析と哲学―」というタイトルで、二〇世紀初頭の精神分析を見直しつつ哲学との間の微妙な関係を検討した。二〇世紀の、特にフランス哲学において精神分析が占めた役割は極めて大きいが、それが持つ意義を世界哲学の視野で捉え直すことは、未来の哲学への示唆として極めて大切である。精神分析はアルゼンチンやブラジルなどの中南米でなお盛んであるが、そういった文化伝統の違いも意識させられる。

第三の提題者であるお茶の水女子大学基幹研究院人文科学系准教授の中野裕考氏は、カント哲学の研究を基盤としているが、近年はラテン・アメリカの哲学について本格的な考察を進めている。中野氏はメキシコ国立自治大学で博士論文を執筆した経験から、その後、スペイン語・ポルトガル語圏のラテンアメリカ哲学の特徴を論じるとともに、さらに非スペイン語・ポルトガル語である原住民の文化伝統を視野に入れる研究に向かっている。シンポジウムでの報告「いまアンデスで『哲学の始まり』に立ち会う」では、ケチュア語での哲学の可能性を、新たな哲学の誕生として情熱的に論じた。

最後に、東京大学大学院人文社会系研究科の倫理学教授である頼住光子氏が、「世界哲学と仏教─中世日本仏教の視座から─」という発表で、主に道元を読み解きつつ中世日本に「世界哲学」の実践があることを論じた。頼住氏は、比較思想学会の前会長として、前記の二つの同学会シンポジウムで「世界哲学」を取り上げるなど、その展開に大きな関心を寄せてきた。近代以前の日本で哲学を考える上で、おそらく最も重要で最も関心の高い道元をまずきちんと論じることが、私たち日本の哲学者の共通遺産となることを強く認識させられた。

四名の報告と討論を受け、さらに会場との質疑応答を通じて「世界哲学」がもつ可能性と問題点を広く議論できたことが、本シンポジウムの大きな成果であった。「世界哲学」の運動は今後もさらに発展することが期待され、単に一時的なブームに終わらせず、哲学そのもののあり方を根本的に見直す未来への手掛かりとすべく努めていきたい。

（文責：納富信留）

ワークショップ報告

パンデミックと哲学——生と医療、そして死——

提題者：渡名喜庸哲
中澤　栄輔
コーディネーター：乗立　雄輝

その名が示すとおり、二〇一九年に初めて出現が認められ、翌二〇二〇年に世界的な大流行、いわゆるパンデミックによりCOVID-19がもたらした災厄は、私たちに緊急の対応を迫るとともに、その災厄で明るみとなった生と医療、そして死をめぐる様々な問題を突きつけた。その後、新型コロナウィルスとの「共生」が日常となりつつある反面、その禍根がもたらしたものを私たちがどのように考えるのかという問いは、未だに問いの形そのものが明確になっていない。

そこで二〇二三年一〇月二八日に開かれた今回のワークショップでは、現代フランス哲学を専門とする渡名喜庸哲氏（立教大学）と医療倫理の分野で活躍している中澤栄輔氏（東京大学）を招き、この問いをどのように立てるべきかという考察を行った。

渡名喜氏は、「パンデミックはいかなる「生」を問題にするか：現代フランス哲学の立場から」というタイトルの下、現在、フランスで展開されているパンデミックについての議論を俯瞰することを通じて、そこで示される多様な「生」の捉えられ方についての考察を提題した。

まず渡名喜氏は、二〇二三年一月に世に出たジャン＝ピエール・デュピュイ著『カタストロフか生か：コロナ懐疑主義批判』を手がかりとして議論を開いた。そこで批判されているコロナ懐疑主義とは、ロックダウンなどの各国のコロナ政策において、「剥き出しの生」が神聖視されることで「人間的な生」が犠牲になっているという、フーコーやアガンベンの生権力、生政治という概念を援用する主張であるが、デュピュイはそこで語られている「生」の概念が空虚もしくは恣意的であると批判する。

そこから渡名喜氏は、「生政治/生権力」という観点、及び、それへの批判的見解から、パンデミックにおける「生」とは何かという考察を進めていった。そこでは美馬達哉、リチャード・ホートン、医療人類学者のディディエ・ファッサン、ジャン＝リュック・ナンシー、カトリーヌ・マラブーらの主張が取り上げられたが、そこから渡名喜氏が提示したのは、具体的な生であると同時に、計算可能なかたちで数値化された「社会」全体を示す「統計的な生」と、生物学的生に還元されるのではなく、それが置かれた社会環境やバイオテクノロジーとの関わりにおいて捉えるべき生、「ヴィータ・テクニカ」である。

さらに渡名喜氏が示したもう一つの「生」の在り方とは、カタストロフィとしてのパンデミック下で逆境からの「復元力」を意味するレジリエンスの重要性と多面性が注目を浴びる一方で、それと対比される、傷つきうる力を秘めた「傷つきやすい生」(la vie vulnérable) である。それは、数値化されることもないがゆえに生政治の関心からは漏れてしまうが、しかしそれでもなおパンデミックにおいて問題となり得る生や死であると渡名喜氏は指摘した。

一方の中澤氏は「COVID-19パンデミックを契機とする医学的無益性概念の再考」というタイトルの下、新型コロナウィルスの治療にあたって、「行われている治療が医学的に意味のない医療行為になること」を意味する医学的無益性という概念が導入されることへの哲学的問題を提題した。

中澤氏は、人工呼吸器の配分をめぐる問題や保健所の入院調整の難航などによって自宅療養を強いられた患者が増大するといった医療崩壊という現実に直面する中で、大規模災害や事故のときに取られる措置としてのトリアージに類する治療対象の選別といった議論が始まったと指摘した。そこで、一部では、どのような基準によって治療を中止するかというガイドラインを作る過程で、「患者に利益を与えようとしても失敗する可能性が高いあらゆる試みのことで、そのまれな例外（医療が成功すること）が体系的に発生することはありえないもの」と一般的に定義される「医学的無益性」という概念の導入が検討されることになったと中澤氏は論じた。

その医学的無益性は、（一）治療が成功する見込みがゼロなときの「生物（理）学的無益」、（二）治療が成功する見込みが低いときの「確率的無益」、（三）患者にとって有益な結果が得られないときの「質的無益」の三種類に通常は分類されるが、実はこの概念は曖昧で問題含みであると指摘した。

たとえば、質的無益の場合、その「質的」とは、個々の患者の人生それぞれに重要な利益のことを指し、患者の価値観と強く結びついている。しかし、新規感染症のパンデミック時における医療資源の配分や意思決定を下さなければならない場合に、それを瞬時に知ることは難しいと中澤氏は論じた。

中澤氏は、医学的無益性という概念が、がんなどの慢性疾患といった、時間的経過の中で患者、家族、医療従事者との間で関係性が構築される状況を想定して発展してきた概念であるがゆえに、パンデミック時の救急医療において用いることは適切ではないと結論づけた。

その後、両氏とフロアを含めた総合討議が行われたが、「パンデミック」という現在においても形を変えて進行している現実的な問題に直面するとき、哲学的な議論の有するポテンシャルが問われているのではないかということがコーディネーターを務めた筆者に強く印象に残った。この点を明らかにしてくれた二人の提題者と参加者に感謝したい。

（文責：乗立雄輝）

ワークショップ報告

意味理解から反実在論へ vs. 実在論から意味理解へ

提題者：富山　豊
葛谷　潤
コーディネーター：岡本賢吾

［企画の背景］　私たちが経験を通じて不断に獲得し、行為のための手段や指針として適用している様々の心的アイテム、つまり観念、表象、概念などは、そのように獲得され、世界へ適用されることが可能であるために、私たちを取り囲む世界（それを構成する様々のアイテム）に対して一体どのような結びつきを持つ必要があるのか。そうした結びつきを可能とさせているものは何か。――これは、古代哲学以来取り扱われてきた問いと言えるだろうが、とりわけ近世以降、この問いに対して強く関心が向けられ、周知のとおり、主に二つの立場からのアプローチが行われてきた。すなわち（簡単のため単純化した言い方になるが）、一つは、心的アイテムとそれが結びつけられる対象との間の内包的・志向的・了解的な連関を重視する立場であり、これはカント以降、フッサール現象学などに受け継がれる、いわゆる大陸系の、超越論的観念論に親和的な立場と言えよう。もう一つは、一方でヒューム的懐疑論に触発され、観念から独立自存する対象や、それを志向する心的作用自体といったものの素朴な実在化を退けつつ、他方で主体によって担われる信念体系が、世界との間にいかなる客観的・外延的な指示連関を作り上げ

ているかを考察することで、心と世界の結びつきの自然主義的・非―超越論的観念論的な説明を与えようとする、ラッセル、ラムジーやエヴァンズらに受け継がれる英米系の分析哲学的立場――もう少し補うと、例えば、この立場では、問題となっている結びつきを慣習や制度に帰着させる、あるいは、（ヒュームの懐疑論との整合性は措くとして）因果論的なものだとする、あるいはまた、ベイズ統計学的に確率論的・非因果論的に捉える、といった道が考えられる――である。

併せて触れておくと、以上で述べた問いは、決して哲学史研究にのみ登場する〝骨董〟的な関心事ではない。例えば、近年の認知科学・情報科学・ＡＩ技術などの著しい発展・成熟に動機づけられて登場してきた、いわゆる「情報の哲学」(L.Floridi、G.Restall、R.Brandomら）の分野では、シンボル接地問題、フレーム問題、機械学習の説明可能性問題といった（見かけ上新しい用語で象られた）問題提起の形で、上記と同様の趣旨の問い、つまり、私たち自身と、私たちが埋め込まれた環境との間に、情報の獲得・抽出、処理（保存・更新・還元)、シェア、消費・生成・創発といった形で実現される相互連関（interrelation)・相互作用（interaction）は、一体いかにして可能となるのかが、まさに問題とされているからである。――こうした研究状況を踏まえつつ、本ワークショップでは、それぞれ以上の二つの立場の一方に精通した（しかも、互いの相異なる立場について公平な理解を持っている）二人の研究者に提題を行っていただいた。

［第一提題者の趣旨］　第一の立場に立脚する富山の提題には、特に二つの注目すべきポイントが含まれていた。第一に、富山によれば、志向性概念に基礎を置くフッサール的な超越論的観念論の立場は、ふつう信じられがちなように、明証性ということを認識の絶対的テロスに据え、多少とも疑いを容れうる事柄については判断停止的態度を採るべきだとするような、ある種の認識論的厳格主義ではまったくない。そうではなく、むしろフッサールの考えでは、一般に私たちの認識のうちには、（それが理論的抽象度の高い学問的なものである場合はもちろん、日常

的・知覚的なものである場合も）意識に対して顕在的・直接的に与えられるものを超え出た、一定の概念的・範疇的な要素が本来的に含まれるのであり、彼の言う観念論は、こうした（いわば隠された）概念的・範疇的要素の意味をいかに理解可能とさせ、その適用を正当化しうるかという問題の究明を目指している点で、まさに（「認識の可能性の制約の探究」というカント的な意味合いで）「超越論的」なものだと評することができる。

以上のように、フッサール現象学の中心的部分に、私たちの認識の概念的・範疇的諸要素の理解可能性（つまり、それらの要素の内容的な意味をどう理解しうるか、なぜ適用してよいか）の究明という主題が存することを確認した上で、さらに富山は第二に、フッサールの超越論的な志向性把握が、より具体的に、いかなる仕方で通常の観念論的・主観内在的な志向性把握と異なるかを説明する。ここで援用されるのは、興味深いことに、通常の見解では英米系分析哲学者に分類されるダメットの所説である（実は、富山の指摘する通り、ダメットはもともと、フレーゲ、ヒルベルト、ブラウワーらから多くを学んでおり、またフッサールも、少なくとも前二者からは大いに影響されているため、この点でフッサールの考えとの親和性が見られることには格別不思議はない）。ダメットの意味理論の核心は、一言で言えば、「一般に言明の意味とはその言明の証明に存する」という考えであり、要するに、数学の言明を典型として、一般に私たちが習得し、様々に適用する言明の意味（私たちが「これこそ当の言明の意味である」として理解すべき内容）とは、実は、その言明がいかなる仕方で証明されるか（ここでの「証明」とは、なぜその言明が正しいと言えるのかという理由、根拠が秩序立てて与えられること――これを正当化と呼ぶ――だと解してよい）という、その証明、正当化のされ方に他ならない、というものである。一見すると、ある言明の証明とは単にその言明の信頼性を裏付ける「保証書」といったものにすぎないと思えるかもしれないが、改めて考えてみれば、或る言明がどのような原理や規則に従ってどのように証明されるかを理解することで、初めて私たちは、その言明が何を言っているのかを理解しうるのだという、ダメット的意味理論のアイデアは、それ自体十分理解可能だと言えよう。さらに言えば、ダメットによると、心身二元論vs.物的一元論のように、一定の存在者のクラス（ここでは心的実体）についてそれが空であるか否かをめぐる形而上学的な論争が生じている場合、その解決のためには、この領域に関わる言明についてまさに以上のような意味理論を構築することが有用であり、それどころか必須であるとされる（ただし、報告者の印象で言うと、この提言がどれほど実効性を持つかは、あまり明らかでないかもしれない）。「意味理解から形而上学へ」という富山の提題のタイトルは、こうしたダメットの構想を念頭に置いていると言えよう。

さて、こうした事情を踏まえた上で富山はさらに、言明とその証明（正当化）という、ダメットの意味理論の道具立てを導入しながら、これがまさに、『論理学研究』以来、フッサールが明証化の説明のために適用し続けた「志向」と「充実」という対概念――すなわち、或る命題を（単に）理解するにとどまっている心的状況としての「意味志向」と、この志向が一定の直観によって充実される（裏付けられる）経験としての「意味充実」――と見事に対応していることを詳しく説明している。こうした富山の試みは、さらなる彫琢を要するにせよ（例えばダメット的プログラムにおいて、志向性なるものがただのレトリカルな言い回しに終わらない一定の実質的な理論的機能を担いうるのかは、未だ明らかではないだろう）、フッサール解釈にとってもおそらく啓発的であるとともに、ダメット的な意味理論のさらなる発展を目指す現代の論理学・数学の哲学の潮流（数学的構成主義）にとっても参考になるアイデアを多々含んでいると考えられる。

［第二提題者の趣旨］　他方葛谷は、もともと富山とほぼ同様に第一の立場（「意味理論から反実在論へ」という路線）で研究を進めていたとのことであるが、今回は、この立場に対して批判的な距離を取る第二の立場（「実在論から意味理解へ」）、特に、エヴァンズ的情報概念に立脚しながら、目的論的機能主義を推進するという方向性を追究している。以下に見る通り、この方向性には、心と世界の関係に関する一定の大胆な哲学的描像が含まれており、しかもこの系統の研究は、第一の立場とは対照的に、（おそらくその非―超越論的スタンスのせいで）我が国

ではともするとネグレクトされがちな傾向があることからも、大いに注目してよいと思われる。

葛谷の最も基本的な問題意識は、様々の哲学的問題にアプローチする際に、常に原則として意味理解の問題を先行させせようとする第一の立場（すぐ上で見た、形而上学的論争全般に対するダメット的な態度を想起されたい）は果たして正当と言えるのか、むしろ、当該領域（ドメイン）についての考察を展開する上で、意味理解の詮議に先立って、あらかじめ前提し、依拠すべきである（また依拠してよい）ような、そのドメインに特徴的な種々の（ある種の形而上学的な）原理があるのではないか、というものである。

こうした問題提起の背景には、ピーコックらによって近年展開されている、いわゆる「発見の順序」対「説明の順序」という区別をめぐる考察がある。あるドメインにおける基本的な原理の探究が行われる場合、私たちはしばしば、そのドメインについて私たちがより容易に発見しうるもの、私たちの認知メカニズムにとってアクセスしやすいもの（第一の立場が説く意味理論とは、まさにその典型例となろう）を、直ちに、説明においてもより先行するもの（被説明項に対して説明を与える力を持つ、より本質的な事項）と見なしがちであるが、これは正しくない。目の前に桃があるように見える、思われるということは、目の前に桃があるという判断に先立って経験され、つまり「発見の順序」ではこの判断に先行するが、しかし「説明の順序」から見れば、前者は後者の判断によって（おそらくこの判断の内容に形而上学的・因果的に依存することで）可能となっており、つまり後者の方が前者に先行すると見るべきである（特に葛谷は、この点との関連で、現象学者による超越論的還元についてのある種の説明では、以上の二つの順序の混同が見られるのではないかという興味深い指摘を行っているが、ここではこれについては立ち入らない）。

とはいえ、こうした区別をいつも適切に設定できるかどうかは到底明らかではないだろう。実際に葛谷自身、この論点にとどまることなく、むしろ次のような考察、すなわち、第二の立場の説くように、適切な意味で形而上学的観点を先行させせる立場に立った場合、「人間の思考システム」は一体いかなるものとして描き出されるか、という考察に進んでいる。問題が複雑なため、報告者の解釈を若干交えて説明することになるが、葛谷が主に依拠しているエヴァンズは、通常の言語哲学における言語表現への過剰なまでの定位を批判して、私たちが情報プロセスのただ中に端的に埋め込まれ、晒されていることを強調し、私たちが携えている多様な心的アイテムを、そうした情報プロセスを通じて形成される表象、アイデア、世界内のアイテムの思考への呈示のされ方、として捉える。さらに、少々エキセントリックな印象もあるが、そうした心的アイテムたちが、互いの間で、ちょうどフレーゲが言語表現の間に存するとしたような文という脈絡、また意味を共有する諸表現の間の代入可能性、といった連関のある種の対応物と言えるようなもの（エヴァンズによれば、むしろこちらの方が原像で、言語表現こそがコピーであろうが）をそのまま具現していると説く。例えば知覚を通じて私たちがある犬を認識し、これをずっとトレースしたようなとき私たちのうちに形成される表象（「この犬」に対応する、対象の直示的な呈示様式）が、そうした心的アイテムの興味ある典型であり、このアイテムに並んで、また別の脈絡で同じ犬について一定の直示的呈示様式が獲得されたとすれば、前者のアイテムを含む一定の真な思考（これ自身は合成的な心的アイテムである）のうちに含まれる当のアイテムを、一旦指示対象にまで値を落とす手続きを経由することにより、適切な仕方で後者のアイテムに置換することができ、その結果再び真な思考が得られる（おそらくさらに微細な再調整を加える必要があろうが）。こうして、通常の言語哲学上では説明が困難とされる内包的な代入手続きについても、見通しのよい外延的説明が提供されるのであり、私たちの営む情報プロセスの総体を、一定の内在的な認知構造を備えながら、しかも世界に対する指示連関を保つ心的アイテムの体系として描き出すことが可能となっている点で、エヴァンズ的な「人間の情報システム」についての分析は大変興味深いと言えよう。——葛谷によると、近年こうした観点は、さらに、いわゆる目的論的機能主義の考えと結合し、進化心理学などの新たな洞察をもインテグレートした一層の発展が遂げられつつあるとのことであり、今後こうした動向にますます注目すべきだと思われる。

［まとめに代えて］　以上の通り、大変充実した二つの提題が提供され、さらに会場からも活発な反応があった。遺憾ながら紙幅の関係でこれ以上は立ち入らないが、報告者として指摘しておきたいことは、本文でも述べた通り、第一の道においても志向性の理論的位置は未だ確定途上にある観があり、また第二の道においても、そこでの情報概念の把握は古典一階述語論理のシンタクスにあまりに密着したかなりエキセントリックなものと思われ、より現代的な計算理論・情報論理（動的様相論理など）のシンタクスや証明論とどう調和的に連関づけるかは今後の課題となっている、ということである。本学会はもとより、他の諸研究会などでも、今回のテーマやこれに関連したテーマに関するワークショップがさらに開催され、広く討議されることを切に期待したい。

（文責：岡本賢吾）

公募論文

スタンリー・カベルと生き方としての哲学

齋藤直子

一　序

人は誰でもそれぞれ自分のはたすべき義務は重大なものであり、このような重大な義務を呼び起こしてくる生活状況は意義深いものである、ということを強く感ぜざるを得ないようにできています。しかし、このような感情は我々一人一人の中にひそむ大きな秘密なのでありまして、他人にも同じように自分の義務や生活状況の重大さを感じてもらいたいと思ってもそうはゆかないのです。（ジェイムズ 二〇一四、二二六頁）

一八九二年、アメリカの哲学者・心理学者であるウィリアム・ジェイムズ（William James）は、他者の苦悩や喜びの源の知りえなさをめぐる人間の盲目性の悲劇について、教師たちに講演を行った。その講演記録「人間における或る盲目性について」は、哲学のつとめを問い直す上での様々な種を蒔く書き物である（James 1958）。ジェイムズの執筆スタイルは、その言明の遂行をもって、論証と明証性を志向する伝統的哲学の枠組みを揺さぶり、文学にも触れる哲学の言述、執筆スタイルのあり方を実演する。哲学は、あたりまえの日常性に潜む、生きることの重み、悲哀、喜びと切り離しては空虚である。哲学を日常性に連れ戻すことは、ジェイムズを含む古典的プラグマティストの使命でもあった。ジェイムズは明らかに、専門哲学者が従事してきたものとは異なるもう一つの哲学の地平──生き方としての哲学[1]──をその執筆そのものを通じて遂行している。そうした哲学の仕方を通じて、ジェイムズは、他者を、世界を正しく見られるようになることを想起させ、そのための哲学教育の重要性を喚起する。個々の生の多元性を受容しつつ、そこからいかに人類の普遍性を達成していくかという、ジェイムズが投げかける課題は、彼の「多元的宇宙」の根幹にある思想である。人がいかに人間を全体として見損じる傾向を運命づけられているかを喚起し、盲目性を引き受けつつ他者との共生の重要性を提示するジェイムズの論考は、相対主義に陥らずして他者と共生するにはどうしたらよいか、という現代社会の人々にとって切実な問いをも投げかける。

今日、ジェイムズが述べたような人間の盲目性は、新たな状況の中で共通の人間性の達成に挑戦をつきつけている。一方において、人間の疎外や孤独（石田 二〇一一、岸見 二〇二二）や「あいまいな喪失」(Boss 1999; 2022) が、社会問題となっている。他方において、サンデルがアメリカ社会について述べるように、社会的分断の根源にあるものは、メリトクラシーの圧政である。そこでは、威厳の喪失や自信の喪失が「屈辱の政治」を生み出しているという。サンデルはその分析において、持たざるもの、社会的弱者、屈辱の立場にある人々の感情に対するテクノクラート的なリベラルの政治家の盲目性を暴き出している (Sandel 2020; Young 1982)。そして慎み深さの徳の必要性を説く。人が知られざる苦悩や感情のうちに内向し他者の生に対して盲目になることは、共生社会の実現、共通の人間性の実現において足かせとなる。ここで投げかけられる哲学と教育の根本問題は、個別から普遍への道のりを達成するためにこそ、人間の盲目性を引き受けた上で、人を全体として見るとはどういうことか、いかにして見られるようになるか、そしていかにして共通の人間性を達成することが可能か、ということである。これらの問いはまた、人々がいかに生きるか、いかに他者とひいては自己と関わるか、そしていかなる世の中を作っていけばいいのか、という現実的な課題に関わるものでもある。

この課題にひとつの応答をなすものとして、本稿では、後期ウィトゲンシュタイン（Ludwig Wittgenstein）に依拠したスタンリー・カベル（Stanley Cavell）の日常言語の哲学を論じる。それは、哲学が人の日々の生き方に関わるという観点から、哲学を閉じた専門性から日常性に連れ戻す、哲学の再構築の試みである。そして、全体として人を見るとはどういうことか、運命づけられた盲目性を引き受けた上で人はいかにして個別性から普遍性へ、共通の人間性を達成することが可能かという問いを、「生き方としての哲学」の核心的課題として取り上げるものである。結論として、より高度な実践哲学としてカベルによる「おとなの教育としての哲学」を、哲学教育の新たな形として構想する。

以下、第二節では、後期ウィトゲンシュタインに依拠したカベルの日常言語哲学の「生き方としての哲学」の可能性を吟味する。それは、ものの見方の転換、世界の見えの転換、ひいては生き方の転換が言語との関わり直しを不可欠とすることを示す。最終節では、生き方としての哲学を実践するおとなの教育としての哲学教育のあり方として、アンコモンスクール（uncommon school）を通じた哲学教育を提言する。

二　カベルと生き方としての哲学

個別から普遍への道のりを達成するためにこそ、人間の盲目性を引き受けた上で、人を全体として見るとはどういうことか、いかにして見られるようになるか、そしていかにして共通の人間性を達成することが可能か――これらの問いに答える上で、カベルは、後期ウィトゲンシュタインを通して、世界の「正しい」見えというものが、人間の言語との関わりと不可分であり、それを通じてものの見方を転換し続けていくことこそが哲学の実践性の根幹にあることを示す哲学者である。彼はより高度な実践性に向けて哲学を日常性に回帰させるが、その哲学の仕方、言葉の使い方そのものが、生き方としての哲学を実演するものでもある。以下ではまず、ウィトゲンシュタインが述べる「魂への態度」をめぐるレイモンド・ゲイタ（Raymond Gaita）による論考と、ポール・スタンディッシュ

(Paul Standish) の論考の比較検討を通じて、ウィトゲンシュタインとカベルの日常言語哲学が、盲目性を背負った上で人を全体としてとらえるということが言語との関わりをなくしてありえないことを示す。次に、彼らの論考の争点を発展させる形で、カベルの思想が、生き方としての哲学として、他者と世界を正しく見るということへの鍵を与えるものであることを明らかにする。

ゲイタ

人間の盲目性を引き受けた上で全体として人を見るとはどういうことか、という問いに向けて後期ウィトゲンシュタインの哲学の意義を具体的に開示するのは、ゲイタである。ゲイタは、その著 *Good and Evil* (1991) の中の "An attitude towards the soul" という章において、人間の盲目性についての問いかけをジェイムズと共有する。「他の生き物が考え、感じ、話すなどがどういうことでありうるか、についての我々の理解は、ぬぐいされない形で人間中心的である」(Gaita 1991, p. 168)。その論考は、いかにして人は他者に共感できるのか、他者の生のリアリティを感受できるのか、という痛切な問いかけによって貫かれている。他の人々についての我々の知識を、木などがあるという知識と同列に命題的な知識として扱うなら、人は他者を――「他者の他者性」を――見誤ることになる (p. 173)。ゲイタによれば、他者のリアリティを感受するということは、単なる認知能力の問題ではない (p. 167)。[2] いかなる意味での道徳的客観性にも「間主観性」が内在的である (p. 170)。他者へのあわれみとは、単に心理的な状態ではなく、「他者の苦しみに対する無関心の諸形式の記述にとって規範的である」(p. 177-178)。ゲイタは、他者の痛みを感受することが、単なる認知的知識の問題ではなく、規範性を内包するものであるという立場に立つ。そして人間の他者の痛みは、生活全体のコンテクストの中で意味をもつ (p. 186)。人の痛みを哀れむということは、痛みのつらさの「実体」を哀れむことではないのだ。

ここでゲイタがよりどころとするのが、後期ウィトゲンシュタインによる以下の言明である。「彼に対する私の態度は、魂（Seele）に対する態度である。しかし私は、彼は魂を持っている、という意見をもっているのではない」（Wittgenstein 2009, *PI*, PPF, §22; ウィトゲンシュタイン 一九九七、一一二頁、178f, quoted in Gaita 1991, p. 173）。ウィトゲンシュタインは、「魂に対する態度」をもつということは、人々に対する特定の思考の状態に帰することに依るのではなく、むしろその条件である、ということを主張している（p. 173）。「「魂に対する態度」は、行動が、意識ある存在の行動として評価されることの条件である」（p. 182）。魂に対する態度とは、代替的な認識論ではないのだ（p. 182）。[3] この文脈でゲイタはカベルのウィトゲンシュタイン解釈に言及する。「私は、人間に特徴的なある種のリアリティを探究するために、カベルの表現「私の他者にとっての他者」（other to my one）を用いた。……カベルは他の人間を「他者other」として語っている」（p. 171）。「他者の他者性the otherness of the other」という表現によってカベルがとらえ、喚起しようとしているものは、他の哲学者たちが「精神的な属性」と呼ぶものの結果ではなく、その条件としての、ダイナミックな相互作用の一種である（ibid.）。

ゲイタのウィトゲンシュタインおよびカベル解釈には、本稿の主題に照らして特筆すべき点がいくつかある。第一に、ゲイタが、ジェイムズと同様にウィトゲンシュタインの中に他者の抱える、ある種の神秘を見出していることである。「ウィトゲンシュタインは、他者の主観性の神秘と我々が呼ぶものを否定するどころか、伝統的な認識論の像——懐疑主義を活気づけると同時にそれ拒否しようとする像——によってそれが矮小化されることに異を唱え、「主観性の神秘」の余地を残している（pp. 182-183）。「ウィトゲンシュタインが神秘は全く存在しないと考えていたと考えることは誤りである」（p. 183）。第二に、ゲイタがウィトゲンシュタインを高く評価すると同時に、その記述にある種の具体性の欠如を見出している点である。「［他者の苦しみの話に］多かれ少なかれ直接的に適用される『哲学探求』におけるウィトゲンシュタインの思考は、奴隷の所有主を理解する助けにはほとんどならない」（p. 188）。こうしたゲイタによるウィトゲンシュタインおよびカベル解釈と重なりつつも、それらに別の光を当てるのがスタンディッシュである。

スタンディッシュ

スタンディッシュによる、ゲイタのウィトゲンシュタイン解釈の論評（Standish 2023）[4]は、ゲイタの解釈が情動的で神秘主義的であることに比して、カベルによるウィトゲンシュタイン解釈が、人を全体としてとらえるということが言語との関わりなくしてありえないことをより前面に出すものであることを明らかにする。それによって、哲学を生活に連れ戻す生き方としての哲学として、ウィトゲンシュタインの意義およびカベルの思想を再評価する。

スタンディッシュによれば、ゲイタの著、*Good and Evil* は、アカデミズムとその外部において現代の思考を制覇する自然主義——充足する欲求に関わる生物学的な観点で人間を考える傾向——に異議を申し立てる（Standish 2023, p.1）。感覚をもつ存在としての人は、個別の特質や属性をもつとみなされる（p.2）。ゲイタはこうした水平的な思考で尽くせない垂直的な地平を喚起する。それは、我々が決して逃れることのできない、他者への責任（responsibility）（ないしは応答性〔responsiveness〕）の地平である。これを見ないことは、世界のリアリティを否認することであり、道徳的に盲目であることなのだ（p. 2）。ゲイタは、主観性が抹消される客観性のとらえ方に異議を唱える。互いの相互作用の条件を否認する形で普遍的な見地を理想化することもその現れである（p. 3）。「この主観的な側面は、他の人間との関係の主要な特徴——他の人間が彼ら自身の主観的な経験をもっているということを承諾すること（acknowledgement）——に関わるゆえに重要である」（ibid.）。[5]「我々の日常生活の文法は……すでに精神的なものに満ちている」（ibid.）。ゆえに、「『他者の他者性』の適切な説明に基づく客観性の適切な説明」が必要である（Gaita 1991, p. 171, quoted in Standish 2023, p. 3）。ゲイタによれば、「私の彼に対する態度は、魂への態度である」というウィトゲンシュタインの言は、「誰かが持っているかもしれないものとしての——彼らに帰されうる属性としての——魂という考え方」をウィトゲンシュタインは駆逐しようとしているという立場を含意する（Standish 2023, p. 3）。人は、他者の叫びから出発する（p. 4）。「魂に対する態度は……傷を手当する、彼の顔をのぞき込むこと——より一般的な何かに言及するものではない——から切り離せない」（ibid.）。「人間の身体は、人間の魂を見る仕方である。こうした仕方で人間の身体を見るということは……顔をしかめること、筋肉の緊張を見、人間の叫びを聞くことである」（ibid.）。「人の内的な生を、命題的知識に当てはまる対象物としての認知的状態に関わるものと考えるなら、内的な生が意味しうるものの有害な誤解、歪曲となるだろう」（p. 6）。

こうしたゲイタの論評から、スタンディッシュは、ウィトゲンシュタインの魂への態度について、カベルの論へと入っていく。カベルによれば、「「私はあなたが痛みにあると知っている」ということが確実性の表現ではないという理由は、それが共感の表現であるからである。」このカベルの言は、共感の振る舞いであり、行為遂行的な力をもつものとしての表現（表出）への力点の推移を示している（ibid.）。[6] 他者を承諾するということは、否認の対極である（ibid.）。すなわち、「「受諾し損なう」ことは、混乱、無関心、冷酷さ、疲労、冷淡さなど、何かが存在していることである。精神的な空虚さは、空白ではない」（Cavell 1976, pp. 263-264, quoted in Standish 2023, p. 6）。

スタンディッシュは、カベルの主著 *The Claim of Reason*（1979）のタイトルについて、この表現には二重の意味があることを指摘する（Standish 2023, p.6）。

一、理性が私に主張をする。
二、私が理性を主張する。理性は、私が自分自身を表現するという事実に依拠する。

アカデミズムの哲学の大半は「主張をもたない」。すなわち、アカデミズムの哲学の非人格的な第三人称の声は、哲学の主題が哲学者について主張をなす可能性を中立化する効果をもつ。そして、我々が言語と共同体に原初的に参入する際にある、他者の叫び、傷つきやすさの叫びが中立化される。ナチスがユダヤ人を人間として認知し損なう、承諾し損なうということは、特徴を特定し損なうことではなく、すでに人がその内に在るところの関係性、共通の人間性を理解し損なうことである。これは一種の否認（denial）である。[7]

こうして、スタンディッシュは以下のように結論づける。「ゲイタの哲学の目を見張る特質は、彼が引く数々の例のもつ力である。……善についての彼の諸例はまた痛切で心を動かすものであることは認めるべきである。しかし、時に私は、そうした例が、彼の議論を「止める」効果をもつと感じる。例が、それ自身で語り出すのである。私は時に、そうした例が、言語それ自体の中にある精神的なもの、ないしは霊魂（ensoulment）と考えうるものをさらに追求することへの障壁になっているのではないかと考える。この点で、カベルは先を行く」（Standish 2023, p. 7）。すなわち、ウィトゲンシュタインの「私の彼に対する態度は、魂への態度である」という言についてのゲイタの解釈とその語り方は、具体例のもつ個別性や個々の感情に訴えさせることで、言語それ自体のもつ魂をとらえ損なうという、ある種の限界を指摘する。[8] 魂への態度が見出されるのは、我々の言葉においてである。呵責が感じられたり表現されるのは、言葉においてである（p. 8）。この点において、後期ウィトゲンシュタインから「言葉の魂」を引き出すことに成功しているのがカベルだというのである。

スタンディッシュによるゲイタ評は、ゲイタによる主観性の神秘化や個別例への感情的なアプローチに陥らないもうひとつ道を、カベルのウィトゲンシュタイン解釈が示すものであることを示唆する。以上のスタンディッシュの論考を手がかりに、さらにカベルの日常言語哲学が、生き方としての哲学としていかにして本稿の課題に応じうるものであるかを解明していく。

カベルの日常言語哲学

私は、内なるものと外なるものの誤った見方が互いを生み出し、維持するという見方を伝えるものが「ウィトゲンシュタインの」教えであるということを示唆した。そして、内なるものと外なるものの間、魂とその社会の間の正しい関係こそが『哲学探究』全体の主題であるということを示唆したことは喜ばしいことである。

(Cavell 1979, p. 329)[9]

The Claim of Reason で提示されるカベルの日常言語哲学は、オースティンと後期ウィトゲンシュタインの影響のもとに生み出されたものである。カベルの言語観にはいくつかの際立った特徴がある。第一に、哲学に第一人称の声を連れ戻すことである。自伝としての哲学の著書の中でカベルは、第三人称で語る専門哲学が、第一人称の声を排斥してきたことを指摘する。同時に“I”という単数形の声は、“When we say … we mean…”という表現に代表されるように、第一人称複数形“We”の形成に関わる言語共同体への参与を条件とする。すなわち「私の声」は言語共同体の中で試されることによってその意義や正当性を獲得していく。「意図の表明は、世界についての特定の主張ではなく、自分自身が発話すること（自分を外に出すこと）である」とカベルは述べる（pp. 179-180）。“What we say”という言述の内容は、“How we say”という語り方と切り離すことができない。第二の特徴は、言語のもつはかなさ、基盤の脆さとも言える不確実性である（p. 178）。言語が脆さを伴うというだけではなく、我々の世界や生もまた、この脆さ以上の何ものにも依拠していない。言葉はあらかじめ完全に決定されるものではなく、新たな連関やつながりに開かれている（Standish 2023, p. 8）。いかなる生活形式も、それに必須の概念も、無限の数の例や投企の方向性をもっている。そしてこの多様性は恣意的ではない（Cavell 1979, p. 185）。第三は、言葉は日常的コンテクストの中で学ばれ、意味をもち、そしてこのコンテクストを絶えず超えて行くということである（p. 188）。こうしたコンテクスト超える超越的実体というものは幻想である。カベルは言語が日常的コンテクストの中でいかに稼働するかに注意を払う。そこで重要な役割を占めるのは、具体的な例の使用である。ゲイタも同様に具体例に訴えるのであるが、カベルにおいて、固有性、具体性は、象徴的な重要性をもたず、感情的に強く訴えかける働きもしない。ゲイタは、人々の心に強くあからさまに訴えかける、他者に献身する修道女の

例を象徴的に用いる。こうした例は、具体的な人が何か素晴らしいことを行っていることを前面に出す。これに対してカベルは、日常の中のささいに思われるふるまいやできごとを通じて、言葉の性質を浮き彫りにする。その一例は、カベルの娘が「猫（kitty）」という言葉を使えるようになる様を示す例である。彼女は、多様な事柄の中で、"kitty"との連関で、ふわふわとした切れ端や、きつねなどの言葉を用いるが、そうした言葉の延長を通じて、言葉が新しいコンテクストへと開かれ、投企されていくさまを描き出す（pp. 180; 185）。経験の意味は、言語から切り離すことはできない。経験は言葉をもつことの産物であり、言語的背景をもつ。

こうした言語観のもとでカベルは、人間の盲目性に関わるものとしてウィトゲンシュタインを解釈する。「ウィトゲンシュタインが、ある人の特別さが実のところ他者によって評価されないかもしれないという、この可能性を否認しているとは想像しがたい」（p. 330）。人間が背負う盲目性を引き受けて他者の痛みにいかに共感できるかという問題について、カベルが示唆するのは、「内と外」の関係性についてである。ゲイタは、他者の痛みについてのウィトゲンシュタイン解釈において、「主観性の神秘」の余地を残した。内的状態を強調すればするほど、形而上学的なレベルで内と外は偶像化される。これに対して、カベルのウィトゲンシュタイン解釈において、内と外の関係は、形而上学的な区分――何か内なる実体や外なる実体を想定すること――をなさない。内と外は、特定のコンテクストの中で取り上げられるものであり、言語ゲームの中で意味をもつ。カベルが述べるように、「互いの（内的）生活についての機能する知識は、我々の（外側の）表現以上には届かない。そして我々は、こうした表現に失望させられる」（p. 340）。内と外の関係は、不可知な内的な実体を想定することでもなく、私秘性を否定して外に現れるものにすべてを還元することでもない。「私秘性についての哲学的ないしは形而上学的考えにおいて正確なものは、秘密という考えによってとらえることはできないし、認知不能にすることもできない」（p. 330）。

内と外の関係の「正しい関係」を築く上で避けることができないものが、他者の心を知りえるか、知りえないかという形で問われてきた懐疑主義の問題である。カベルは、認識論の問題として扱われてきた他者の心をめぐる懐疑主義について、その見方そのものを転換する。それには、言語の中にある分離という性質に着目すること、そして言葉が人間の把捉を超えるところで人を失望させ、裏切るという性質を引き受けることが関わる。言語のつかみがたさ、言語の不在、埋めえない溝の感覚、知りえなさを引き受けた言葉との関わり直しが、他者との関係、他者の痛みとの関わりにおいて不可避となる。そしてこの関わりは、他者の痛みを知りえるか否かという、認知の問題ではとらえきれない、人間の実存的な不穏と分離を巻き込む様態である。これをカベルは「懐疑主義の真実」(p. 448) と呼ぶ。これは哲学の置き換えの試みを例証する。すなわち、人間が知るとはどういうことかを問い、この問いの条件を伝統的な認識論を超えるところにもっていこうとする試みである (p. 241)。他者との我々の関係は、認知 [*recognition*] に関わる事柄ではない、すなわち、認識論的な意味での知ることに関わる事柄ではない。同時に、何か直接的な共感の問題でもない。カベルにとっての懐疑主義は、人が日常性を否認し、世界から引きこもるという悲劇的な状態に関わるものである (pp. 83-84)。懐疑主義の真実とは、「我々の表現がいつなんどき何も意味しなくなるかもしれないという不安」であり、「私がたんに知られない」ということだけではなく、「自分自身を知らしむることにおいて無力である」という帰結が生じるような「表現しえなさ」に対する恐れである (p. 351)。我々は他者を完全に知ることはできず、完全に見ることもできず、我々は他者を見損じる傾向にある。知りえるか否かを突き詰めようとする認識論的な懐疑論者の思考の根底にあるものは、この実存的な恐れの感覚であり、それが生み出す「否認」(denial) の様態である。否認とは、認知できないことではなく、他者を他者として見ることの拒絶の状態であり、受諾 (acknowledgement) の失敗なのである。我々は、他者を受諾しないという事実を受け入れない傾向をもつ。

以上のように、カベルの日常言語哲学は、オースティンの影響を受けつつも、その懐疑主義へのアプローチにおいて対照的である。カベルの日常言語哲学において、我々は、言うこと、なすことへ注意を払う中で、言語と生活において、内在的な葛藤やトラウマの中で絶えず不穏にさせられる。それは安定や明晰さを志向するのとは逆である。単純な仕方で明晰さを希求することはできない。平和と安定を達成したと思っても、再び不穏さは戻ってくる。安定と不穏さ、これがリアリティである。よってカベルの言語観においては、言語の基盤は危ういものである。「我々は、言語（そして理解と知識）はきわめて危うい基盤に依拠しているかもしれないということに脅威を感じ始めており、そう感じるべきである」（p. 178）。

正しい目の閉じ方

人が他者の痛みを感受すること、他者を受諾するということは、こうして言語の表出可能性と不可能性の際に立ち、内と外、魂と身体の際に立って言葉に関わり続けることと不可分である。他者の心を知ることは、たんに知ることではない。「人間の身体は人間の魂の最良の像である。……身体は魂の表明の場である。身体は魂についてのものであり、それは魂のものである。人間の魂は人間の身体をもつ」（p. 356）。こうしてみるなら、我々の言語使用は、コミュニケーションの観点からだけではなく、スタンディッシュの言葉を借りるなら「呼びかけと受容」の観点から理解される必要がある（Standish 2023, p. 8）。言語と思考は、そのうちにおいて魂への態度が具体化されるまさに媒体であるとみなされるようになるだろう（ibid.）。カベル自身は「彼に対する私の態度は、魂に対する態度である」[10] というウィトゲンシュタインの言について、以下のように述べている。

> 私の言葉は、私の生活の表現である。私は他者の言葉が彼らの表現であるとしてそれに応じる。つまり、たんに彼らの言葉が意味するものだけではなく、同じぐらいに、彼らがそれらの言葉によって意味するものに対して応じる。私は彼らの言葉が、彼らの言葉において、それらによって何かを意味する（「含意する」）ととらえる。……ある表現を想像する（ある言葉の意味を経験する）ことは、魂に表現を与えるものとしてそれを想像することである。（Cavell 1979, p. 355）

「言葉の魂」とはなにか神秘的なものでもなく、あるいは言葉を超えた情動的なものでもない。「哲学的あるいは形而上学的な私秘性の考えは、秘密（secrecy）という考えによってはとらえることができないし、認識不能にすることもできない」（p. 330）。カベルが後期ウィトゲンシュタインを通じて描き出す言葉の「魂」とは、それが我々のコントロールを超える意味連関や含意、新しい解釈に開かれており、我々が意味する以上のものを語るということ、ゆえに我々を脅威にさらし不穏にさせ、誤解や悲劇を生み出すと同時に、我々が言語を生み出す際の創造性や想像力の源になっていること、まさにそうした言葉の性質そのものである。言葉の霊魂（ensoulment）とは、言葉の人相であり、決して完全につかむことのできない言語の不在性である。こうして、ゲイタが神秘的なものを手つかずにしたのに対して、カベルのウィトゲンシュタインは、私秘性を否定せず、同時にこれを神秘化される秘密として手つかずにはしない。言語の構造として、言葉の魂をとらえ直すのである。

懐疑主義の真実という考え方に基づき、全体として人を見るとはどういうことか、という問いにカベルは応答する。我々が被る盲目性と闇について彼は以下のように記述する。

> 「人間の身体は、人間の魂の最良の像である」というウィトゲンシュタインの表現は、「身体をめぐる」諸々の神秘の断片を置き換え、あるいは再解釈しようとする試みである。それは、魂がそこ見られるべくしてそこにあるということ、私の他者の魂への関係は、視覚の対象に対するのと同じぐらい直接的である、もしくは、言わばその関係がもし成立しうるとすれば同じぐらい直接的であろう、という考えを表明し続けるものである。……私の他者に対する見方を遮断するものは他者の身体ではなく、私がそれを正確に解釈し、あるいは判断し、正しい連関をつけることの無能力さである。そこで示唆されることは以下の通りである。私はある種の盲目性を被っているが、この闇を他者に投影することによって問題を回避する。（p. 368）

人間が運命的に被る否認と回避の傾向性ゆえに、人は懐疑と共にいかに生きるかを学ばなければならない。人を承諾するとは、正しい見方、世界の読み方を学ぶことである。すなわち、世界を正しく見られるようになるには、言葉の翻し、そしてものの見えの転換――ウィトゲンシュタインの言うところのアスペクト転換――が必要である。盲目性という考えは、とりわけ物事がそうあるにちがいないという像に我々の思考が囚われている度合いを彼が強調することに関わっている。「ある像が、我々を捕らえて放さなかった。そして我々は、それから脱出することができなかった。というのも、像は我々の言語の中にあり、そして言語は、その像を我々に対してただ容赦なく繰り返すように思えたからである」(Wittgenstein 2009, *PI*, §115)。ウィトゲンシュタインはこの議論を「アスペクト盲」(*PI*, PPF, §§257-260) の可能性へと広げている。

カベルは、ウィトゲンシュタインが懐疑的な対話者に対面しているように思われる『哲学探究』の中の下記の一節を詳しく論じる。「もしあなたが確信しているなら、疑いを前にして目を閉じているということにならないか。――私の目は閉じられている」(*PI*, PPF, §331)。この目にも明らかな回避、この目を閉じるということは何を意味しうるのだろうか。カベルは、「知的良心」と「人間的良心」という応答の対比によって、自らの答えを表現する。そして後者は人間の条件を表明するものとして重要であるが、前者による抑圧の危機にさらされていると言う。

「[私の目] は閉じられている」という解決、もしくは告白は、人が、自らの本分として、疑いに直面して生きることができるということを述べている。――しかし、すべての人が、日々そうするのか。――疑いなくして生きる、言わば懐疑主義の脅威なくして生きるということは、また別の話である。幸福に目を閉じ、疑いに直面して生きることは、世界を愛するようになることである。というのも、もし正しい盲目性というものがあるなら、愛のみがそれをもつからである。(Cavell 1979, p. 431)

まさにこうした否認と回避への人間の運命的な傾向性ゆえにこそ、我々は疑いと共にいかに生きるかを学ばねばならない。ここでカベルが、たんに目を完全に開くことよりもむしろ、目を閉じることについて語っていることは注目に値する。彼は、すべてを網羅することなく人を見ることを教える。すべてをくまなく吟味し可視化する完璧さへの囚われは、悪しき類の完全主義に至る。完璧さに駆り立てられる中にはいくぶん全体主義的なところがあり、これは不安に満ちた確実性の追求の側面である。

こうして、全体として人を見るというとき、正しい目の閉じ方を学ぶこと、アスペクトを変えることは、言葉を翻すこと、世界の見方が変わること、他者の見えが変わること、それを通じて正しい目の閉じ方を被る自己変容のプロセスをくぐり抜けること――「自分自身を新たに見ること、自らが行ったり感じたりしていることをより十全に実現すること」(p. 179)――が関わるものである。カベルの生き方としての哲学において、人間の変容とは、新たな視座を獲得することであるが、それは、何らかの本来性や形而上学的な全体性に回帰するものではない。語りえないものとの共生の道筋は、こうして、共有不可能なもの「アンコモンなもの」を抱えながらコモンなものを追求し続けていくものである。もし達成されるべき共通の全体性というものがあるならそれは、そのつど、そのつどの具体的文脈の中で達成され続ける、いわば文脈的な全体性である。(11)

三　おとなの教育としての哲学、アンコモンスクール (Uncommon school) の学び

本稿では、人間の盲目性を引き受けて他者との共生をいかに実現するか、という冒頭の問いへの答えを求めて、カベルの日常言語哲学が「生き方としての哲学」としてもつ可能性を開示してきた。その結果、カベルの哲学は、人間が被る盲目性を背負った上で、それでも完全に把捉することのできない他者と共に生きる術として「正しい目の閉じ方」を示唆するものであることがわかった。それは、ものの見方の転換、ひいては生き方の転換が言語との関わり直しを不可欠とするものであることをも含意する。最終章では、このカベルの生き方としての哲学がもつ教

育的含意を発展的に論じる。

カベルによるウィトゲンシュタインの解釈は、哲学が生き方と不可分であるということが、とりもなおさず、それが教育と不可分であることを含意する。そこでの「教育」は、子どもにとっての教育であるだけでなく、大人にとっての教育でもあり、人間になりゆく（becoming）ことに関わることがらでもある。そして、この「なりゆく」プロセスは、たゆみなき、終わりなき言語との関わり直しを必要とする。これこそが、カベルが「おとなの教育としての哲学」（philosophy as the education of grownups）と呼ぶものの骨子である（Cavell 1979, p. 125; Saito and Standish 2012）。ここで"grownup"という英語表現は、「おおきなひと」というニュアンスをもち、「成人」（adult）という表現と比べて、どこか子どもじみてくだけた表現である。また、そこには、大人もまた成長し続けるという含意もある。ここでの「おとな」は、発達段階の区分によって分類される「成人」ではなく、むしろ大人も子どもも共におとなになり続ける存在として教育を必要とするというコンセプトである。ゆえに、「おとなの教育としての哲学」は、哲学を大学の教科課程でいかに教えるかという実践的問題に限定されるものではなく、あるいは、大学の外での生涯教育や社会教育と同一視されるものでもない。むしろ、哲学と教育の不可分性そのものがとらえ直される哲学の思考様式の転換を含意するものである。実に、「教育としての哲学」という考えは、ジョン・デューイ（John Dewey）が『民主主義と教育』（1916）で提唱したものであり（Dewey 1980, p. 338）、現代ではヒラリー・パトナム（Hilary Putnam）がそれを再演している（Putnam 1995, p. 223）。そして言語を通じて「なりゆく」過程には、日常生活の中で、今、ここでの人間変容の時が関わる。「子どもが成長するためには家族と親密さが必要であるが、大人が成長するには、異質性と変容、すなわち、誕生が必要である」（カベル 二〇〇五、七四頁）。そしてこれは、自らが「疎外状態」（p. 68）をくぐり抜けることを意味する。

教育に目を向ける最初のステップは、自分たちの生活の異質性、自分自身からの疎外状態、必要であると公言していることの必然性のなさを観察することである。第二のステップは、人間の異質性そのものの真の必然性、外向性の機会をつかむことである。(ibid.)

ここで「おとなの教育」を特徴づける、疎外や異質性に関わり、またおとなの教育としての哲学の具体的な構想の鍵となるのが、カベルのソロー解釈における「アンコモンスクール」(uncommon school) というコンセプトである。カベルが言及するソローの「悲しいことに［我々の教育は］おろそかにされている」(Thoreau 1992, p. 74) という言 (カベル 二〇〇五、一〇〇頁) の同じ段落で、ソローは以下のように述べている。

この村は、子どものみのためのコモンスクール［ふつうの公立小学校］(common schools) という比較的まっとうな制度をもっているが、冬に開講される半ば餓死したライシーアム (市民向け公開講義) や、州の提案によって最近開館したおそまつな図書館を除いて、我々自身の学校は存在しない。我々は、いかなる身体の栄養物 (aliment)、とりもなおさず病気 (ailment) には、精神的な栄養物以上にお金をかける。今や、我々が成人男女になり始めたとたんに教育を去ることがないように、アンコモンスクールを作る時である。今や、村が大学となり、その年のいった住人たちは大学の研究員となって余暇として——もし実際に生活にゆとりがあるなら——残りの生涯、教養 (liberal studies) を追求する時である。(Thoreau 1992, p. 74)

コモンスクールのコモン (common) は、何か共通のものをもつ共同体、集団的なものを意味する。しかし、ソロー、そしてカベルは、このコモンなものに "un" をつけてこれを無効にし、"uncommon school" という造語を作る。それは、教育についての様々な含意をもつ。第一に、これは、階級や立場の違いを超えてあらゆる人々に開かれた学校という民主主義的な意味でのコモンスクールの慣習的な形態をひっくり返すものである。ソローとカベルは、この民主主義的な想定――共通のものを持ち合わせた人々の集合、多様性の中の共通性という想定――を揺さぶる。共同体の真実は、我々が同じではないということである。第一の点と関わり、第二に、アンコモンは、我々が共有できないものを含意する。これは、共通の人間性を否定するかのように聞こえるかもしれない。確かに、コモンなものの否定形としてのアンコモンは、異質で稀なものを含意する。ソローは、共通なものの攪乱を志向している。共通なものは純粋に安定したものではない。このことは、ありふれたものとしてのコモンな日常性が、すでに不穏なものにされていることを含意する。日常的な経験はアンコモンなものである。つまり、アンコモンは、コモンを否定するものではなく、むしろ、我々が「共通」、「あたりまえ」と認識して慣れ親しんでいるものに、実は、すでに異質性が入り込んでいることを想起させるものである。それは、共通の人間性（common humanity）や共生（co-existence）の前提とされているコモンを実現するために忘却されてはならない、人間の生の把捉不可能性や異質性を喚起するための仕掛けなのである。もしコモンなものがあるなら、それはアンコモンを通じて実現され続けてゆくのであり、その意味で、不穏さは、共通の人間性の一部である。異質性への気づきは、共通なものの放棄や相対主義的な何でもありを認めることではなく、むしろ、正しい目の閉じ方を通じて達成され続けるコモン、そして共生への道筋の鍵となる。

　こうして、アンコモンスクールという造語は、そもそもカベルとソローにおいて、オータナティブな学校組織を物理的に設立することを意図して述べられたものではない。その趣旨は、不登校児のためのフリースクール、成人のための生涯教育、哲学カフェ、ビジネスにおけるリスキリングの一環としての哲学教育などのように、コモンスクールの外にオータナティブな制度としての学校を作るということではない。アンコモンスクールは、制度としての学校の外にある学校という意味よりもむしろ、言語を通じた自己超越の経験――外の経験（experience *outside*）――ソローが「度を超える」（extra-vagance）の経験と呼んだもの（Thoreau 1992, p. 216）――が生起する場所であり機会である。これは、自らが変容し自らと世界の見方を翻す場であって、学校の内であろうと中であろうと、いかなる教育形態であろうと、アンコモンスクールの学びは生じうるし、生じさせねばならないという発想転換と気づきを哲学教育にもたらすものである。その意味でアンコモンスクールの教育は、既存のコモンスクールの教育の中に取り入れられてこそ、その批判的・攪乱的な効力を発揮するとすら言えよう。

それでもなお、「アンコモンスクールというのは具体的にどういう学校であるのか」という問いは生じるかもしれない。[12] そこで最後に、アンコモンスクールの教育を具体的に構想するいくつかの手がかりを、本稿で論じたカベルの生き方としての哲学から発展的に考えてみたい。何よりもまず、アンコモンスクールでは、科学、文学を含み、あらゆるたぐいのものが人間生活を豊かにし、そうした人間性の育成は生涯を通じて行われる。科学であろうと人文学であろうと、人は「高度な意味で読む」仕方と、「言葉の使用における責任」を学ぶ（Standish 2006, p. 151）。より具体的には、以下のような教育が可能であろう。第一は、翻訳を通じた自己喪失の経験やアスペクト転換を生み出すような異質なものとの出会いをカリキュラムに取り入れ、教えること学ぶことの根幹に据えることである。日本語、英語といった「共通」とされる言語そのものが、実は、すでにその内部にずれや多元性を含み込むものである。ゆえに、一言語一文化という発想は崩され、言語との関わりはすでに、たえず広義の「翻訳」に巻き込まれている（Saito 2019; 齋藤 二〇一二）。こうして翻訳的な言語との関わりを学ぶことも、アンコモンスクールの具体的な教育の一つであり方であると言えよう。[13] この広義の翻訳という観点から見るなら、言語教育は、外国語教育のみならず、国語の授業にも取り入れられるだろう。また、時空を超えた他者に出会う歴史教育や地理教育においても、翻訳経験は取り入れることができるだろう。その際、鍵となるのは、固定されたアイデンティティを揺さぶること、そして、母語のうちから始まる翻訳経験を通じて自らの存在のアンコモンな側面を経験する自己疎外のプロセスをくぐり抜け、アイデンティティの攪乱と自己変容の契機を生じさせることである。そのことはとりもなおさず、自己と自文化のコモンな枠組みを崩し、そこにはまりきれないものを享受するレディネスを培うことである。異国での自己喪失の経験のように、人は自らを失うとき馴染み深さを覆すものに出会い、そこでアスペクト転換が生じる。こうして、ソローによるアンコモンスクールという挑発的な考えは、我々が自らのアイデンティティを崩すことを巻き込む成長のプロセスを含意する。そこにおいて、人々は狭いエゴから解放され、自らと他者の魂に対する態度を身につけることを学ぶ。ここでの自己超越は、慣習的な意味での、あの世的、あるいは宗教的な超越ではない。それはカベルが「崇高なもののありかとしての日常性の教え」と呼ぶ、日常性における超越経験である（Cavell 1979, p. 463）。こうした経験を通じて、人は（徐々に、そして究極的に）共通の人間性を達成していくことを学ぶ。自己のアンコモンなものに目覚めることは、逆説的ではあるが、自分自身を共通の人間性に開き始めることである。

第二は、カベルの日常言語哲学が、言語教育と不可分なものとしての政治教育を志向するということである。それは、コモンスクールでの市民性教育が教える市民としての共通知識やスキルに先立つ、言語存在としての人間のアンコモンな条件――盲目性、翻訳不可能性――に立ち返った教育を、教科の枠を超える「政治教育」として取り入れることを推奨する。例えば歴史解釈や小説の解釈において、コモンな枠組みでとらえきれないものを、それでも読み続ける読解の教育は、政治教育において不可欠となろう。そして、そうした政治教育は、以下のカベルの言葉が示唆するように、分離や孤立を原点とした共生への道筋を示す。

『リヴァイアサン』や『市民政府論』、『人間不平等起源論』と同じように――これらの著作は、多少なりとも既存の社会についての前科学的研究であるととらえられるかもしれないが――『ウォールデン』は、何よりも政治教育、ポリスの構成員のための教育の書物である。権威を市民に置き、市民――人が共に構成員であるような人々――を「隣人」と認める。そして市民性の教育が孤立のための教育であるということを示している。（カベル 二〇〇五、一〇四頁）

自らの把捉を超え、コモンに収まりきらない生の余剰を、ソローはアンコモンという表現で表した。ゆえに「孤立のための教育」は、他者と共にありえないことから出発して共同体を構成していく政治教育を構想するものである。それは、国際理解教育や異文化間教育のキーワードともなっている「共生」のディスコースに挑戦する、「包摂なき市民性」（citizenship without inclusion）（Saito 2004）の教育でもある。そうした教育は、コモンから抜け落ちるもの、把捉を拒むもの、知りえない他者を「理解」し、「知る」ことをデフォルトとして目標設定することに抗う。

第三に、第一、第二の点に密接に関わるものとして、美的想像力の育成ということがあげられる。盲目性を背負って他者と共にいかに生きるか、という課題に対して、カベルによるウィトゲンシュタイン解釈は、「魂への態度」という視点、そして「正しい目の閉じ方」をもって応じた。それは、他者を受諾するということが、言語の表出可能性と不可能性の際に立ち、内と外、魂と身体の際に立って言葉に関わり続けることを意味した。そうであるなら、アンコモンスクールの教育では、時間や空間を超えて生きる他者やいのちへの美的想像力を通じて、他なるものの魂への態度を育むことが必要となるだろう。美的想像力は、他なるものを受容する世界の見方、読み方へと視座の転換をもたらす。より具体的には、映画や小説を通じた美的感性の滋養ということがあげられよう。子どもと大人が共に、時空を超える人、時間、場所への美的感性と想像力を養なう場所と時間を、既存のコモンスクールの学びに取り入れることは不可能ではないだろう。

最後に、カベルの生き方としての哲学から導き出されるアンコモンスクールの教育においては、馴染みのない他者の声に互いに耳を傾けるアートの滋養が必要とされる。カベルは、ロールズによる明証性を志向し解を求める正義の会話との対比として、あいまいさや不透明さに耳を傾ける対話のアートを以下のように述べている。

私が強調するものは、協働的なものであろうと敵対的なものであろうと、我々の相互作用の現在――正義の諸原理の遵守の方向に我々自身を改良しようとする試みの実現としての歴史の成り行きとみなされる現在――の状態のあいまいさ、不透明さであると言ってよかろう。ここで最も要求される徳は耳を傾けること、差異への応答性、変化しようという意欲である。協働に関わる徳と会話に関わる徳の間のどちらを選択するかが問題なのではない。断じてそのようなことがあってはならない。問題は、両者の関係がどのようなものであるか、どちらかが他方を阻止するかどうかということである。(Cavell, 2004, pp. 173–174)

これは、ひとりひとりの"I think"という発話が、アンコモンなものとして言語共同体で試されることによって意味をもちコモンを活性化させていくような、対話のスタイルを示唆するものである。

以上、カベルの生き方としての哲学をもとに導き出されるアンコモンスクールの具体的構想を描いてきた。アンコモンスクールにおける哲学教育は、リベラルアーツ教育を大学で受けられるエリートだけのためのものではない。「教養」の本当の意義は、立場を超えて人々の生き方を変容させることにある。"The Spirit of the University and the Education of the Spirit" (2000) という論文の中で、スタンディッシュは、市場経済、商業化、功利主義の影響を被った文化的侵食に抵抗する、大学の精神的なコミットメントを呼びかけている。そして、日常的な人々の「精神的な必要」に応じる完成主義を提言する (Standish 2000, p. 330)。そこで彼が完全な魂の探求のために構想するものは、純化された完全な精神の状態ではなく、むしろ日常人が直面する現実的な問題に由来する「謙虚な完成主義的な希求」(p. 326) である。スタンディッシュの立場は、カベル的、ソロー的なおとなの教育に通ずるものである。すなわち、日常の人々のための完成主義的な教育であり、コモンな人々に資する哲学である。慣習的な意味でのコモンスクールは、万人のための教育の民主主義化に向けられるが、アンコモンスクールの教育は、生き方としての民主主義という代替的なアプローチをとる。そして、リベラルエデュケーションの最大のつとめは、ことばと世界の解釈の仕方を学ぶことである。これは自己啓発ブームにおいて習得される「ファスト教養」(レ

ジー 二〇二二）とは異なる教養教育を志向する。同時に、日常人のための哲学ということは、哲学の言語を安易にそのまま大衆に伝えたり、わかりやすい言葉に置き換えて解説することとは異なる。むしろあいまいさの中で思考することが、より厳格な思考を求めるような哲学なのである。

本稿では、生き方としての哲学を通じて、哲学のつとめを再考し、そのための哲学教育のあり方の根本を問い直した。それは、ある哲学の使い方のハウツーを提案するものでもないし、そのための学校を組織として打ち立てることが目的ではない。むしろ哲学に内在する教育の要素を引き出すことが目的であった。カベルの日常言語哲学は、生き方としての哲学の代替的ルートを提供する。それは、自己啓発の場として大学がいかに再生すべきか、自己啓発の時代の哲学教育がいかにあるべきかという、哲学のつとめに関わる根本問題を再考させるものである。そこから導き出される哲学教育のミッションは、世界を正しく見られるようになること、言葉の翻し、ものの見えの転換・美的感性の育成にある。これが、カベルの生き方としての哲学を通じた実践が含意するものである。それはグローバルエコノミーに駆動される実践を超えるもうひとつの哲学の実践性であり、同時に、より地に足のついた哲学の実践性であり、日常的なものの中で体験される崇高なものである。大学は、こうして、哲学教育を通じた自己啓発の場となりうるであろう。

注

（1）ピエール・アドは、「生き方としての哲学」について、「それを実践する主体に、ある変化または転生を起こさせる」、ある種の「精神の修養」（spiritual exercise）である、と述べている（アド 二〇二一、六九頁）。

（2）「我々は自らの関心や興味を離れて世界を評価することはできない。……我々は［意思や情動から独立した］一種の認知的な占有に手の届くものとして世界を意味づけすることはできない。……我々は、そうした類いの認知的占有と世界――〝あるがままの〟もの――についてのとらえ方を、そのような占有の適切な対象物として理解することはできない」（Gaita 1991, p. 169）。

（3）「哲学的理論化に対するウィトゲンシュタインの教えの最も深遠な部分は、哲学に関してですら、表面に属するものと本質的なものについての異なる感覚に存する。それは、深みについての誤った感覚と見かけを貫くことについての誤った感覚に異議を唱える教えである」(Gaita 1991, p. 167)。

（4）本稿は、第九回アメリカ哲学フォーラム・学会企画“God and evil: Political education and the future of the humanities”（共催：ＪＳＰＳ国際共同研究強化Ｂ（「他なるものとの共存に向けた政治教育：日本先導によるアメリカ実践哲学の国際対話研究」）（二〇二三年二月十八日、オンライン）におけるスタンディッシュ氏の基調講演原稿であり、本文中のページはその発表原稿のページを記載している。

（5）「すでに精神的なものに満ちているのではない仕方で行動を記述するなら、もはや手がかりは与えられないであろう。」(Gaita quoated in Standish 2023, p. 3)

（6）「あなたの苦しみは、私に主張をなす。あなたが苦しんでいるということを私が知る（確信する）のでは十分ではない。私は何かをなし、開示しなければならない……言い換えれば私はそれを承諾しなければならない。さもなくば、私は「（あなた、彼）が痛みにあることが何を意味するかがわからない。」」(Cavell 1979, quoted in Standish 2023, p. 6)

（7）カベルは、奴隷制における人間性の否認についても言及する。「［奴隷の主人］が見落としているのは、正確には奴隷についての何かではなく、人間についての何かでもない。むしろ彼は、自分自身についての何かを見落とし、彼と他の人々との関係についての何かを見落とし、いわば彼らとの内在的な関係を見落としている」(Cavell 1979, quoted in Standish 2023, p. 7)。つまり、知りえない他者は、不可知の対象ではなく、言語を通じて承諾されうる（そして否認されうる）生きた存在であるのだ。

（8）ウィトゲンシュタインは述べる。「その使用に於いて、語の「心」(soul) が全く何の役割をも演じない言語もまた、存在しえるかもしれない。その言語に於いては、例えば、或る語を或る任意に作られた新しい語によって置き換えるという事は、我々には、どうでもよい事なのである」（ウィトゲンシュタイン1997, p. 295, §530 quoted in Standish 2023, p. 8)。

（9）原語“the inner”と“the outer”については、カベルによるウィトゲンシュタインの解釈において、形而上学的に明瞭に区分された領域としての内面と外面の対置を超えて、内と外の流動する域、そしてそこにおいて何か明るみに出され何かが隠されるような表面の感覚をとらえようとする試みに照らして、「内なるもの」と「外なるもの」という訳語を当てる。

（10）「私の彼に対する態度は魂に対する態度である。そして確かに、それは魂の態度である。哲学は特徴的なしかたでこの知識と、それに対する動機を避ける」(Cavell 1979, pp. 340-341)。

（11）カベルは全体性を謳うより、むしろ文脈的であり、形而上学的な全体性を忌避する。またカベルの生き方としての哲学は、日常言語哲学という点で哲学の実践性を志向するものであると同時に、オースティンの日常言語哲学に比してより実存的な様相を色濃くもつものである。

（12）この点は、哲学会年次大会（二〇二三年十月二十八日）において一ノ瀬正樹氏よりいただいた問いかけに対する応答である。

（13）これは、哲学会年次大会（二〇二三年十月二十八日）において納富信留氏よりいただいた「共通言語としてのコモンなものの言語教育は必要ではないか」という指摘に対する応答である。

References

Boss, Pauline. 1999 *Ambiguous Loss: Learning to Live with Unresolved Grief* (Cambridge, MA.: Harvard University Press).

Boss, Pauline. 2022. *The Myth of Closure: Ambiguous Loss in a Time of Pandemic and Change* (New York: W. W. Norton &Co).

Cavell, Stanley. 1976. *Must We Mean What We Say?: A Book of Essays* (Cambridge: Cambridge University Press).

Cavell, Stanley. 1979. *The Claim of Reason: Wittgenstein, Skepticism, Morality, and Tragedy* (Oxford: Oxford University Press).

Cavell, Stanley. 2004. *Cities of Words: Pedagogical Letters on the Moral Life* (Cambridge, Mass., The Belknap Press of Harvard University Press).

カベル、スタンリー（二〇〇五）『センス・オブ・ウォールデン』（齋藤直子訳）（東京：法政大学出版局）

Dewey, John. 1980. *Democracy and Education*. In *The Middle Works of John Dewey*, Vol. 9. Ed. Jo Ann Boydston (Carbondale: Sothern Illinois University Press).

Gaita, Raimond. 1991. *Good and Evil: An Absolute Conception* (London: Routledge).

アド、ピエール（二〇二一）『生き方としての哲学：J・カルリエ・A・I・デイヴィッドソンとの対話』（小黒和子訳）（東京：法政大学出版局）

石田光規（二〇一八）『孤立不安社会：つながりの格差、承認の欲求、ぼっちの恐怖』（勁草書房）

ジェイムズ、ウィリアム（二〇一四）『心理学について――教師と学生に語る』（W・ジェイムズ著作集一）大坪重明訳（東京：日本教文社）

岸見一郎（二〇二二）『孤独の哲学：生きる勇気をもつために』（中央公論社）
Putnam, Hilary. 1995. *Words and Life* (Cambridge, MA: Harvard University Press).
レジー（二〇二二）『ファスト教養：一〇分で答えが欲しい人たち』（東京：集英社）
Saito, Naoko. 2004. "Citizenship without Inclusion: Religious Democracy after Dewey, Emerson and Thoreau," *Journal of Speculative Philosophy*, Vol. 18, No. 3: 203-215.
Saito, Naoko. 2019. *American Philosophy in Translation* (London: Rowman&Littlefield).
齋藤直子（二〇二二）「翻訳としての哲学 (Philosophy as Translation)」特集「世界哲学における翻訳の問題：翻訳とは誤読の温床か、それとも新しい思想の芽生えか」『未来哲学』第五号：九〇–一一九
Saito, Naoko and Standish, Paul (Eds) 2012. *Stanley Cavell and the Education of Grownups* (New York: Fordham University Press).
Sandel, Michael. 2020. *The Tyranny of Merit: What's Become of the Common Good?* (Penguin).
Standish, Paul. 2000. "The Spirit of the University and the Education of the Spirit," in *Universities Remembering Europe*, Eds. Crawley, F. Smeyers, P. and Standish P. (Oxford: Berghahn Books).
Standish, Paul. 2006. "Uncommon Schools: Stanley Cavell and the Teaching of Walden" *Studies in Philosophy and Education*, 25: 145-157.
Standish, Paul. 2023. "An Attitude towards a Soul," アメリカ哲学フォーラム二〇二三年次大会（基調講演）（二〇二三年二月十八日、オンライン）
Thoreau, Henry, D. 1992. *Walden and Resistance to Civil Government*. Ed. William Rossi (New York: W. W. Norton & Company, 1992).
Wittgenstein, Ludwig. 2009. *Philosophical Investigations*, trans. G.E.M. Anscombe, P.M.S. Hacker and J. Schulte, revised fourth edition by P.M.S. Hacker and J. Schulte (Oxford, Wiley-Blackwell).（＊I部は"*PI*" II部は"*PI*, PPF"と記す。）
ウィトゲンシュタイン、ルートヴィッヒ（一九九七）『哲学探求』読解』（黒崎宏訳）（産業図書）
Young. Michael. 1982. *The Rise of Meritocracy* (New York: Routledge).

公募論文

「エンドクサ」の訳語を再考する

――「真実らしい見解」の擁護――

相澤康隆

はじめに

アリストテレス哲学の基本用語の一つである「エンドクサ（*endoxa*）」は、形容詞「エンドクソス（*endoxos*）」の中性複数形を名詞化した言葉である。直訳は「エンドクソスなもの」であるが、アリストテレスは『トポス論』(1)をはじめさまざまな著作のなかで、この言葉を「エンドクソスな見解」(2)や「エンドクソスな命題」という意味で用いている。では、見解や命題との関係で使われるこの「エンドクソス」とは何を意味するのか。

本稿の第一節では、ジョナサン・バーンズの古典的論文(3)を取り上げ、「エンドクソス」の意味は「受け入れられている」でも「一般に受け入れられている」でもなく、「評判がよい」であり、したがって「エンドクサ」の意味は「評判のよい見解」であるという解釈を紹介する。次に第二節では、「一般に受け入れられている」にせよ「評判がよい」にせよ、「事実として支持されている」という意味でこの言葉を解釈するのは困難であることを明らかにする。続けて第三節では、「エンドクソス」の意味は「真実らしい」であり、したがって「エンドクサ」の意味は「真実らしい見解」であると主張する。最後に第四節では、この主張に対する主要な三つの反論に答えることにしよう。

一　バーンズの解釈

「エンドクソス」と「エンドクサ」の意味について、バーンズは次の三点を指摘している。[4] 第一に、ボエティウスのラテン語訳「プロバービリス（*probabilis*）」[5]に由来する「ありそうな（probable）」と「真実らしい（plausible）」は、どちらも「エンドクソス」の正しい訳ではない。第二に、「エンドクサ」を「受け入れられている意見（accepted opinions）」や「一般に受け入れられている意見（generally accepted opinions）」というように訳すの[6]も誤りである。第三に、「エンドクソス」の意味は「評判がよい（reputable, of good repute）」であるから、「エンドクサ」の意味は「評判のよい見解（reputable views）」である。

バーンズの解釈の核心をなす第三の点について、もう少し詳しく説明しておこう。「エンドクソス」という形容詞はアリストテレスの造語ではなく、同時代の著者たちによる多くの用例がある。[7] それらのどの用例においても意味は「評判がよい」であり、主に「人」や「ポリス」を修飾する。加えて、アリストテレス自身も、「エンドクサ」とは関係のない文脈においてはこの言葉を「評判がよい」という意味で用いている。[8] それでは、「エンドクサ」という表現を使うときには、そこに含まれる「エンドクソス」の意味が変わるのだろうか。しかし、そのことを示す証拠はどこにもない。それゆえ、「エンドクサ」の意味は「評判のよいもの」、すなわち「評判のよい見解」であると解釈すべきである。なるほど、「人」や「ポリス」ではなく、「見解」にこの形容詞を適用したのはアリストテレスが最初かもしれない。しかし、そのような新たな用法においても、「エンドクソス」は「評判がよい」という元々の意味を保っているのである。

バーンズのこの主張はその後のエンドクサ解釈に大きな影響を与え、「評判のよい見解」やそれに類する訳語は多くの研究者たちによって採用されることになった。[9] とはいえ、バーンズの主たる批判対象である「受け入れられている意見」や「一般に受け入れられている意見」という訳が完全に使われなくなったわけではない。特に日本語訳では、これらに由来すると考えられる「一般的な見解」や「通念」やそれに類するものが、現在でも「エンドクサ」の標準的な訳語として使われている。(10)

二 「評判のよい見解」および「一般的な見解」の難点

バーンズらが採用する「評判のよい見解」（エンドクソス＝評判がよい）と、日本語訳の定番である「一般的な見解」（エンドクソス＝一般に受け入れられている）という訳語に共通するのは、エンドクサが事実として支持されている見解に限定されるという点である。なぜなら、「評判がよい」とは現によい評判を得ているという意味であり、「一般に受け入れられている」とは現に広く信じられているという意味だからである。しかし、このようにエンドクサが事実として支持されている見解に限定されることの難点は、『トポス論』に見られる「問答術（*dialektikē*）」の実践についての説明と照らし合わせることで明らかになる。

問答術とは問答の技術であり、問答とは問い手と答え手の二人の間で行なわれるある種のディベートである。問答の方法を正確に再構成するのは困難であるが、『トポス論』第八巻の論述から、アリストテレスの言う問答はおよそ次のような手順で行なわれることが読み取れる。(11)

（1）問い手は答え手に対して、肯定と否定の二者択一を求める「問題（*problēma*）」を提示する。答え手が肯定を選んだときには肯定命題が、否定を選んだときには否定命題が当の問答における「措定（*thesis*）」となる。たとえば、「宇宙は永遠であるか否か」という問題が提示された場合、(12)「宇宙は永遠である」と「宇宙は永遠でない」のうちのいずれか一方が措定となる。

（2）問い手は措定とは別の命題を答え手に次々に問いかけて、それぞれの命題を認めるか退けるかを選ばせる。答え手が認めた命題はその後の問答において使用することができ、退けた命題は使用することができない。

（３）問い手は確保された諸命題、すなわち（２）の過程で答え手が認めた諸命題を前提にして推論し、措定と矛盾する結論を導くことを目指す。たとえば、措定が「宇宙は永遠である」の場合には「宇宙は永遠でない」という結論を、措定が「宇宙は永遠でない」の場合には「宇宙は永遠である」という結論を導くことを目指す。

以上が問答の基本的な流れである。このような手順で行なわれる問答に関してアリストテレスはさまざまな原則やテクニックを説明しているが、ここでは（２）のプロセスに関係する重要な原則に注目したい。すなわち、「答え手が認める命題（＝確保される命題）は、問い手が目指す結論よりもエンドクソスな（*endoxoteros*）命題でなければならない」という原則である（159b8-23）[13]。たとえば、措定が「宇宙は永遠でない」であり、したがって問い手が「宇宙は永遠である」という結論を目指している場合、（２）における問いかけに対して答え手が認めるべき命題は、「宇宙は永遠である」よりもエンドクソスな命題でなければならないということである[14]。

さて、もしこの原則における「エンドクソス」の意味が「一般に受け入れられている」であるとすれば、「結論よりもエンドクソスな命題」とは、「結論命題を受け入れている人よりも多くの人々によって受け入れられている命題」ということになるだろう。とすれば、問いかけに用いられる命題を認めるか退けるかを決めるときに、答える側がなすべきことは、当の命題と結論命題のそれぞれの支持者の数を（手持ちのリストによって、もしくは別の何らかの手段で）比較することである。「エンドクソス」の意味を「評判がよい」と解するときにも、これと同様のことが当てはまる。つまり、この場合の「結論よりもエンドクソスな命題」とは、「結論命題を高く評価している人よりも多くの人々によって高く評価されている命題」であるから、答える側がなすべきことは、どちらの命題がより多くの人々によって高く評価されているかを調べることなのである[15]。しかし、（２）における答え手の仕事をこのような仕方で理解するなら、アリストテレスの言う問答は馬鹿げたやりとりになるか[16]、あるいはそこまで言わないにしても、知的訓練としての意義がきわめて乏しいものになってしまう。

「エンドクサ」の意味を「評判がよい見解」と解するならば、エンドクサは現に支持されている見解に限定されることになるという難点には、バーンズ自身もおそらく気づいていた。彼は以下に述べる二つの戦略によってこの問題に対処している。

第一の戦略は、いわゆる「派生的エンドクサ」を評判のよい見解に含めることである。「派生的エンドクサ」とは、あるエンドクサと類似の命題（考え）や、あるエンドクサの反対の否定に当たる命題（考え）のことであり、アリストテレスはこれを『トポス論』第一巻第一〇章で論じている。バーンズはその箇所を根拠にして、エンドクサには人々が「潜在的に抱いている考え（implicit beliefs）」も含まれると主張する。[17] しかし、そもそもの問題として、潜在的に抱いている考えをどうして「評判のよい（of good repute）」考えと呼ぶことができるのだろうか。潜在的に抱かれている考えは、よい評判に値する考えではありえても、現によい評判を得ている考えではありえない。加えて、「エンドクソス」の本来の用法、すなわち「人」や「ポリス」を修飾する用法には、「現によい評判を得ているわけではないが、よい評判に値する」というような意味合いはない。それゆえ、いま述べたそもそもの問題は別としても、人々が潜在的に抱いている考えをもエンドクサに含めるならば、「エンドクソス」の本来の用法との結びつきを強調するバーンズのエンドクサ解釈は、その魅力の重要な部分を失うことになるだろう。

第二の戦略は、「尊重すべき（respectable）」という概念を付け足すというものである。バーンズは一九九一年の論文のなかで、ギリシア語の普通の用法において、「エンドクソス」は「評判がよい」もしくは「尊重すべき」を意味すると述べている。[18] もし「エンドクソス」が「尊重すべき」を意味するとすれば、「エンドクサ」は「尊重すべき見解」という意味になり、それによって、人々が現に支持していない見解もエンドクサのなかに含めることができるようになる。しかし、「評判がよい」は「尊重されている」と言い換えることができるにしても、「尊重すべき」は「尊重されている」とはまったく別の概念である（前者は規範的、後者は記述的という根本的な違いがある）。それゆえ、「もしくは尊重すべき」というこの付け足しには正当化が必要であるが、バーンズは何の正当化もしていない。なお、ギリシア語の普通の用法（つまり注7に挙げた用例）における「エンドクソス」は、バーンズ自身も一九八〇年の論文で指摘していたように、[19]「評判がよい」や「名高い」等の意味を表す「エウドクソス（*eudoxos*）」や「エウドキモス（*eudokimos*）」の同義語である。これらのどちらの語にも、「すべき」や「値する」という含意はない。

以上の理由により、エンドクサが現に支持されている見解に限定されるという問題をバーンズが解決できていないことは明らかである。

ところで、「エンドクソス」の意味を「一般に受け入れられている」や「評判がよい」と解釈することに伴ういくつかの難点を考慮して、近年一部の論者たちが代案として検討（あるいは採用）しているのは、「受け入れられうる（acceptable）」という訳語である。[20]「受け入れられうる」の比較級は「より受け入れられうる」であり、これは受け入れる人の数ではなく、許容可能性やそれに類するものにかかわる概念なので、少なくとも上に述べた問題——支持者の数を比較することが答え手の仕事であるなら、問答の意義が乏しくなるという問題——は生じない。しかし、本稿で採用するのは、バーンズが最初に退けた「真実らしい」という伝統的な訳語である。そこで、次の節ではこの訳語について検討することにしよう。

三　「真実らしい見解」としての「エンドクサ」

本稿の中心的主張は、見解や命題に関係する「エンドクソス」は「真実らしい」を意味し、それゆえ「エンドクサ」は「真実らしい見解（命題）」を意味するというものである。では、「真実らしい見解」とはどのような見解のことなのか。エンドクサの定義と照らし合わせながら、ポイントを二つ述べよう。

【引用①】（『トポス論』第一巻第一章100b21–23）
真実らしい見解（*endoxa*）とは、すべての人々に、あるいは大多数の人々に、あるいは知者たちにそうであると思われること（*ta dokounta*）であるが、知者たちの場合には、すべての知者たちに、あるいは大多数の知者たちに、あるいは特に著名で特に評判がよい（*endoxois*）知者たちにそうであると思われることである。

第一に、真実らしい見解とは、任意の誰かにとって真である（＝そうである）と思われる見解ではなく、ある特定のカテゴリーの人々、すなわち「すべての人々」か「大多数の人々」か「すべての知者たち」か「大多数の知者たち」か「特に著名で特に評判がよい知者たち」[21]にとって真であると思われる見解である。

第二に、真実らしい見解には、このどれかのカテゴリーに属する人々が事実として抱いている見解だけでなく、抱くであろう見解も含まれる。「抱くであろう見解」とは、現に抱いているわけではないが、問われたときに「そうである」と認めるであろう見解のことである。この種の見解もエンドクサに含めるためには、引用①の「タ・ドクーンタ（*ta dokounta*）」を「そうであると思われていること」ではなく、「そうであると思われること」と訳さなければならない[22]。そしてそのように訳すことは、たとえば第八巻第五章159b27の用例[23]によって正当化できる。

もっとも、この定義の部分だけを見るならば、従来の解釈のように、「タ・ドクーンタ」を「そうであると思われていること」と訳し、「エンドクサ」を「評判のよい見解」や「一般的な見解」と訳すことも可能である。そこで、「エンドクソス」や「エンドクサ」という言葉が用いられるいくつかの重要な文脈を取り上げて、「エンドクサ」の意味を「評判のよい見解」や「一般的な見解」と解釈すべきではない理由と、「真実らしい見解」と解釈すべきである理由を述べることにしよう[24]。

（一）『トポス論』における「条件つきでエンドクソスな」命題

アリストテレスは『トポス論』第八巻第五章において、エンドクソスな命題のなかには「無条件に」エンドクソスなものと「条件つきで」エンドクソスなものがあると述べている（159a38–159b1）。前者は上記の定義で示されたカテゴリーの人々にとってエンドクソスな命題を指し、後者は「ある特定の人」や「自分自身」にとってエンドクソスな命題を指す。さて、後者の「条件つきでエンドクソスなもの」という表現における「エンドクソス」はどう訳すべきだろうか。「ある特定の人」も「自分自身」も一人の人間を表す以上、「一般に受け入れられている」では意味をなさない。他方、「評判がよい」と訳す場合、たとえば「自分自身にとって評判がよい」命題という言い方は、意味をなさないわけではないが、不自然であることは否めない。むしろ、「条件つきでエンドクソスな」命題とは、「自分自身にとって、あるいはある特定の人にとって真実らしい（真であると思われる）」命題を意味すると解釈すべきである。

（二）『トポス論』における「対置されるものに基づくトポス」の具体例

次に、対置されるもの（*antikeimena*）に基づくトポスの具体例に見られる「エンドクソス」の用例を取り上げよう。

【引用②】（『トポス論』第二巻第六章 119a38–119b4）

というのも、（a）「すべての快楽が善であるなら、苦痛もそのすべてが悪である」と主張することは、「ある快楽が善であるなら、苦痛もそのあるものは悪である」と主張することと同様にエンドクソスだからである。（b）さらに、ある感覚が能力でないなら、無感覚もそのあるものは無能力ではない。（c）また、ある判断されうるものが知られうるものであるなら、判断もそのあるものは知識である。

この引用文の（b）と（c）で問題にしているのは、文末の「ではない（*ouk estin*）」と「である（*estin*）」という表現が示唆しているように、「ある無感覚は無能力ではない」という命題や「ある判断は知識である」という命題が真であるかどうか（あるいは、真であると思われるかどうか）である。少なくとも、それらの命題が一般に受け入れられているかどうかということや、評判がよいかどうかということを問題にしているのではないということは明らかである。したがって、（a）のエンドクソスも「一般に受け入れられている」や「評判がよい」ではなく、むしろ「真実らしい（真であると思われる）」と解釈すべきである。

なお、以上に挙げた『トポス論』の二つの箇所は、「エンドクソス」を「一般に受け入れられている」や「評判がよい」と訳すことが不適切であることを示す明白な例であるが、これほど明白ではなくとも、これらの訳が不適切であるように見える箇所は非常に多い。『トポス論』の全体を通じて、「エンドクサ」は「一般に受け入れられている見解」も「評判がよい見解」も意味しないというのが本稿の立場である。

（三）『弁論術』における「真実」と「真実らしいもの」の対比

続けて、『弁論術』[25]における「エンドクサ」の用例を検討しよう。

【引用③】（『弁論術』第一巻第一章 1355a14-18）

なぜなら、真なるもの（*to alēthes*）を見抜くことと真なるものに似たものを見抜くことは同じ能力に属するからであり、それにまた、本来人間は真なるものに到達する力を十分にもっており、たいていの場合、実際に真実（*alētheia*）を手に入れるからである。それゆえ、真実を狙い当てることができる者は、エンドクサも同じく狙い当てることができるのである。

この引用文において、一行目の「真なるもの」と「真なるものに似たもの」の対比は、二～三行目の「真実」と「エンドクサ」の対比に対応していることは明らかである。つまり、真実を見抜く力と真実に似たものを見抜く力は同じ能力に属するので、真実を狙い当てることのできる者はエンドクサも狙い当てることができる、という対応関係がある。それゆえ、この引用文の「エンドクサ」は「真実らしい見解」と訳すか、あるいは「真なるものに似たもの」という表現に合わせて、「真実らしいもの」と訳すべきである。[26]

引用③は『弁論術』のなかで「エンドクサ」という言葉が最初に使われる箇所である。これ以降の箇所でも、「エンドクサ」はすべて「真実らしい見解」を意味しており、「一般的な見解」や「評判のよい見解」という意味で使われている箇所は一つもないと筆者は考えている。『弁論術』において「一般的な見解」を意味する言葉がもしあるとすれば、それは「エンドクサ」ではなく、むしろ、「説得も弁論もむしろタ・コイナ（*ta koina*）を通じて行なう必要がある」（1355a27）と言われるときの「タ・コイナ」である。

なお、従来の「評判のよい見解」や「一般的な見解」に代えて、『弁論術』における「エンドクサ」を「真実らしい見解」と訳すことには、この著作の内容の理解を左右する重要な意義がある。なぜなら、そのように訳すことによって、アリストテレスが弁論の話し手に求める能力についてのわれわれの理解が大きく変わるからである。

アリストテレスによれば、問答術における推論と同様に、弁論術における推論、すなわち説得推論（*enthymēma*）はエンドクサを前提に用いる推論である。[27] さて、もし「エンドクサ」が「評判のよい見解」や「一般的な見解」を意味するなら、説得推論の前提に関して話し手がしなければならないことは、（弁論の主題に関連する）人々の見解を、つまり人々がすでに抱いている見解を収集して覚えることだけである。そうだとすれば、説得推論の前提に関して話し手に求められる能力は、調査能力と記憶力だけということになるだろう。しかし、本当にそれだけなのだろうか。これに対して、「エンドクサ」が「真実らしい見解」を意味するとすれば、話し手の仕事には、聴衆がいまだ受け入れてはいないが、真実とみなして受け入れるであろう見解を新たに考え出すことも含まれる可能性がある。つまり、弁論の話し手にはある種の創造力が求められることになるかもしれないのである。(28)『弁論術』の解釈についてのこのポイントは本稿の本筋に直接的には関係しないので、これ以上の考察は控える。しかし、「エンドクサ」をどのように訳すかは些末な問題ではなく、アリストテレス哲学の理解に大きな変更をもたらしうる重要な問題であるということは強調しておきたい。

四　反論と応答

「エンドクソス」の意味を「評判がよい」や「一般に受け入れられている」と解すべきでない理由はまだほかにもある。(29) しかし、従来の解釈に対する批判は以上で打ち切り、この節では、見解や命題に関連する「エンドクソス」の意味を「真実らしい」と解釈することに対する反論を取り上げることにしたい。主な反論は次の三つである。

第一に、エンドクサの定義において、同じ言葉がまったく異なる二つの意味で使われるとすれば、それは驚くべきことだという反論がある。(30) 引用①の一行目と三行目を見てみよう。三行目の「エンドクソス」の意味が「評判がよい」であることは確実であり、この点については意見が一致している。だとすれば、同じ単語の中性複数形である一行目の「エンドクサ」が「真実らしい見解」を意味するとは考えにくいのではないか。

この反論に対してはこう答えよう。三行目の「エンドクソス」は「人」を修飾する形容詞であり、第一節で述べたように、この使い方にはアリストテレス以前の著者たちによる多くの用例がある。これに対して、「エンドクソス」の中性複数形を名詞化し、「エンドクソスな見解」や「エンドクソスな命題」という意味で用いるのは、アリストテレスの独自の用法である。同じ用法でありながら意味が異なるのであれば、それはたしかに驚くべきことかもしれない。しかし、用法の違いに応じて意味に違いが生まれることは、驚くべきことであるとは必ずしも言えない。[31]

二つ目の反論は、「エンドクソス」の意味を「真実らしい」と解釈する場合、「エンドクサに見える見解」という表現が理解しがたくなるというものである。[32] たとえば、アリストテレスは『トポス論』第一巻第一章において、争論的推論（*eristikos syllogismos*）を二つの種類に分けたうえで、その一つを「エンドクサに見える（*phainomenōn endoxōn*）が実はそうではない見解を前提とする推論」（100b23-25）と説明している。さて、「エンドクソス」の意味を「真実らしい」と解釈する場合、「真実らしい」とは「真であると思われる」という意味であるから、この説明における「エンドクサに見える見解」は、「真であると思われるものに見える見解」という意味になる。しかし、この概念は理解しがたいのではないか。[33]

この問題は、「見える」の判断主体と「真であると思われる」の判断主体を区別することによって解決できる。すでに述べたように、「エンドクソス」とは任意の誰かにとってではなく、ある特定のカテゴリーの人々にとって真であると思われるということを意味する。では、「見える」のほうは誰にとってそう見えることを意味するのだろうか。争論的推論はある種の問答のなかで用いられるものである以上、[34] 問答を行なう人に、より正確には問答における答え手にそう見えると解釈するのが妥当である。つまり、「エンドクサに見える見解」とは、「すべての人々や大多数の人々や知者たち等に真であると思われると答え手が判断するところの見解」を指すのである。このように考えれば、「エンドクサに見える見解」は理解しがたい表現ではなくなる。

第三に、「エンドクソス」は伝統的に「ありそうな」もしくは「真実らしい」と訳されてきたが、前者に対しては「エイコス（*eikos*）」、後者に対しては「ピストス（*pistos*）」という別の単語があるではないかというバーンズの反論がある。本稿では、これらに「ピタノス（*pithanos*）」という単語も付け加えて、「エンドクソス」を「真実らしい」と解釈する場合、「エイコス」や「ピストス」や「ピタノス」とどのように区別されるのかという疑問に答えることにしたい。

まず、「エイコス」から取り上げよう。「エイコス」は「ありそうな」という意味の形容詞であるが、アリストテレスは「ありそうなこと (*to eikos*)」というかたちで名詞としてもたびたび用いている。「ありそうなこと」の定義は「たいていの場合にそうなること (*to hōs epi to poly ginomenon*)」[35]であり、具体例として「誰かを妬んでいる人はその誰かを憎んでいる」や「誰かに恋している人はその誰かを愛している」などがある。[36]

さて、この「エイコス」は、「たいていの場合にそうなること」という定義から読み取れるように、人々の判断とは独立に備わる客観的性質を表す概念であり、[37]その点で「エンドクソス」とは明白に異なる。たとえば、「誰かを妬んでいる人はその誰かを憎んでいる」ということは、そのことが世界の側でたいていの場合に成り立つという事実によって「ありそうなこと」という地位を獲得するのであって、「誰かを妬んでいる人はその誰かを憎んでいる」という命題を人々が正しいものとして認めることによって「ありそうなこと」になるのではない。これに対して、もしその命題を誰一人として正しいものとして認めないのであれば、それは「エンドクソス」な命題にはなりえない。なぜなら、「エンドクソス」とは、「すべての人々や大多数の人々や知者たち等に真であると思われる」ということを意味するからである。

ここで筆者は、「エイコス」はわれわれの判断とは何の関係もないと主張しているのではない。むしろ、両者には密接なつながりがある。というのも、ある人が「誰かを妬んでいる人はその誰かを憎んでいる」と言うのを聞けば、われわれはそのことが真であると思うだろうからである。しかし、われわれがそう思うのは、それが現に世界の側でたいていの場合に成り立つ事柄だからにほかならない。つまり、「世界の側でたいていの場合に成り立つ」ということが原因であり、「われわれが真であると思うこと」はその結果なのである。したがって、もし仮に「われわれが真であると思うがゆえに、ある事柄はありそうなことになる」と理解するとすれば、それは原因と結果を取り違えていることになる。[38]

次に、「ピストス」と「ピタノス」を検討しよう。概して言えば、アリストテレスの用例において、「ピストス」

は「信じられる」や「信ずるに値する」と訳され、「ピタノス」は「説得力がある」や「真実らしい」と訳される。「信じられる」とは「人々にとって信じられる」という意味であり、「説得力がある」とは「人々にとって説得力がある」という意味なので、この二つは「エイコス」とは異なり、人々の判断に依存する主観的性質を表す概念である。そしてこの特徴は、すでに見たように、「エンドクソス」という概念にも当てはまる。それでは、「エンドクソス」は「ピストス」や「ピタノス」とどの点で異なるのだろうか。

もっとも重要な違いは、「エンドクソス」の場合には（真であると思うところの）判断主体が限定されているのに対して、「ピストス」と「ピタノス」の場合には、（信じたり説得力を感じたりするところの）判断主体が限定されていないという点である。第二の反論に答える際にも述べたように、「エンドクソス」とは任意の誰かにとってではなく、ある特定のカテゴリーの人々にとって真であると思われるということを意味する。これに対して、「ピストス」と「ピタノス」に関しては、判断主体がそのように限定される用例は（少なくともボーニッツの索引に挙げられている用例のなかには）一つもない。それゆえ、「ピストス」と「ピタノス」の判断主体は、特に言及がない限り、「任意の誰か」と考えてよいと思われる。(39) 少なくとも、「エンドクソス」の判断主体（すべての人々や大多数の人々や知者たち等）と同一であることを示す証拠はどこにもないことはたしかである。

おわりに

本稿では、主に『トポス論』と『弁論術』の用例に基づいて、「エンドクサ」の意味は「評判のよい見解」でも「一般に受け入れられている見解」でもなく、「真実らしい見解」であると主張した。

「エンドクサ」の用例のなかで特に研究者の注目を集めているのは、『ニコマコス倫理学』第七巻の用例である。そこでは、初めに第一章においていわゆる「エンドクサに基づく探究方法」が導入され、その後、実際にその方法に従ってアクラシアに関する諸問題が考察されている。(40)

筆者は、『ニコマコス倫理学』のなかでも「エンドクサ」は「真実らしい見解」を意味すると考えているが、倫理学における用例はエンドクサ概念の応用例として位置づけることもできるので、『トポス論』と『弁論術』における用例を主たる根拠とする本稿の主張からただちにその結論が導き出せるわけではない。それを論証するためには該当箇所を取り上げて丹念に分析する必要がある。これについては、「真実らしい見解」と解釈することでエンドクサに基づく探究方法の意義にどのような違いが生まれるのかという点も含めて、別の機会に改めて論じることにしたい。

＊本稿は哲学会第六二回研究発表大会（二〇二三年一〇月二八日）における発表原稿に基づいている。質疑応答の際に有益な質問をしてくださった方々と、草稿に対して貴重なコメントをしてくださった河谷淳氏にお礼申し上げる。なお、本研究はJSPS科研費23K00007の助成を受けたものである。

註

（1）底本はRoss 1958を使用する。この著作の翻訳を含め、本稿における日本語訳はすべて筆者によるものである。
（2）「見解（view）」のほかに「考え（belief）」や「意見（opinion）」という言葉が使われることもあるが、これらの使い分けは争点にはなっていない。本稿ではこの三つを相互に言い換え可能な言葉として用いる。
（3）Barnes 1980.
（4）Barnes 1980, pp. 498-500.
（5）Minio-Paluello 1969, p. 324.
（6）ピッカード・ケンブリッジ訳の "[opinions that are] generally accepted" (Ross 1928, p. 350)、フォースター訳の "generally accepted opinions" (Tredennick and Forster 1960, p. 273)、ブランシュヴィック訳の "idées admises" (Brunschwig 1967, p. 2) など。
（7）バーンズが挙げている用例は以下の通りである。デモステネス第八弁論『ケロネソス情勢について』第六六節、第一二弁論『ピリッポス書簡』第一九節、第一八弁論『冠について』第二九節、第二〇弁論『レプティネスへの抗弁』第七三節、第六一弁論『恋について』第三九節。クセノフォン『ソクラテスの思い出』第一巻第二章第五六節、第三巻第一章第一節、『アゲシラオス』第一章第一九節、『家政論』第六章第一〇節。プラトン『ソフィスト』223B5. 偽プラトン『定義集』415C9. イソクラテス第一弁論『デモニコスに与う』第三七節、第五弁論『ピリッポスに与う』第一四節、第五二節、第五五節、第六五節、第八二節。アイスキネス第一弁論『ティマルコス弾劾』第一八三節。

（8）たとえば、『弁論術』第一巻第九章1368a21および『ニコマコス倫理学』第四巻第二章1122b32を参照。

（9）比較的最近の文献として、Kraut 2006, p. 77; Cooper 2009, p. 19; 神崎 2014, p. 266; Reeve 2018, p. 4を参照。なお、Bolton 1990, p. 189の“noted or accredited beliefs”のように、従来の解釈とバーンズの解釈の両方を取り入れているように見える訳語もある。

（10）朴 2002, p. 298（一般的見解）、池田 2007, p.4（通念）、山口 2014, p. 22（一般的な考え）、渡辺・立花 2016, p. 94（人々の通念）、堀尾 2017, p. 19（一般的な通念）など。日本では「評判のよい見解」はあまり評判がよくない。

（11）問答の手順に関する詳細な説明としてSlomkowski 1997, pp. 14-42を、簡にして要を得た説明として納富 1998, p. 155およびReeve 1991, p. 228を参照。

（12）『トポス論』第一巻第一一章104b8にこの具体例が挙げられている。ほかに、「快楽は選ばれるに値するものか否か」（104b7）、「二足の陸棲動物は人間の定義であるか否か」（101b32-33）という具体例もある。

（13）この原則について、より詳しくはSmith 1997, pp. 130-131を参照。

（14）問い手は答え手が認めた諸命題を前提にして、自分が目指す結論を証明しなければならない。それゆえ、問い手にとってこの原則は、結論よりもエンドクソスな諸命題を用いて結論を証明しなければならないということを意味する。

（15）「評判がよい」の比較級は、「より多くの人々が高く評価している」ではなく、「より評価が高い」という意味であるとも解しうる。しかし、「より評価が高い」ということの判断基準が「より多くの人々が高く評価している」ということであるとすれば、問題は何も変わらない。あるいは、ひょっとすると、その判断基準は「より著名な人が高く評価している」ということに求められるかもしれない。この場合、答え手がなすべきことは、どちらの命題の支持者のなかにより著名な人物がいるかを比較することであると考えられる。しかし、もしそうだとすれば、この場合にも「より多くの人々が高く評価している」と解釈する場合と同様の批判が当てはまる。

(16) Reinhardt 2015, p. 231.

(17) Barnes 1980, p. 501.

(18) Barnes 2011, p. 166.

(19) Barnes 1980, p. 499.

(20) Smith 1997, p. 42; 納富 1998, p. 159; Rapp and Wagner 2004, p. 269; Rapp and Wagner 2013, p. 7; Karbowski 2015, p. 76.

(21) 以下では、煩雑になるのを避けるために、「すべての人々か大多数の人々か知者たち等」と表現する。

(22) たとえば、Smith 1997, p. 1とKarbowski 2015, p. 76は「そうであると思われる（seem so）」と訳している。

(23) 当該箇所の“*to dokoun*”は“*ta dokounta*”の単数形であり、意味は明らかに「そうであると思われること」である。

(24) 近年の研究者のなかでは、Devereux 1990, p. 266 n. 7とWlodarczyk 2000, p. 154が「真実らしい見解（plausible views）」という訳語を支持しており、特に後者は本節の（一）と同様の点を指摘している。また、納富1998, p. 160は、『トポス論』において「エンドクサ」は「そう思われる」を意味する「ドケイン（*dokein*）」にパラフレーズされる術語であり、「（誰それにとって）そう思われること」を意味すると主張しているが、エンドクサ概念の核心についての筆者の理解は基本的にこれと同じである。これらの研究と比較したときの本稿の独自性は、第一に、本節の（二）と（三）において先行研究とは異なる視点からテクスト上の根拠を挙げている点と、第二に、第四節において、「エイコス」等の類似の諸概念との違いを明確にするなど、この種のエンドクサ解釈に対する主要な反論に答えている点にある。

(25) 底本はKassel 1976を使用する。

(26) 引用③の最後の文は、プラトン『パイドロス』の「真実への類似をもっともよく発見することができるのは、いつの場合でも、真実そのものを知っている者である」（273d4-6）とほぼ同じことを述べていると考えられている（Grimaldi 1980, p. 24）。もしそうだとすれば、プラトンのこの言葉は、引用③の「エンドクサ」を「真実らしいもの」と訳すべきであるという主張の傍証になるだろう。なお、ここで詳しく論ずる余裕はないが、『ソフィスト的論駁について』第一七章175a31-33における「アレートース（*alēthōs*）」と「エンドクソース（*endoxōs*）」（エンドクソスの副詞）の対比も、同じく「真実」と「真実らしいもの」の対比を念頭に置いていると解釈すべきである。

（27）『トポス論』100a29-30,『ソフィスト的論駁について』165b3-4,『弁論術』1402a33-34を参照。

（28）説得推論の前提に関する創造力は別にしても、アリストテレスが弁論家にある種の創造力を求めていることはたしかである。たとえば、「例証（*paradeigma*）」をテーマとする第二巻第二〇章では、例証の作り方の一つの種類として、たとえ話や寓話を創作することが挙げられている。

（29）特によく指摘されるのは、『トポス論』第八巻第五章における「アドクソス（*adoxos*）」との関係である。「アドクソス」は「エンドクソス」の否定に相当する言葉であるが、「アドクソス」は文脈上明らかに「真実らしくない」を意味しているので、この章における「エンドクソス」は「真実らしい」を意味すると解釈するのが自然である。実際、バーンズも彼自身が改訂した英訳において、一方では「エンドクソス」の訳を従来のものから"reputable"に修正しておきながら、「アドクソス」に対しては"disreputable"ではなく、"implausible"を当てている（Barnes ed., 1984, p. 269）。これに対して、バーンズのエンドクサ解釈を支持するKarbowski 2015, p. 90は、「アドクソス」を"disreputable"と訳すことによって、改訂訳に見られるちぐはぐな対比を解消しようとしている。しかし、Wlodarczyk 2000, p. 158が正しく指摘するように、この章の「アドクソス」が「そうであるとは思われない（*mē dokei*）」の言い換えであることは明白であり、これを"disreputable"と訳すのは誤りである。

（30）Weil 1975, p. 97 n. 11.

（31）一つの文のなかで同じ単語が二つの異なる意味で用いられる例として、たとえば『弁論術』第二巻の「怒り」の定義、「怒りとは、自分または自分の身近な人が、その資格のない人から軽視されたように見えるので、それに対して目に見えるかたちで報復しようとする苦痛を伴った欲求である」を挙げることができる。この文の二つの「ファイノメネー（*phainomenē*）」は、一方が「明らかに〜である」という意味を表し、もう一方が「〜のように見える」という意味を表している。

（32）Reinhardt 2015, p. 242.

（33）この疑問から、ラインハートは一方で「エンドクサ」を「真実であるように見えるものの一種」としながらも、「真実であるように見えるもの」とする解釈は退けている（Reinhardt 2015, p. 242）。

（34）『ソフィスト的論駁について』第二章165a38-39を参照。

（35）『弁論術』第二巻第二章1357a34.

（36）『分析論前書』第二巻第二七章70a5-6.

(37) この「客観的」という言葉とこの後に用いる「主観的」という言葉の使い方は、Barnes 1980, p. 498の"objective probabilities or subjective plausibilities"という表現に基づいている。

(38) なお、アリストテレスは『分析論前書』第二巻第二七章70a3-4において、説得推論を「ありそうなこと」もしくは「しるし」を前提とする推論と定義したあとで、「ありそうなことは真実らしい前提である (*to eikos esti protasis endoxos*)」と述べている。この言明は、「エイコス」という概念と「エンドクソス」という概念のいま述べた密接なつながりを示唆している。つまり、「ありそうなこと」は、世界の側でたいていの場合に成り立つ事柄であるがゆえに、すべての人々や大多数の人々や知者たち等に真であると思われるので、それゆえそれは、説得を目的とする推論において「真実らしい前提」として効果的に用いることができるのである。

(39) 特に「ピタノス」に関しては、『弁論術』において「説得力をもつとは誰かにとって説得力をもつということである」(1356b27-28) と明言されている。

(40) アリストテレスはこの探究方法を紹介する際に、「そのほかの場合と同じように」(1145b3) と述べている。この方法が倫理的問題の全般に使えるのか、それとも一部の倫理的問題にのみ使えるのか、はたまた倫理学のみならずその他の諸学問の問題に対しても使うことができるのかという疑問については多くの議論がある。たとえば、Cooper 2009, pp. 26-27を参照。

文献表

Barnes, J. 1980. "Aristotle and the Methods of Ethics." *Revue Internationale de Philosophie* 34: 490-511.

Barnes, J. (ed.), 1984. *Complete Works of Aristotle: The Revised Oxford Translation*, vol. 1. Princeton University Press.

Barnes, J. 2011. "Philosophy and Dialectic." In his *Method and Metaphysics*. 2011. Oxford University Press. 164-173.

Bolton, R. 1990. "The Epistemological Basis of Aristotelian Dialectic." In D. Devereux and P. Pellegrin (eds.), *Biologie, Logique et Métaphysique chez Aristote*. 1990. Éditions du CNRS. 185-236.

Brunschwig, J. 1967. *Aristote: Topiques I-IV*. Les Belles Lettres.

Cooper, J. M. 2009. "Nicomachean Ethics VII. 1-2: Introduction, Method, Puzzles." In C. Natali (ed.), *Aristotle's Nicomachean Ethics, Book VII*. 2009. Oxford University Press.

Devereux, D. 1990. "Comments on Robert Bolton's *The Epistemological Basis of Aristotelian Dialectic*." In D. Devereux and P.

Pellegrin (eds.), *Biologie, Logique et Métaphysique chez Aristote*. 1990. Éditions du CNRS. 264-286.

Grimaldi, W. 1980. *Aristotle, Rhetoric I: A Commentary*. Fordham University Press.

Karbowski, J. 2015. "Complexity and Progression in Aristotle's Treatment of *Endoxa* in the *Topics*." *Ancient Philosophy* 35: 75-96.

Kassel, R. 1976. *Aristotelis Ars Rhetorica*. Walter de Gruyter.

Kraut, R. (ed.) , 2006. *The Blackwell Guide to Aristotle's Nicomachean Ethics*. Blackwell.

Minio-Paluello, L. (ed.), 1969. *Aristoteles Latinus V 1-3*, Topica. Desclée de Brouwer.

Rapp, C. and T. Wagner 2004. *Aristoteles: Topik*. Reclam.

Rapp, C. and T. Wagner 2013. "On some Aristotelian Sources of Modern Argumentation Theory." *Argumentation* 27: 7-30.

Reeve, C. D. C. 1991. "Dialectic and Philosophy in Aristotle." In Jyl Gentzler (ed.), *Method in Ancient Philosophy*. 1991. Oxford University Press.

Reeve, C. D. C. 2018. *Aristotle: Rhetoric*. Hackett.

Ross, W. D. (ed.), 1928. *The Works of Aristotle Translated into English under the Editorship of W. D. Ross*, vol. 1. Clarendon Press.

Ross, W. D. 1958. *Aristotelis Topica et Sophistici elenchi*. Oxford University Press.

Reinhardt, T. 2015. "On *Endoxa* in Aristotle's *Topics*." *Rheinisches Museum für Philologie* 158: 225-246.

Slomkowski, P. 1997. *Aristotle's Topics*. Brill.

Smith, R. 1997. *Aristotle Topics Books I and VIII*. Clarendon Press.

Tredennick, H. and E. S. Forster. 1960. *Aristotle: Posterior Analytics, Topica*. Harvard University Press.

Weil, E. 1975. "The Place of Logic in Aristotle's Thought." In J. Barnes, M. Schofield and R. Sorabji (eds.), *Articles on Aristotle*, vol. 1. 1975. Duckworth. 88-112.

Wlodarczyk, M. 2000. "Aristotelian Dialectic and the Discovery of Truth." *Oxford Studies in Ancient Philosophy* 18: 153-210.

池田康男（訳）二〇〇七『トピカ』、京都大学学術出版会。

神崎　繁（訳）二〇一四『ニコマコス倫理学』（アリストテレス全集一五）、岩波書店。
納富信留　一九九八「ディアレクティケーの理論と実践：アリストテレス『トピカ』第八巻におけるエンドクサと真理」九州大学文学部『哲学年報』57, 149-176.
朴　一功（訳）二〇〇二『ニコマコス倫理学』、京都大学学術出版会。
堀尾耕一（訳）二〇一七『弁論術』（アリストテレス全集一八　所収）、岩波書店。
山口義久（訳）二〇一四『トポス論』（アリストテレス全集三　所収）、岩波書店。
渡辺邦夫・立花幸司（訳）二〇一六『ニコマコス倫理学（下）』、光文社。

公募論文

ヒュームにおける責任と自由

今村健一郎

一、序

悪い行為や不正な行為などの道徳的に望ましくない行為があったとき、われわれはその行為者を非難し、責任を問う。[1] 責任論は、責任の根拠を何に認めるかによって、行為責任論（意思責任論）と性格責任論へと二分できる。前者は非難の根拠を個々の行為における悪い意思に認め、後者はそれを行為者の性格に認める。この区分に従うならば、本論が検討の対象とするヒュームの責任論は後者の性格責任論に属する。われわれがある行為を非難するとき、非難の真の対象は、行為それ自体ではなく、行為者の内にあって、その行為を生み出している性格であるとヒュームは言う。

ヒュームの責任論に関しては、一九七〇年代後半から八〇年代にかけて、ケンタッキー大学の法学者マイケル・ベイルやロンドン・スクール・オブ・エコノミクスの刑法学者ニコラ・レイシーによって好意的に取り上げられたことがあるが（Bayle [1976]・[1982], Lacey [1988]）、本格的にして画期的な研究業績は、やはりポール・ラッセルの『自由と道徳感情』である（Russell [1995]）。

ヒュームの責任論の中核を彼の自由論に見出す従来の解釈に対して、ラッセルの自然主義的解釈は、ヒュームの責任論から自由論を引き離す方向で議論を展開し、最終的にはヒュームの責任論はその本質において彼の自由論とは独立であると説く。これに対し本論は、ヒュームの責任論において、自由は責任の要件として依然として重要で中心的であるとの立場をとる。

よって本論は、ヒュームの責任論を検討するにあたり、最初に彼の自由概念へと向かう（第二・三節）。次に、ヒュームの性格責任論の中心にある性格の概念へと向かい、ヒューム責任論の概要を示す（第四節）。さらに、ヒューム責任論における期待可能性論と責任能力論を、ヒュームの発言をもとに、それぞれ再構成する（第五・六節）。その際、ヒューム責任論における自由に関するラッセルの見解に触れることになる。最後に、ヒューム責任論と運の問題について若干の考察を行う（第七節）。

二、責任の要件としての自由

ある行為について、その行為者に非難を加え、責任を問う際、その行為が自由な行為であったということが、その責任非難を可能にする条件のひとつであるとわれわれは考える。ヒュームも同様に自由を責任の要件としている。まず、それを確認しておこう。

ヒュームの定義によれば、自由とは「意志の決定に従って行為したりしなかったりする力」であり、これこそが自由という語の唯一の可能な意味であるという（EHU 8.23）。この自由の定義を踏まえ、ヒュームは次のように述べる。

「自由というのは、万人が同意する上述の定義に従う限り、道徳にとってやはり本質的であること、そして、自由を欠くいかなる人間の行為も道徳的性質を帯びることはないし、是認や嫌悪の対象となることもありえないことを証明するのは容易であろう。というのも、行為がわれわれの道徳感情moral sentimentの対象となるのは、それらが内的な性格や感情の表示である場合に限られるのだから、行為がそうした原理に由来せず、全面的に外的暴力から引き出されたものである場合には、その行為が賞賛や非難をもたらすことなど不可能だからである。」(EHU 8.31)

自由は道徳にとって本質的である。自由を欠く行為は道徳的性質を帯びることはないので、人びとの是認や嫌悪、あるいは賞賛や非難の対象となることはない。ここでは明らかに、自由が道徳的責任の要件とされている。すると、次に問われるべきは、その自由の内実である。周知のように、ヒュームは自由意志と因果的決定論に関して両立論を唱えているとされるが、その議論の中で彼は、「自発性の自由」と「無差別の自由」の二つの自由概念を取り上げる。「意志の決定に従って行為したりしなかったりする力」と定義され、責任の要件とされるのは、自発性の自由の方であり、これがヒュームの認める唯一の自由概念である。もう一方の無差別の自由は、原因の不在を意味しており、ヒュームはこの概念を退ける。ヒュームの両立論は、もはや旧聞に属すると言えるであろうが、責任の要件としての自由の内実を明らかにするために、次節では必要な範囲でその内容を確認することにしたい。(2)

三、自発性の自由

自発性の自由を認め、無差別の自由を退けるヒュームの自由論は、因果論からの帰結として導かれる。(3) ヒュームは『人間本性論』第2巻第3部第1節と第2節で自由と因果的決定論に関する検討を行っているが、そこではまず、人間の精神や人間に関わる事象も、世界の他の事象（=自然事象）と同様に、因果的な規則性にしたがって、一様で必然的な仕方で変化・推移するということが強調される。

『本性論』第一巻第三部での原因と結果の観念の解明によると、われわれの精神がある二つの事象間に恒常的な結合あるいは一様で規則的な随伴を見出すと、精神はその一方の事象から、それに随伴する他方の事象へと移り、一方の存在から他方の存在を推論するように決定されていると感じる。この被決定感こそが因果的必然性の正体に他ならない。ヒュームはこの解明を恒常的結合と精神の推論の二つの部分に分け、まず、人間に関する事象にも自然事象と同様の恒常的な結合が観察されるということを例示する。たとえば、「二つの平らな大理石片が結合する」ことと「二人の若い未開人の男女が性交する」ことは同程度に確実であり、「その性交から子供たちが生まれる」ことと「両親が子供たちの安全と保護を気にかける」ことは同程度に規則的である（T 2.3.1.8）。

次いでヒュームは、人間の動機と行為の間にある恒常的結合も、自然事象間の恒常的結合と同様に、一方の存在から他方の存在へと推論するように精神を決定すると述べ、さらに、人間の行為に関する推論は、それ無しでは一瞬たりとも生きていけないほど、全面的にわれわれの生活に組み込まれていると説く。臣民に課税する君主は、臣民がそれを承諾することを予期しており、軍隊を指揮する将軍は兵士たちのある程度の勇気を計算に入れており、召使いに食事の支度を命じる人は、召使いが命令に従うことを確信しているのだが、これらはどれも人間の行為に関する推論の例である。

「要するに、われわれ自身や他人の行為ほどわれわれの関心を引くものはないので、われわれが行う推論の大部分は、人間の行為に関する判断に使われているのである。このような仕方で推論を行う者はみな、まさにその事実によって、意志の行為が必然性から生じると信じているのであり、これを否定する人は、自分で自分の言っていることの意味を分かっていないのだと私は断言する。」(T 2.3.1.15)

われわれは、人間の行為に関しても、自然事象と同様に、因果推論を行っているのであり、その推論は、先の課税する君主などの例に見られるように、人間の振る舞いに対する期待や予期というかたちで、われわれの生活に全面的に組み込まれている。自然の事象のみならず、人間の行為に関しても、そこに恒常的で規則的な事柄が観察されたならば、そのことが、未来においても同じ事柄が生起するであろうという期待をわれわれの心に生み出すのである。もしこの期待が無かったならば、他者に対する合理的な期待の上に成立しているわれわれの社会生活は不可能になる。たとえ言葉の上で否定したとしても、われわれみな、人間の行為は自然の事象と同様に必然的な仕方で生じると信じているのである。

このように、人間の行為も一定の規則に従って生起し、因果推論の対象であるということをヒュームは強調する。したがって、人間の行為もある原因の結果として生じる事象に他ならない。このことと、先の「意志の決定に従って行為したりしなかったりする力」という自発性の自由の定義とを考え合わせると、責任の要件である自発性の自由とは、行為者の意志の決定と行為との間に因果関係が成立しているということである。ヒュームはこの自由を「暴力に対立する自由」とも呼んでいるが（T 2.3.2.1）、このことをさらに考慮に入れると、自発性の自由とは、結局、暴力などの他者からの干渉なしに、もっぱら行為者の意志の決定を原因として行為が生じること（＝行為者が行為Xをしようと決めたから、行為Xが生じた）を意味していることになる。[4]

ところで、すでに触れたように、ヒュームによれば、原因と結果の必然的結合は事象間の恒常的結合を観察する者が抱く被決定感に由来するのであった。この被決定感は観察者に生じる「内的印象」である（T 1.3.14.20）。ヒュームが印象に対して殊更に内的という形容を付すとき、それは、その印象が対象の側ではなく、対象の観察者の側にあることを意味している。[5] よって、原因と結果の必然的結合は、あくまでも対象の観察者が見出すものであり、対象自体に内在するものではない。したがって因果関係もまた、対象自体にあるのではなく、その観察者が見出す関係である。行為の原因についても事情は同じである。

「物質の作用にせよ精神の作用にせよ、あらゆる作用の必然性は、作用をするものの性質ではなく、その作用を考察することのできる思考者、すなわち知的存在の中にある。つまり、その作用の存在を、先行して存在する何らかの対象から推論するように思考が決定されていることに存する。」(T 2.3.2.2)

行為を生み出す作用や力は、当の作用者自身がもつ性質ではなく、その作用の観察者の中にこそある。それゆえ、ある行為の原因が何であるかを決定するのは行為者本人ではなく、本人以外の他者だということになる。ヒュームよれば、性格こそが、特定のタイプの行為を生み出す恒常的な原因であり、それゆえに性格が責任の根拠となる。

四、行為の原因としての性格

「罪を憎んで人を憎まず」という言葉があるが、ヒュームによれば、われわれが憎しみや怒りなどの道徳感情を向ける対象は常に人格である。たとえば、凶悪な犯罪を目撃した場合、われわれが怒りを向ける対象は、犯罪行為それ自体ではなく、それを実行した犯人の人格である。それゆえ、「凶悪な」と表現される道徳的性質の本来の主体も人格である。ヒュームの説明に従うならば、われわれの精神は、目撃した行為から、因果関係を辿ってその原因である行為者の人格へと至り、行為者本人に対して怒りなどの道徳感情を覚えるという次第になる。(6)

「…もし人間の行為に原因と結果の必然的結合がなければ、正義と道徳的衡平に両立するように刑罰を科することが不可能だというだけでなく、そもそも刑罰を科するということが理性的存在者の思考に入ってくることができない。憎しみや怒りの恒常的で普遍的な対象は人格、すなわち思考と意識を付与された被造物である。そして、何か罪になる行為や有害な行為が情念を喚起するとき、それはひとえにその行為の人格に対する関係

またはそれとの結合によるのである。」(T 2.3.2.6)

ある犯罪行為について、行為者に対する憎しみや怒りなどの道徳感情を向けることが、さらには、その行為者に刑罰を科することが正当であるためには、行為者の人格と犯罪行為の間に因果関係が成立している必要がある。つまり、犯罪行為は行為者の自由な行為でなくてはならない。また、われわれはときに、行為者だけでなく行為に対しても、「凶悪な犯行」などの表現で道徳的性質を帰するのだが、それはひとえに、その犯行が行為者の凶悪な人格と因果的結合を有していることによる。行為は本来それ自体として道徳的性質を帯びることはないが、それが行為者の道徳的性質の結果であることによって、いわば副次的に道徳的性質を帯びることになるのである。[7] 先に引いた箇所でも、「行為がわれわれの道徳感情の対象となるのは、それらが内的な性格や感情の表示である場合に限られる」と言われていた (EHU ch. 8. 31)。行為はそれが行為者の生み出した結果であるとき、行為者の人格を表示している。

行為と行為者の人格の間に因果関係があるということが、行為者に対する非難や責任の正当性を担保する。より正確に言うならば、人格の中に持続的ないし恒常的に存在する性格あるいは傾向性から行為が生み出されるとき、その人格はその行為に対し責任を負う (T 2.3.2.6)。[8] それゆえ、もし行為が行為者の性格に発するのでない場合、彼の行為責任は減免されることになる。

「人間は、それと知らず偶然に行った悪い行為については、その結果がいかなるものであっても、非難されることはない。なぜか。それはこうした行為の原因が一時的なものにすぎず、その行為かぎりで終わってしまうからである。また、軽率に前もって考えずにした悪い行為については、慎重に考えて行ったことほどは責められない。どのような理由でか。軽率な気性は、精神にある恒常的な原因ではあるが、時折作用するだけで、性

格全体に悪影響を及ぼすわけではないからである。」(T 2.3.2.7)

それと知らずに行った行為、あまり考えずに行った軽率な行為については責任が減免されるということの発言は、万人の賛同を得られるものとは言い難い。フィリッパ・フットはこの箇所でのヒュームの議論に対して、「人格の性質の中に〝永続的で持続的〟なものがないと、われわれはその人格に賞賛や非難を与えたり賞罰を与えたりすることができない」というのは間違いであると断じている。そして、過去の行為に関して人に褒賞を与えるとき、われわれはその過去の行為を未来に予期されることの兆候とは考えないし、また、再犯のおそれがない場合でも、われわれが人を罰するのは完全に合理的なのだから、賞罰の対象となる行為の背後に持続的で恒常的なものを考案する理由はないと述べる(Foot [2002], pp. 70-71)。たしかに、出来心からの行為についても、われわれは責任を問われるのだから、現実を鑑みるならば、フットの批判は一部正しい。しかしながら、フットはヒュームの真意を捉えそこなっている。ヒュームが持続性や恒常性に言及するとき、われわれは常に、それが精神に与える影響に思いを致さねばならない。事象間の恒常的結合は、それを観察する者の精神に被決定感の印象を生む。これと同様に、犯罪などの有害な行為に関しても、それが一度だけでなく、繰り返し観察されるならば、その反復は観察者が抱く非難の道徳感情をより一層強めるであろう。有害な行為を繰り返し生み出す傾向性こそが、何よりも非難され責められる。刑法が累犯者に対して刑期を加重し、より重い刑事責任を科しているのも、このことの現れであろう。(9)ヒュームの真意はこの事実を伝えることにあると見るべきである。

人の性格は持続的・恒常的にある特定のタイプの行為を生み出す。優しい性格の人は、ほぼいつも優しい振る舞いを見せる。そして、反社会的な性格の持ち主は、ことあるごとに反社会的に振る舞う。性格と行為の間にはたしかに恒常的な規則性があり、だからこそわれわれは、性格が行為の素因であると考える。しかし、われわれが他者に関して観察しうるのは、その外見的振る舞いだけであり、振る舞いの原因とされる性格それ自体を直接に観察することはできない（T 3.2.1.2）。性格はあくまでも、行為の観察をつうじて、人の心の中に「ある」と想定される何かである。だとすると、ヒュームの言う性格とは、人がある特定のタイプの行為を恒常的に反復することの呼称にすぎないのではないかという疑念が生じる。もし性格が行動パターンにすぎないのであれば、ヒュームがそれを行為の産出原理として、つまり因果的相関者として扱うことは、ライルなどの論理的行動主義者の見地からすると、カテゴリー・ミステイクだということになる。[10] このことはまた、ヒューム自身の見地からも不都合である。というのも、性格が特定のタイプの行動の反復、あるいは、そのような反復を生み出すことの呼称だとするならば、原因である性格と結果である行為の間に相互に成立しているはずの論理的独立性が失われてしまうからである（T 2.3.1.16）。[11] たしかにこの点は、ヒュームの行為論の綻びと見ることができるかもしれない。しかし本論としては、ヒュームはこの論理的独立性の問題に気付いており、破綻を回避していると理解したい。というのも、ヒュームは実際には、（単に「性格が行為を生み出す」とは言わずに）「性格や傾向性にある何らかの原因」が行為を生み出す、という殊更な表現を用いているからである（T 2.3.2.6）。ヒュームはこの箇所で、性格そのものではなく、性格の中にある「何か」を原因に指定することで、行為とその原因の間に相互に成立すべき論理的独立性を保持しようとしたものと理解できる。その「何らかの原因」としては、それが生み出す行為とは論理的に独立な、たとえば、脳の器質的な一状態などが想定されうるであろう（Bricke [1974], p. 109）。その場合、その原因の探究は脳科学などの実証科学に委ねられるべきであり、もはや哲学の担当領域ではないということになる。

さて、ここでこれまでのヒュームの責任論を一度まとめよう。ある者が、他者からの強制などによらず、もっぱら自分の意志決定によりある行為を行った場合、その者の人格がその行為の責任帰属主体となる。よってこの場合、その者を非難し、その者に責任を問うことは正当である。行為者の人格が責任の主体なのは、それが性格の担い手であることによる。われわれがある行為について行為者を賞賛ないし非難するとき、その賞賛ないし非難は、行為者の性格へと向けられている。その際の性格とは、望ましい行為や望ましくない行為など、ある特定の種類の行為を恒常的・持続的に生み出す原理ないし傾向性を意味している。

五、期待可能性

ヒュームの責任論の概要を通覧したところで、自由について再度考えたい。一般には他行為可能性としての自由、すなわち「現実に行ったその行為ではない他の行為をすることができた」ということが責任の要件であると言われる。しかし、ヒュームが責任の要件とする自発性の自由は、ひとえに現実において行為者の意志決定から行為が生じていることを指しており、行為者が他行為可能であったかどうかをヒュームが問題にすることはない。(12) では、他行為可能性を期待可能性の意味で理解するならば、どうだろうか。すなわち、「その行為ではない他の行為をすることができた」という表現を「その行為ではない他の行為をすることを合理的に期待できた」という意味に理解するならば、どうだろうか。

刑法学において、期待可能性とは、自らの行為が犯罪に該当すると知りつつ行為した者に対して、「もし具体的な事情のもとにおいてその行為をすることが全く無理もない――その行為をしないことが期待されえない――ばあいであれば、もはや行為者に非難を加えることはできない」という理由で、その刑事責任を免じる法理を指す（団藤［一九九〇］、三二三－四頁）。期待可能性であれば、ヒュームにおいても、それを論じていると解しうる箇所を見出すことができる。

「われわれが何らかの行為を要求するとき、あるいは行為を実行しないゆえにある人物を非難するとき、われわれは常に、その位置にいる人ならば、まさにその行為をなそうとする適正な動機に動かされるべきだと想定しており、その動機を顧慮しないのは、その人の悪徳の現れと見なす。その人の胸には有徳な動機が強力に働いていることに変わりはないが、われわれの知らないある事情のせいでその作用が妨げられているのだと、調べて分かる場合、われわれは非難を撤回し、われわれが求める行為をその人が現実に実行した場合と同じ敬意を抱くのである。」(T 3.2.1.3)

ある者がわれわれによって期待される行為をしなかったとき、その者はそれを理由に非難される。しかし、その期待を不可能にする「ある事情」の存在が後に判明するならば、非難は撤回される。この場合の期待とは、(ある行為をしない代わりに、あるいは、実際に行われた行為の代わりに)ある行為をすることへの合理的期待である。刑法学では、犯罪にあたる行為をしないことが期待の内容となるのだが、期待の内容が作為か不作為という違いは、重要ではない。問題となるのは、期待可能性の判断基準である。上の引用箇所にある「その位置にいる人ならば」という文言から、ヒュームは当該社会に暮らす一般の人、あるいは平均的な人を標準にしていると考えるのが妥当であろう。その場合、社会一般の人びとに期待できることが期待の内容となる。行為者が非難されるのは、その期待を充足しなかったからなのだが、期待を充足できない「ある事情」が行為者にある場合、非難は撤回される。たとえば、ある者が家族を人質に取られたうえで、銀行強盗を命じられ、やむなくそれに従った場合、その命令に従わないことは、平均的な人びとに対しても期待しえないと判断されるので、われわれはその者に対して非難を向け、責任を問うことはないだろう。

この銀行強盗の事例は、行為者に自発的な自由がない事例でもある。一般に、ある行為に関して、暴力や脅迫などにより自発性の自由が欠如している場合、行為者には、その行為をしないことや、他の仕方で行為することを合理的に期待できない。よって、責任の要件としての自由は、期待可能性に包摂されると考えてよいであろう。

ヒュームにとって、われわれが人を非難し責めるのは、人間本性に由来する「自然な」反応であり、非難や否認は道徳感情の一種である。よってヒュームの責任論では、道徳感情の因果的な発生機序の解明が行われることになる。しかし、責任非難は単なる自然的反応ではない。それは道徳的な判断でもある。そうである以上、責任非難は正当であることもあれば、そうでないこともある。ヒュームによれば、その社会に暮らす平均的一般人に期待できないことに関して、人を非難するのは正当ではない。先のT 3.2.1.3での発言は、正当な非難の基準を与える「ヒュームの期待可能性論」と見なすことができるだろう。ヒュームは共感について論じるなかで、われわれが人の性格を是認あるいは否認する際の一般的な基準の形成について語っている。

「社交と会話における感情の交わりが、われわれが性格と作法を是認ないし否認できる何らかの一般的で不変の基準を作るようにさせる。そして、心が常にそうした一般的な考えを支持し、その考えによって愛や憎しみを統御するわけではないけれども、やはりそれらは談話には十分であり、付き合いや説教や芝居や学校でのすべての目的に役立つのである。」(T 3.3.3.2)

人びとは、社交と会話をつうじて徳や悪徳に関する意見交換を重ねるなかで、是認すべき、あるいは否認すべき性格に関する一般的基準を形成していく。われわれの道徳感情はその基準を常に支持するわけではなく、また、常にそれによって統御されるわけでもない。それでも、その基準があることは、談話をはじめ、さまざまな言語的交流にとって有益である。人びとの言語的交流によって生み出された道徳に関する一般的意見が、今度は人びとの言語的交流に一定の寄与を果たすことになるという、ある種の循環がここで語られている。期待可能性に関しても、こうした言語的交流の繰り返しの中から、その一般的基準が形成されていくものと理解すべきであろう。

ところで、われわれの責任非難の対象は行為ではなく、行為の持続的・恒常的産出原理としての性格なのであった。行為はあくまでも性格の表示でしかない。しかし、性格が生み出すのは自発的な行為だけではない。無意識の振る舞いが性格を表示し、それをわれわれが非難することもある。これを理由にラッセルは、ヒュームにおいて自発性の自由が常に責任の要件となるわけではないと論じる。それゆえ、ラッセルによれば、ヒュームの責任論はその本質において彼の自由論とは独立である（Russell [1995], pp. 176-9）。

このラッセルの解釈に対して、何と言うべきであろうか。他者の無意識の振る舞いに対して、否認や非難の感情を覚えることは、たしかにあるだろう。しかし、先に述べたように、非難は単なる情動的反応ではなく、正当か否かを問われうる道徳的判断としての側面をも有している。「ヒュームの期待可能性論」は、われわれの非難がもつそのような規範的な側面に関わっている。そして、その理論は、〈自由を欠いた行為については、行為者が他の仕方で行為することを期待できないので、行為者を非難すべきではない〉という内容を重要な部分として含んでいる。このように、ヒュームは責任非難の規範的側面を決して見落としておらず、また、自由は依然として責任の要件として重要であるのだが、ラッセルの解釈は、ヒューム責任論の自然主義的性格を強調するのに急なあまり、これらの点を過小評価しているように感じられる。

六、責任能力

自発性の自由について、ラッセルはもうひとつ、重要な指摘を与えている。自分自身の意志の決定にしたがって行為する能力は、たしかに道徳的行為者にとって必要条件ではあるが、しかし、そのような能力ならば、たとえば子供や動物や精神病者など、道徳的行為者と見なされていない多くの存在も持っている。それゆえ、自発性の自由は道徳的行為者を非-道徳的行為者から区別するのに十分ではないとラッセルは指摘するのである（Russell [1995], p. 179）[13]。そもそもヒュームの自然主義的アプローチに従うならば、自己や他者の心に快苦をもたらすような精神的性質の持ち主であれば、だれもが不可避的に道徳感情の対象に、すなわち道徳的行為者になってしまう。それゆえ、一部の人びとが道徳感情の適切な対象にならない理由を、あるいは、道徳的能力の本性に関する適切な説明を、ヒュームは与えることができない。実際のところ、ヒュームはその説明を与えることに全く取り組んでもいない。ラッセルはこのように断じる（Russell [1995], p. 91）。

ラッセルによる以上のヒューム批判は、おおむね妥当であろう。ヒュームの責任論は、道徳的責任主体として適格であるための条件は何かという問題、すなわち責任能力の問題に正面から取り組んではいない。しかしながら本論は、ヒュームの「狂人」に関する発言をもとに、一種の責任能力論を構成することが可能であると考える。本節では、以下、その構成を試みたいと思う。[14] ヒュームは、狂人について次のように述べている。

「狂人が自由を持っていないことは一般に認められている。しかし、狂人を彼らの行為によって判断するとするならば、彼らの行為は賢明な人びとの行為よりも規則性と恒常性に欠けていて、したがって、さらに必然性から離れている。それゆえわれわれの考え方は、この点で絶対的に矛盾している。」(T 2.3.1.13)

この発言は、無差別の自由に対する批判を意図したものである。無差別の自由とは、因果的必然性を免れた仕方で行為できる自由であり、いわゆる自由意志論者によって唱えられるのだが、ヒュームはこれを単なる原因の欠如ないし偶然として退ける。その際の反論の材料として、一般に自由を持たないとされる狂人がここで取り上げられている。狂人の行為は規則性や恒常性をもたず、ランダムで偶然的である。しかし、行為が原因によって決定されておらず偶然に生起することを自由と言うならば、まさに狂人こそが自由の享受者だということになる。しかしそれは矛盾だ、というのがこの発言の趣旨である。

狂人の行為はランダムであるため、持続的性格の表示とならない。それゆえ狂人は、賞賛や非難などの道徳感情の対象とはならず、よって道徳的行為者としての適格性も責任能力も有しない。翻って言うならば、ある者が責任非難の対象であるためには、その者の行為がその者の持続的性格の表示となりうるだけの規則性・恒常性を備えていなくてはならない。ヒュームの「狂人」に関する発言からは、ひとまずこのような責任能力論を導くことができるだろう。

しかし、話はこれで終わりではない。というのも、ヒュームは偶然性について、それは不完全な知識に由来する外見上のものにすぎないとも述べているからである。

「偶然あるいは無差別は、われわれの知識が不完全なため、われわれの判断の中だけに存在し、ものそのものの中には存在しない。つまり、ものそのものにおいては、見かけ上はすべてが等しく恒常的で確実ではないけれども、本当はあらゆる場合に等しく必然的であると、われわれは結論する。ある種の行為とある種の動機や性格との結合ほど恒常的で確実なものはない。」（T 2.3.1.12）

ある事象の生起に関して、複数の因果関係が複雑に関与している場合、その事象の生起は、非恒常的で不確実で偶然的であるように見える。しかし、対象それ自体としては、すなわち、その事象の生起に関与している因果関係のひとつひとつに関しては、原因と結果の間に恒常的で必然的な結合がある。行為と動機や性格の間にも恒常的で必然的な因果的結合が必ず存在する。因果関係はここでは、単に観察者が対象に見出すものではなく、探究によって積極的に発見すべき関係として語られている。

しかし、「普通の人びと」は事象の生起に関する外見上の不確実性を、そのまま原因の不確実性に帰してしまう。それに対して「哲学者」は、その外見上の不確実性をもたらしている恒常的で確実な因果的機序を、綿密な調査によって発見する。

「普通の人びとは、物事をその最初の見かけのままにとるので、出来事の不確実性を原因における不確実性に帰し、その不確実性によって、原因はその作用において何の障害や妨害にも遭わないにもかかわらず、しばしばその通常の影響を欠くものとする。しかし哲学者は、自然のほぼ全ての部分に、微小であったり遠く隔たっているために隠されている非常に多様な原動力や原理が含まれていることを観察し、反対の出来事が原因における何らかの偶然から生じるのではなく、反対の原因という隠れた作用から生じうることが少なくとも可能であると見出す。哲学者が綿密な精査によって、結果の反対が常に原因の反対を示し、相互の妨害と対立から生じることに気づくとき、この可能性は更なる観察によって確実性に転じる。」(T 1.3.12.5)

狂人の行為は規則性と恒常性をもたないのであった。しかし、たとえば精神医学の専門家であれば、一般人には不規則にしか見えない狂人の行為の背後に、その行為を生み出している持続的な因果的機序の存在を発見するかもしれない。その場合、その専門家には狂人の行為がその性格の表示として映り、それがために、その専門家は狂人にも責任能力を認めるかもしれない。

ある者が責任非難の対象であるためには、その者の行為がその者の持続的性格の表示となりうるだけの規則性・恒常性を備えていなくてはならない。よって責任能力の有無は行為の規則性・恒常性の有無によって判定される。そして、その判定の結果は、一般人と専門家では（そしておそらく、専門家の間でも）異なりうる（その場合、「綿密な精査」を経た専門家による判定結果こそが採られるべきであろう）。「狂人」に関するヒュームの発言からは、およそこのような責任能力論を導くことが可能であろう。これにより、行為に規則性・恒常性が認められない者や行為の規則性・恒常性が顕著に乏しい者については、その行為責任が減免されることになる。[15]

七、責任と運

責任の根拠を性格に求めるヒュームの責任論に対する批判としてだれもが最初に思いつくのは、「性格は一般に、生来的要因と環境的要因によって形成されるものであり、自発的に獲得されるものではないのだから、われわれには自分の性格に対する責任はない」というものであろう。[16] そして、「三つ子の魂百まで」という言葉が示すように、いちど形成された性格は、一般に永続的であり、随意に変更できるものではない。ヒュームもまた、性格のこうした非随意性を認める。古今の哲学者たちが道徳的徳と見なしている性質─志操堅固、不屈、寛大など─は、その多くが随意的ではないと指摘した後、ヒュームは次のように述べる。

「精神が何らかの重要な点で性格を変えたり、生来的に激情的な、あるいは怒りっぽい気質をもつときに、それを矯正したりするのは、ほとんど不可能である。これらの非難すべき性質の度合いが高ければ高いほど、悪徳の程度も増すが、それでいて、随意である度合いは、それだけ低くなる。…徳と悪徳が、美と醜同様に、随意でなくてどうしていけないのか、だれか理由を挙げてもらいたい。これらの道徳的区別は、苦と快の自然な区別から生じる。つまり、われわれが何らかの性質や性格を一般的に考察することからそれらの感じを受け取るとき、われわれはそれを悪徳や徳と名付けるのである。さて、性質がそれを有する人にとって完全に随意でなければ、それを考察する人にとって快や苦を生み出すことは決してできないと主張する人は誰もいないだろうと私は信じる。」(T 3.3.4.3)

ヒュームによると、われわれが自らの性格を変えることは、ほぼ不可能である。しかも、非難される度合いが高い性格ほど、随意性は低くなる。しかし、徳や悪徳は、それが随意的である否かに関係なく、人びとの精神に快や苦を生み出す。

たしかに、人に対して非難の感情を覚えるとき、非難の対象であるその人の性格が生得的かどうかは、その感情の発生には関係がない。責任非難が正当であるためには、行為が自発的であることが要件である。しかしヒュームの責任論は、行為を生み出す性格にまで自発性を求めてはいない。性格を自分の意志にしたがって形成することの可能性についてヒュームは悲観的である。(17) しかしそうなると、反社会的な性格に生まれついた者が罪を犯した場合、それは獰猛な動物が人を襲うことと変わらないであろう。それゆえ、その者を非難したり処罰したりすることは、無意味で的外れな処遇ということになる。そして、そのような非難や処罰は、本人にとっては単なる不運でしかない[18]。

ヒュームは本人による性格の改善については基本的に悲観的なのだが、他者による改善については、その可能性を一定程度認めている。それによると、道徳的性質は賞罰や賞賛と非難によって変えることが可能であり、正義の法を遵守させるには、奨励と刑罰が有効である（T 3.3.4.4）。しかし、性格の改善が一定程度可能だとしても、性格の形成において相当な部分を占める先天的要因と環境的要因については、やはり運がそれらを大きく左右する。かくして、責任の根拠を性格に置くヒュームの責任論は、その核心部において運の問題に直面する。

しかし、考えてみれば、行為の産出原理としての性格のあり方だけが運に左右されるのではない。生み出された行為の帰結もまた、ある程度、運に左右される。ヒュームの道徳論には、道徳的評価が運の要素に左右されることを排除するための「一般的規則」と呼ばれる修正装置が備わっている[19]。これによって、有徳な行為が不運のために予想されるよい結果を生まなかったとしても、われわれはその行為者に有徳性を帰し、その性格を是認することができる。かくして、「襤褸を纏った徳」も、依然として徳であるということになる（T 3.3.1.19-20）。それでもやはり、その有徳な行為が幸運に恵まれて実際によい結果を生む方が、その行為の観察者にとって好印象であるのは明らかである。また、一般的規則による修正にわれわれが常に従うわけではない（T 3.3.1.21）。よって、道徳的評価から運の要素を完全に排除することはできない。

性格の獲得についても行為の帰結についても、運の影響は避けられない。では、ヒューム責任論におけるこの運の問題について、われわれはどのように応ずべきだろうか。ヒュームの責任論のひとつの大きな特徴は、その議論がほとんど常に、責任を問う者の立場から行われていることにある。責任を問われ、それに答える側からの議論は、きわめて乏しい。しかし、運の問題を考える際には、運に左右される側の、すなわち責任を問われる側の視点が不可欠であろう。責任を問われる側に立って考えてみるならば、自分の行為が非難され責められるかどうかは、自分の意志で左右できる事柄ではないのだから、この意味では、そもそも責任を問われること自体が運に依存している。場合によっては、自分のしたことが、全く思いがけなく非難されることもあるだろう。その場合、その本人にとって、責任を問われたことは全くの不運としか思えないだろう。

責任が本来的に他者から問われるものである以上、それは本来的に非随意的であり、運の要素を孕んでいる。それゆえ、人が問われた責任に応答し、その責任を果たしていくとき、そこには運の要素を引き受けるということが、常にいくらか含まれている。無論、責任は本来的に非随意的だからといって、責任を問われた者に対して、問答無用で何もかも背負わせることは許されない。人に何をどこまで背負わせ、あるいは何をどこまで免じるかに関しては、やはり一般的な基準が存在するだろう。その基準は、第5節で見たように、人びとの言語的交流をつうじて形成されるに違いない。そして、その交流における人びとの間での問いかけとそれへの応答もまた、ひとつの責任のあり方であるに違いない[20]。このように、責任は他者との交流と分かちがたく結びついている。であるならば、責任における運の要素を引き受けるということは、他者と交わるうえで完全に取り去ることのできない一側面であると言うべきであろう。十分な回答ではないが、ヒューム責任論における運の問題について、本論はひとまず、このように答えておくことにしたい。

以上、本論はヒュームの責任論について若干の検討を行った。では、このようなヒュームの責任論からは、どのような刑罰論が導かれるのだろうか。ヒュームの刑罰論という問題が次に控えている。しかし、それについては、他日を期すこととし、本論はここでいったん稿を閉じることにしたい。

注

(1) 責任は多義的な語であるが、本論では非難可能性を本質とする責任こそが問題となる。「責める」と「非難する」はしばしば互換可能な仕方で使用されるが、本論が問題とするのは、この意味での責任である。責任のさまざまな意味については、Hart [1968], pp.211-230を参照されたい。

（2）「意志の決定に従って行為したりしなかったりする力」という自由の定義は『人間知性研究』での定義であり、「行為したりしなかったり」の部分が反実仮想を含むので、「仮説的自由」と呼ばれる。これに対し、『人間本性論』での「自発性の自由」は、（次節で触れることになるが）暴力に対立する自由を意味する（T 2.3.2.1）。ラッセルによれば、両者は互いに異なっている。というのも、自分自身の意志の決定に従って行為している者（すなわち、自発性の自由を享受している者）であっても、仮にその者が現実とは違う選択をしていたならば、その者の行為は妨げられたかもしれない（その場合、その者には仮説的自由がない）からである（Russell [2015], p. 232）。なるほど、ラッセルの言うように、厳密には両者は違うのだろうが、しかしその違いがヒュームの議論に影響を及ぼしている痕跡はない。本論としては、『研究』のなかで、行為が「全面的に外的暴力から引き出されたもの」である場合、それは賞賛や非難の対象にはならないと言われていることに鑑みて（EHU 8.31）、『研究』の仮説的自由においても、『本性論』の自発性の自由と同様に〈暴力などの強制の不在〉の部分に力点が置かれているものと考える。かくして本論では、仮説的自由も自発性の自由も、ともに「他者からの強制なしに、もっぱら自分自身の意志決定にしたがって行為している」という事態を意味していると解することにしたい。その理解のもと、本論では「自発性の自由」の方を呼称として採用する。ちなみにラッセルは、自発性の自由と仮説的自由の違いを指摘したすぐ後で、「その違いを誇張しないことが重要だ」とも述べている（Russell, *loc. cit.*）。

（3）無差別の自由については、本論第6節で簡単に触れてはいるが、それ以外の箇所では本論の論旨に関係しないので、その説明を省略した。

（4）よってヒュームの自発性の自由は、バーリンの言う「消極的自由」に近い（Berlin [2002], p. 169）。

（5）ここでは、石川の解釈にしたがう（石川 [2011]、331頁）。

（6）ヒュームは『本性論』の終わり近くで、徳や悪徳に対する賞賛や非難は「比較的微弱ではっきりとは感じ取れない愛や憎しみに他ならない」と述べている（T 3.3.5.1）。この発言から、賞賛や非難などの道徳感情を間接情念の一種と解する道が開かれる（Russell [1995], pp. 61-4, 道徳感情と間接情念の密接な関係については、Árdal [1966], Ch. 6）。道徳感情が一種の間接情念だとすれば、その発生機序については、たとえば、〈ある行為がわれわれの精神に不快な情念を生むと、精神は因果関係を辿って行為の原因である行為者へと向かい、行為が生み出した不快な情念と類似した非難や怒りなどの情念を行為者に覚えるようになる〉といった説明が可能であろう。しかし、ヒュームにおける道徳感情の本性やその発生機序の問題は本論の範囲外であるので、ここで簡単に触れるにとどめることにしたい。

(7) 行為がそれ自体で道徳的性質を帯びることはないとしても、それが行為者に由来する道徳的価値とは異なる何らかの評価的価値をもつことは、ありうるだろう。たとえば、電車内で立っていた私の足を隣に立っていた乗客が踏んだという場合、それがその乗客の悪意による行為であれ、単なる不注意による行為であれ、私の足を踏む行為は私の足に痛みを生むのだから、それ自体で有害性を有している。

(8) マイケル・ベイルは、行為と性格の関係について、同一の行為がさまざまな動機からなされるのだから、ある者がある特定のタイプの行為を行ったことと、その者がある特定の精神的性質ないし性格特性をもっていることの間に必然的結合はないと指摘する(Bayle [1976], p. 28)。たしかにわれわれは、ときおり他者の行為の動機や意図を取り違えてしまう。しかし、それでもなお、われわれが他者の性格を知るのは、主にその振る舞いの観察をつうじてであるという事実に変わりはない。

(9) 刑法第一〇章「累犯」(第五六－九条)。

(10) カテゴリー・ミステイクについては、Ryle [1949], pp. 17-24 を参照されたい。

(11) 実際、ある論者は、ヒュームにおける性格と行為の関係は、表向きは因果関係だが、実質的には論理的な含意関係だと指摘している(Johnson [1990], pp. 161-4)。

(12) ベイアーによれば、これにはヒュームの嗜好が関わっている。ヒュームは現実の条件下で実際に生じたことによって自説を確証することを好み、反事実的条件に興味を示さない。ヒュームが他行為可能性を問題にしないのは、この嗜好ゆえであるとベイアーは言う(Baier [1991], pp. 154-5)。

(13) たとえばロックのように、自由を法の範囲内で自発的に行為したり自分の所有物を処分したりできることと定義とするならば(Locke [1988], p. 306)、自由概念に含まれる法の理解可能性に基づいて、道徳的行為者とそうでない者の区別を行うことができるだろう。しかし、ヒュームの自由概念は法の理解可能性を含むものではない。

(14) ヒューム(や彼の同時代人)にとって、狂人 mad-man がどのような存在なのかは明確ではない。さしあたり本論では、ヒュームの記述をもとに、(おそらく精神異常や精神疾患を原因とする)不規則な行動を特徴とし、それを理由に責任能力を持たないと認定される人びとを指すと理解しておくことにする。

（15）しかし、行為の規則性・恒常性という判定基準だけでは、一般には道徳的責任主体から除外される者（子供や動物など）すべてを除外することができない。この点で、本論による「ヒュームの責任能力論」の再構成は不十分なものであることを認めざるをえない。
（16）ニコラ・レイシーは、その刑罰論の中で、行為者の性格に関する判断に基づいて責任帰属を行う「ヒューミアンな責任観」に対して入念な考察を行っているが、そこでもやはり、「われわれは自分の性格に対して責任がない」という反論が最初に想定されている（Lacey [1988], pp. 66-7）。
（17）「懐疑主義」と題されたエッセイでは、生来的な性格の改善に関する悲観論が語られている（E pp. 169-70）。ラッセルが言うように、「ヒュームの理論は、性格がその持ち主によって形成され、条件づけられる、あるいは条件づけられうる仕方について全体的に無関心である」ように思われる（Russell [1995], p.128）。
（18）現実の裁判実践では、多くの事件において、被告の性格が変えられるのかそうでないのかを調べることができないので、法がすべての不運を排除することは不可能であるとレイシーは指摘する（Lacey [1988], p. 71）。
（19）道徳的評価における一般的規則の詳細については、林［二〇一五］六三－七五頁を参照されたい。
（20）ここで筆者は「説明責任」を念頭に置いている。説明責任においては、問いに対して応答し説明することが、すなわち責任を果たすことであり、両者は一体化している。

参考文献

ヒュームの著作

参照・引用は以下のテキストに依る。『人間本性論』（略号T）の参照・引用箇所は、略号の後に、巻・章・節・段落番号にて指示した。『人間知性研究』（略号ＥＨＵ）と『道徳原理研究』（略号ＥＰＭ）の参照・引用箇所は、略号の後に、章・節にて指示した。『道徳・政治・文学論集』（略号Ｅ）の参照・引用箇所は、略号の後に頁にて指示した。なお、引用にあたっては、なるべく下記の邦訳に従ったが、適宜表現を変えた。

『人間本性論』：Norton, D. F.& Norton, M. J.（eds.）[2000], *David Hume: A Treatise of Human Nature*, Oxford U. P.（木曾好能・

石川徹・伊勢俊彦・中釜浩一訳［一九九五、二〇一一、二〇一二］『人間本性論 第一巻・第二巻・第三巻』（三分冊）、法政大学出版局）
『人間知性研究』：Beauchamp, T. L. (ed.) [1999], *David Hume: An Enquiry concerning Human Understanding*, Oxford U. P.（斎藤繁雄・一ノ瀬正樹訳［二〇〇四］『人間知性研究』、法政大学出版局）
『道徳原理研究』：Beauchamp, T. L. (ed.) [1998], *David Hume: An Enquiry concerning the Principles of Morals*, Oxford U. P.
『道徳・政治・文学論集』：Miller, E. F. (ed.) [1987], *David Hume: Essays, Moral, Political and Literary*, Liberty Fund.

二次文献

Árdal, P. S. [1966], *Passion and Value*, Edinburgh U.P.
Baier, A. C. [1991], *A Progress of Sentiments*, Harvard U.P.
Bayle, M. D. [1976], Hume on Blame and Excuse, *Hume Studies*, vol.2, no.1.
——— [1982], Character, Purpose, and Criminal Responsibility, *Law and Philosophy*, vol.1, no. 1.
Berlin, I. [2002], *Liberty*, Hardy, H. (ed.), Oxford U.P.
Bricke, J. [1974], Hume's Conception of Character, *The Southwestern Journal of Philosophy,* vol. 5, no. 1.
団藤重光［一九九〇］『刑法綱要総論 第三版』、創文社。
Foot, P. [2002], *Virtues and* Vices, Oxford U.P.
Hart, H. L. A. [1968], *Punishment and Responsibility*, Oxford U. P.
林誓雄［二〇一五］「襤褸を纏った徳」、京都大学学術出版会。
石川徹［二〇一一］「解説―ヒューム『人間本性論』における情念論」、石川・中釜・伊勢訳［二〇一一］『人間本性論 第二巻』、二二三一二五六頁。
Johnson, C. S. [1990], Hume on Character, Action and Causal Necessity, *Auslegung*, vol. 16. No. 2.
Lacey, N. [1988], *State Punishment*, Routledge.
Locke, J. [1988], *Two Treatises of Government*, Laslett, P. (ed.), Cambridge U.P.

Russell, P. [1995], *Freedom and Moral Sentiment*, Oxford U.P.

——— [2015], "Hume's Lengthy Digression": Free Will in the Treatise, *The Cambridge Companion to Hume's Treatise*, Ainslie, D. C. & Butler, A. (eds.), Cambridge U.P.

Ryle, G. [1949], *The Concept of Mind*, Penguin Books.

研究論文

後期メルロ＝ポンティにおけるマルブランシュ読解

――〈存在〉と主体をめぐって――

柳瀬大輝

二〇世紀フランスの哲学者であるメルロ＝ポンティを哲学史上に位置づける際、彼自身もその思潮に属する現象学にくわえて、近世哲学との関係が問題となる。それというのも、彼はその生涯を通じて心身の分離に依拠するデカルトを批判的に読解しつつ、あくまで心身合一の次元に固執することで自らの哲学を構築していったからである。

こうした近世の哲学者のうち、メルロ＝ポンティとの思想的な近さが強調されてきたのが、デカルトの影響下で独自の体系を構築したマルブランシュである。両者の関係を論じるにあたって、前期メルロ＝ポンティの主著『知覚の現象学』においては、主体の自発的判断なしに知覚が意味を備えていることを示すためにマルブランシュから援用される「自然的判断」(cf. PhP, 52-54) という論点が着目されてきた。(1) また後期に関しては、未刊に終わった『見えるものと見えないもの』(一九五九－一九六一年執筆) における触れる手と触れられる手という身体の自己反省による主体の成立という論点が、『心身の合一』(一九四七／四八年) 講義においてメルロ＝ポンティが、「私が私に昏い仕方で触れる」(UAC, 20)、「魂のそれ自身との昏い接触」(UAC, 23) といった触覚的比喩を用いて提示するマルブランシュにおける「内的感覚」という非判明的な自己把握との関係から検討されてきた。(2)

これに対して本稿が主題とするのは、後期メルロ＝ポンティの存在論において、主体と他の存在者に先行し、それらを包含する根源的次元として設定される大文字の〈存在〉(l'Être) およびそれに内属する主体という論点をめぐるマルブランシュとの思想的関係である。本論で述べるように、認識を支える地平的なものと理解されるマルブランシュの〈存在〉すなわち神がメルロ＝ポンティの〈存在〉理解に近いことは、空間的知覚のパースペクティヴ性に関して伊藤泰雄が[3]、知覚的経験一般の可能性の条件という論点に関してパツィエンティ[4]がそれぞれ指摘している。こうした先行研究を引き継ぎつつも、本稿はより具体的に晩年のメルロ＝ポンティによるマルブランシュへの直接的言及の意味を解明することを中心とする。『見えるものと見えないもの』の具体的な執筆構想で、メルロ＝ポンティは自らの積極的な思索の展開に続く「第三部において、デカルト的存在論との対決に至らなければならない(ゲルーのデカルトの息の根を止めること——彼のマルブランシュを読むこと)」(VI, 295) と記していた。こうした議論は、実際、『見えるものと見えないもの』にくわえて、一九六〇／六一年の『デカルト的存在論と今日の存在論』講義(以下『デカルト』講義)において展開されており、そこでは同時代の哲学史家マルシャル・ゲルーのデカルト解釈を批判しつつ、一見奇妙であるが同時に、そのマルブランシュ注解が肯定的に参照される。本稿の目的は、「デカルト的存在論」との対決という文脈において、メルロ＝ポンティがマルブランシュ哲学のうちに何を読み取っていたのかを解明することにある。

本稿の構成は以下のとおりである。まず、メルロ＝ポンティがマルブランシュおよび自らの思索に対置するデカルトに関するその理解と批判の要点を示す。この点を踏まえつつ、次に、『デカルト』講義におけるマルブランシュへの言及の意味するところを明らかにする。その後、そうした言及に対応するメルロ＝ポンティ自身の思索を検討した上で、最後に、メルロ＝ポンティの存在論がマルブランシュの哲学といかなる点で共鳴するのかを示す。こうした解明を通して、「デカルト的存在論」を批判しつつ構築されたメルロ＝ポンティの後期存在論が、いわば「マルブランシュ的存在論」へと向かっていたということが示されることになるであろう。

一　後期メルロ＝ポンティによるデカルト理解

晩年のメルロ＝ポンティによるデカルト理解は光や眼という視覚的「メタファー」（NC, 227）に基づいて展開されており、デカルト的主体＝コギトは何よりもまず、「誰が［…］見るのか」（VI, 263）という問いに対する回答として理解される。そして、デカルトにとって、見ることは「精神の直観（intuitus mentis）」（VI, 327; NC, 228）、「精神の視覚」（NC, 228）である。

主著『省察』で、知の絶対的基礎となる第一の確実性を獲得しようとするデカルトは、少しでも疑わしさを含むものを退けるという方針を立てることで、「第一省察」において、身体、数学的明証性、さらには神さえも不確実なものとみなしていく。その上で、「第二省察」において不可疑のものとして定立されるのが思惟する私であるが、その内実を吟味する際に、デカルトは次のように述べる。すなわち、私が見ているものは、それが夢である可能性が拭い難い以上、疑わしい。けれども、「確かに私には、見えると思われる［…］このことは偽ではありえない」。このように厳密に捉えるならば、「感覚するということは思惟するということに他ならない」（AT VII, 29）。このことから、見ることは思惟することに還元される。[5] こうして根源的な「私」は純粋に「思惟する事物」すなわち「精神」、「魂」、「知性」、「理性」（AT VII, 27）となり、そこからは身体にくわえてそこで生じる感覚もまた二次的なものとして排除される。同箇所の解釈において、メルロ＝ポンティが踏まえる（cf. NC, 254-255, 261）ゲルーによれば、このように純化されたコギトは、「自らを表象する、すなわち思惟するという事実」[6]によって自己の存在をまず確証する。認識能力を「自然の光（lumen naturae）」（AT VIII, 16）とする『哲学原理』の比喩に従えば、「私は自らを照らし出しつつ照らし出される光として把握する」（NC, 235）のである。こうしたコギトは、認識経験一般に関しては、その対象である世界を外部から「表象（Vorstellung）」（VI, 306）として眼前に照らし出す光、「表象一般の必然的かつ普遍的な条件」[7]である超越論的主観とみなされる。主観を除くあらゆる存在者をそれにとっての対象とみなすこうしたデカルト的存在論を、メルロ＝ポンティは「対象の存在論」（VI, 220）と呼称する。

ところで、晩年のメルロ＝ポンティはまた、こうしたコギトを導き出すデカルトの思考のスタイルをも問題にする。方法的懐疑の歩みを規定しているのは、『哲学原理』において「確実で疑うことのできない判断がその上に立てられるような知得（perceptio）」の基準とされる「明晰判明（clarus et distinctus）」性である。「明晰」とは「注意している精神に現前して、かつ明白である」ものであり、「判明」とは、これにくわえて、「他のすべてのものからはっきり分かたれ切り離されていて、明晰であるもの以外の何ものもそのうちに含まない」ことである（AT VIII, 22）。確実なものは、それについて注意を向ける精神に鮮明に現前するものであって、どれほどわずかであれ懐疑の可能性を含むすべてはそこから切り離される。メルロ＝ポンティは、懐疑に関して、こうした純粋性への志向を「デカルト的思考と存在論」の特質として次のように規定する。

> 懐疑とは［…］絶対的な仕方では存在しないすべてのものが無であるかのような思考をおこなうことに存している。デカルトにとってこれこそが哲学である。［…］デカルトにとって哲学者とは〈存在〉と〈無〉の二者択一を立てる者なのだ。懐疑とは、あらゆる事物が無である（nihil esse）かのように考えることである。（NC, 234）

「明晰判明」性を基準とするデカルトの思考においては、「両義性＝曖昧さ（ambiguïté）」（NC, 234）は考慮に入れられない。そこでは純粋に「存在する」と言えるものだけが存在するものであり、それ以外のものは無いものとして扱われることになり、そうした純化の果てに見出されるのが、思惟を単純本性とするコギトなのである。

メルロ＝ポンティは、他から切り離された純粋な存在を志向するデカルトのこの姿勢を視覚的経験一般へと敷衍する。それによれば、認識の遂行者であるコギトが純粋知性へと還元されたのにくわえ、こうした「精神の視覚」の内容に関しても単純性が特質となる。すなわち、デカルトは「明晰判明」性の規定が示された『哲学原理』の先述の箇所で、「明晰な知得」を「直観している目に現前する」(AT VIII, 22) という類比を用いて説明しているが、この規定にしたがうならば、或る事物は他から切り離された個物としてありありと現前している際に、「見られている」と言われることになる。

メルロ＝ポンティによれば、こうしたデカルト的視覚には、「図 (figures)」のみに着目し、「「地 (fond)」や「地平」を考慮しない」(VI, 327) という問題がある。前提にされているのは知覚の「図と地」構造である。知覚の対象は、決して単独で見てとられることはなく、必ず一つの全体的領野のうちで捉えられる。例えば、「図」として注視されているコップ (「見えるもの」) は、現在のところ注意の対象となっていないがコップの置かれている机や現在のところ私に対して隠れているその裏面などの「地」・「地平」(「見えないもの」) をともなって現出してくる。くわえて、コップが片面しか見えないようなパースペクティヴ的現出の前提となる身体による主体の空間内への定位という議論は、認識を純粋な「精神の眼」へと還元するデカルトには無視されることになる。視覚を個別的対象の現前と理解し、そこから切り離された他のものを「何もない (nihil esse)」かのように扱う「明晰判明な」態度にとっては、無ではないが「見えないもの」として視覚に必然的にともなう背景や身体が無視されることになるのである。

まとめよう。分離・区別によって対象のみを注視するというモデルに従い、懐疑を通じて単純本性としての思惟を主体と位置づけるデカルトは、視覚に関して、二つの帰結を生むことになる。第一に、視覚の主体は感官を備えた身体的主体ではなく純粋精神であって、存在するものはこうした無世界的主観にとっての対象である。そして第二に、こうした対象の視覚においては、図としての対象の後景となる地や地平が見落とされている。メルロ＝ポンティは、分離によって取り出される単純性に定位するこうした「デカルト的存在論」に対して、単純性がそこから取り出される全体性に目を向けようとする。こうした全体性への志向において呼び出されるのがマルブランシュである。

二　マルブランシュと〈存在〉の思考

区別＝判明さ（distinction）による単純なものをモデルとし、純粋思惟としてのコギトに定位するデカルトに対し、メルロ＝ポンティは懐疑という反省的思考に先行する「方法以前のデカルト」、「自らが思惟していることを常に知っていた、究極的で解明を必要としない或る知を備えたコギト以前のコギトのデカルト」（VI, 326）を探求しなければならないとする。そこには、純粋なものに切り縮められる以前の原初的な経験が見出されるであろう。こうした「方法以前」という水準に位置づけられるのが、ゲルーのマルブランシュ注解からの以下の引用である。

> マルブランシュは解体、分離、再構成によって進むことはない。彼は自らの魂を支える広大無辺な存在を見ているのであり、その存在の表面のあちこちに魂は自らの思惟の能力を凝結させるのである。[8]（NC, 165-166）

> 分析が明晰で判明な観念の外観を引き倒し、すべてを与えるかすべてを拒むかであるような巨大な直観を発見するのであり、その直観は証明されうるどころか、あらゆる証明に先行し、それ自体では無力な推論を免除するものであり、証明するためというよりも或る見ること（vision）をもたらすためのものである。[9]（NC, 166, 227）

メルロ＝ポンティはこうした「広大無辺な存在」の直観を、デカルトの『省察』において「密かに前提された直観」、「諸理由の順序を支える基礎杭」（NC, 277）をなすものであるとする。それが示すのは「理由や思考」によるのではない原初的な「〈存在〉との接触」（NC, 233）である。こうした〈存在〉は、存在者を主体に統御された表象とみなすデカルトの「対象の存在論」に先立つ「野生の〈存在〉（l'Être sauvage）」（VI, 306）と呼ばれうるものであろう。けれども、両者の比較に先立って、引用の中身を明らかにすることが必要である。それを整理するならば、次のようになる。第一に、マルブランシュにとって〈存在〉とは（デカルトのように）分離によるのではない全体的なものであること、第二に、そうした〈存在〉は魂＝主体を支えるものであること、最後に、〈存在〉の直観は推論によるのではなく、それに先行すること。以下では、こうした区分に即して、マルブランシュ哲学の概略を示していく。

まず、マルブランシュにおいて、〈存在〉は神を指す呼称である（OC XII, 53）。問題はその中身であるが、それは次のような認識論から規定される。すなわち、物心の事象的区別をデカルト以上に厳格に引き継ぐマルブランシュによれば、両者の本質が異なる以上、精神は物体を直接認識することはできない。よって両者を媒介する「観念」が要請されるのであるが、マルブランシュはそれを認識の「直接的対象」（OC I, 414）とした上で、その在処を人間精神ではなく、神とする。こうして物体的諸事物を知覚する際、「我々はすべてを神のうちに見る」（OC I, 437）ことになる。くわえて、こうしたあらゆる物体の観念を包含する全体性である〈存在〉は、事物の知覚に先立って「見られて」いなければならないとされる。マルブランシュによれば、個別的なものの認識には一般的なものの認識が先行していなければならない。例えば、私が目の前の事物が三角形をしていることを見てとるためには、そもそも三角形一般とは何かを漠然とであれ先行的に了解していなければならない。こうしたことはあらゆる存在者の認識に妥当するのであるから、「我々が或る有限な存在者を理解するためには、必然的にこの存在一般の知見（notion）から何かを引き抜かなければならないのであって、したがって、存在一般の知見が先行していなければならない」（OC I, 441）。かくして先行的に了解される無限で未規定的な一般性として、あらゆる有限的存在者の現出を支えるマルブランシュの〈存在〉は、「あらゆる個別的事物がそこから引き出される地＝基底（fond）」[10]、「存在者の現出の地平」[11]として機能する。他から切り離された個別的対象を認識のモデルとするデカルトに対して、マルブランシュにおいては、存在者の現出は、つねにそれを包含し、その前提となる〈存在〉という全体性のうちで捉えられるのである。そして、こうした未規定な一般性としての〈存在〉は、つねに私の精神に漠然とした仕方で作用し、個別的存在者の現出の前提となりつつも、それ自体では、規定された対象として捉えられることはない。〈存在〉は、「我々にとって、あまりに親しいものであって、我々にあまりにわずかにしか触れることがないので、我々はその観念をほとんどまったく見ていないと思ってしまうほどである」（OC I, 456-457）とされるように、〈存在〉は、図としての個別的存在者を現出させつつ、それ自体は対象として現出することのない経験の絶対的な地として、ほとんど意識されることなく退隠していくものなのである。[12]

では、こうした〈存在〉のうちで認識を遂行する主体はいかなるものなのであろうか。マルブランシュによれば、物体の認識が神のうちなる観念を経由する明晰なものであるのに対し、自己の魂それ自体が何であるかは判明に捉えられえず、「私は私自身にとって闇でしかない」（OC X, 102）。というのも、私自身がそうであるところの魂は、事物のように対象として現出することは決してなく、そこにおいて経験される「苦痛や暑さ、光」といった「内的感覚」（OC I, 451）を通じて、その実在を漠然と感じることしかできないからである。[13]固有の本性を欠いた単に実在としか呼べない「昏いコギト」というこの教説が、デカルトと対比しつつマルブランシュを特徴づけるゲルーにとっての重要な論点となる。

デカルトにおいて、思惟を本性とするコギトは最も確実なものであり、それ自体が「自然の光」＝認識能力として、自己を定立すると同時に、他の一切の存在者を表象するのであった。これに対して、マルブランシュにおいて、コギトは無力な「闇」に過ぎない。こうした教説は、判明な認識を保証する観念の在処という神の中心性をさらに高めることになる。ゲルーが、「理性についてのマルブランシュの教説は、もはやデカルトのように自然の光によるものではなく、超自然の光によるものであるように思われる」[14]と述べるように、マルブランシュにおいて思惟の能力もまたコギトから剥奪されて神のうちに位置づけられるのであって、それは結局のところ、人間理性が普遍的な神的理性と同一化されるということに他ならない[15]。そして、哲学的推論を遂行する理性それ自体もまた、神による照明によってのみ可能になっているのであるから[16]、哲学体系の要石となるのは神に照らされること、「神を見ること」であることになり、思惟の自己定立であるデカルト的コギトはその中心的地位から失墜する。

では、デカルト哲学の影響圏で思索を展開したにもかかわらず、なぜこのような相違が生じたのであろうか。ゲルーは、それを方法的懐疑という「プロセスの消失」[17]に起因するものと認定する。デカルトにおいて、第一真理としてのコギトが確立されるのは、方法的懐疑という「理由の順序」をふまえることによってであった。これに対して、マルブランシュには懐疑という契機が存在しない[18]。私の意識がそれ自体としては固有の内容ももたない暗闇でしかないということは、「生きられた経験（*expérience vécue*）」[19]が教えるものにすぎない。このように懐疑が不要となるのは、マルブランシュにおいては、「一般的で、無制約的で、人間精神全体の地＝基底（fond）にある潜在的な存在の観念」[20]がつねにすでに前提されているからである。こうした人間的存在者の認識を能力に関しても現出する対象に関しても支える〈存在〉を「一瞥によって（par simple vue）［…］見ること」[21]からすべては始まるのであり、懐疑を経ることなしに我々はつねに真理のうちにあるのである。

以上において、本節冒頭で掲げたメルロ＝ポンティによる引用の意味は明らかにされた。第一に、マルブランシュにおいて、〈存在〉は、それ自体は現出することなく、個別的存在者を包含し現出させる全体的地平であり、第二に、それ自体としては昏い精神は、認識や思惟において神に支えられている。最後に、こうした議論は推論によって導出されたものではなく、つねにすでに〈存在〉に依拠している精神が経験から獲得するものである。では、こうしたマルブランシュの思索はメルロ＝ポンティ自身の存在論とどのように重なり合うのであろうか、この点を次節以降で明らかにしていく。

三　メルロ＝ポンティにおける〈存在〉と主体

マルブランシュとメルロ＝ポンティとを並べたとき、両者の間には基本的な点において相違も見られる。デカルト的二元論を引き継ぐマルブランシュの物心の区別、およびそこから帰結する経験不可能な物体的事物と観念の区別、そして超越的存在者である神を、メルロ＝ポンティは認めない。にもかかわらず、〈存在〉と主体をめぐって、メルロ＝ポンティは「マルブランシュ的」哲学者であると言える。それを裏づけるにあたって、本節では、〈存在〉、主体、推論に先行する「見え（vision）」というこれまでの区分に即して、メルロ＝ポンティ自身の議論を辿っていく。

まず、〈存在〉である。メルロ＝ポンティにおいて、〈存在〉は次のように語られる。

> 〈世界〉と〈存在〉：
> 両者の関係は見えるものと見えないもの（潜在性（latence））である。見えないもの（l'invisible）は、別の見えるもの（論理的意味での「可能的なもの」）ではない。それは或る単に不在の実定的なもの（un positif seulement *absent*）ではない。（VI, 305）

知覚的に与えられる全体性としての世界に対して、〈存在〉はその現出しえない「潜在性」として捉えられている。ここでの「可能的なもの」は、別の箇所では「見えていないもの（non-visible）」として、「見えないもの」と次のように区別される。すなわち、「可能的なもの」・「見えていないもの」とは「かつて見られたかいずれ見られるであろうが、現在は見られてはいないもの、あるいは私とは異なるものによって見られているが、私によっては見られていないもの」であり、これに対して、「見えないもの」は見えるものの背後にあってそれを支えつつ、

「原的には現前しえないもの（Nichturpräsentierbar [*sic*]）」（VI, 281）と規定されている。久しぶりに訪れた町を散策する場合を例にとる。ビルに遮られてまだ見えないが、次の角を曲がれば花屋があることを私は知っている。それは今はまだ「見えていないもの」であるがまもなく見えて来るであろうし、その前に立つ人にとっては現在「見えるもの」であろう。こうした意味で「見えていないもの」は、「花屋」のように規定された可能的な現出者である。けれども実際には、私は花屋を見ていないのであるから、もしかすると花屋は取り壊されてしまっているかもしれない。このように考えた場合、それは端的に「無」であるとは言えないが確実に「存在」するとも言うことができないような、不分明で未規定的なままにとどまるものである。身体によって一点に定位された主体のあらゆる空間的知覚は、こうした未規定性に取り巻かれている。「今ここ」から見える林の彼方には、公園や駅や書店（として規定されたもの）があるであろうけれども、現に「今ここ」にいる私には見えていないのであるから、厳密には、それらがあるとか、それらが何であるとか言うことはできない。曖昧さを排除するデカルトにとっては「無である」と判定されうるようなこうしたものが、「見えないもの」なのであり、そのモデルは主体の定位する地点に対する「彼方」の不可視性、地平である。以上のように、世界が規定性をともなって私に現出してくる空間的総体であるのに対して、〈存在〉は、その潜在性にとどまり、それ自体は現前しえないような未規定的全体性として位置づけられているのである。そして、私の「今ここ」は、それをとりまく膨大な未規定性から浮かび上がってくるほんのわずかなものに過ぎない。

こうした〈存在〉は、さらに、「そこにおいて諸個体が差異化によって形成される空間的・時間的な果肉」、「見えるものが告げ知らせるとともに隠蔽する過去・未来・他所のあの莫大な潜在的内容」（VI, 153）と規定される。〈存在〉は、未規定な空間的潜在性であるのみならず、時間的潜在性でもある。すなわち、現在の意識にのぼらない過去の出来事や予期されていない将来の出来事をも未規定的なものとして保持する時間的全体性でもあるのであって[22]、要するに、あらゆる経験とそこで現前する存在者を包含する全体性として規定されているのである。そして、個別的な存在者は、こうした全体性が規定＝分節化されることによって成立するものとして位置づけられている。こうした〈存在〉は主体との関係において以下のように語られる。

第一に、この〈存在〉が、現出する知覚的世界を潜在性として支えつつ自らは隠れたままにとどまるものとして語られる際に重要なのは、それが世界と切り離された超越的なものではなく、「〈存在〉は、その否定、その知覚されたもの（percipi）をも含んでいる」（VI, 304）とされていることである。知覚的世界は全体的〈存在〉のうちの現出する部分なのであって、両者は存在論的には地続きで同一のものとみなされている。それゆえ、世界のうちに生きる主体は、結局のところ、〈存在〉に内属するものと位置づけられる。

では、こうした主体に対する存在者の現出はどのように解されるのであろうか。メルロ＝ポンティは、「見えるものを、人間を通して実現されるが、まったく人間学的ではない何かとして［…］記述しなければならない」（VI, 328）と述べ、知覚における主体の主導権を否定する。[23] こうした表現がなされるのは、メルロ＝ポンティにとって、〈身体的〉主体もまた〈存在〉の一部である以上、「〈存在〉は［…］私に巻きついており、或る意味で、私を貫いている」からであり、「私の視覚は［…］〈存在〉の只中で生成する」（VI, 154）。こうした表現の意味するところは次のような事態である。まず最初に生じるのは、根源的な「我々の生の生地」である非差異の〈存在〉の「裂開（déhiscence）」、差異化であって、その帰結として生じる可視的存在者の一つである身体が、自分自身を見、自分自身に触れるという反省性の運動を遂行する。それによって、生地の折り返しによる襞のようにして形成されるのが「意識」であり、内面であり、精神である（VI, 157）。知覚の主体は、その自発性によって眼前に対象として現前する事物の経験を成立させるものなのではなく、世界がそれによって現出する〈存在〉の差異化の運動に「内側から居合わせる」（VI, 157）者に過ぎないのである。

〈存在〉の分節化によって生じるこうした原初的な経験は、別の箇所では、「ひとがそれによって何か（quelque chose）があることになるあの出来事に居合わせる」（VI, 259）とも言い換えられている。「我々の第一の真理は

［…］現出があること、「何か」がそこにあることである」（VI, 212-213）と語られるように、この「何か」がメルロ＝ポンティにとっての知覚的存在者の最初の身分である。まず、ここで言われている「真理」とは、先述の潜在性・隠蔽性としての〈存在〉から非隠蔽性としての世界が立ち現れてくるというハイデガー由来のアレーテイアすなわち原初的な「開け」（VI, 216）である。[24] そして、メルロ＝ポンティが知覚的現出に対して主体を受動的に「居合わせる」者と位置づけていたように、私が世界を見る場合、あれこれの事物を見ようとする以前に世界はつねにすでに見えてしまっている。目の前にあるものは何であるのか、コップだとしてそれは本当に存在しているのか、私がコーヒーだと思っているその中身は実際には水ではないのか、といった私が世界に投げかける様々な問いは、経験の内容の吟味である限りにおいて、そもそも世界それ自体が現出し、そこにおいて「何か」が現出することを前提している。それゆえ、こうした「何かの開け」という原初的な現出は論理的・述定的水準に先行する「ただ見ること」という事実的・前述定的水準であって、デカルトとの対決という本稿の文脈に置き直すならば、それこそが「懐疑の可能性」（VI, 140）をなすものなのである。

四　結論にかえて：「デカルト的存在論」の批判から「マルブランシュ的存在論」へ

デカルトを批判しつつ自らの存在論を構築するという企図において、メルロ＝ポンティがマルブランシュ哲学のうちに何を読み取ったのかについて、今や明確に述べることができる。第一に、存在者を主体にとっての対象とみなしその対象を区分された＝判明な（distinct）個的なものとみなすデカルトに対して、観念を包含する地平的な全体性として諸対象を認識させつつそれ自体は退隠していき対象としては現出しないというマルブランシュの〈存在〉理解は、知覚的世界を包含し現出させつつ自らは「原的には現前しえない」未規定な潜在性にとどまるというメルロ＝ポンティの〈存在〉理解と、[25] さらに一般的には、存在者を単なる図としてではなく地・地平をともなったものとして理解しようとするメルロ＝ポンティの知覚理解と、明らかに響き合っている。だからこそ、『デカルト』

講義において、彼はマルブランシュの「広大無辺な存在」に強く共感しているのである。第二に、デカルトにおいて、対象を表象する主体が他の一切から切り離されそれぞれだけで確実に存在するような単純本性とされていたのに対し、メルロ＝ポンティにとっての主体は〈存在〉に内属し、その差異化の効果として成立するものであり、[26] そこでの経験は主体の自発的な認識作用によるものではなく、マルブランシュにおける魂がそれ自体では無力な闇、神という太陽に照らし出されることによってのみ輝く月の光であるように、[27]〈存在〉による開けにただ立ち会うものである。両者は経験の主体の受動性という論点を共有している。最後に、ゲルーによれば、マルブランシュの哲学を規定しているのは懐疑という反省的プロセスの不在であって、そこでは思惟や認識に対して神＝〈存在〉の開示がつねに先行し、哲学の出発点は「見ること」なのであった。メルロ＝ポンティにおいても同様に、有無を言わさずに事実性として与えられる「何か」の現出があらゆる経験の出発点であって、経験の内容の真偽に関する吟味はそれに事後的に加えられる反省という二次的なものと位置づけられる。このように、両者はただ「見ること」の原初的経験から、「区別＝判明さ（distinction）ではなく最初の見えの明晰性＝明るみ（clarté de première vue）」(VI, 327) から出発するという基本的な姿勢を共有しているのである。以上の点において、晩年のメルロ＝ポンティは、自らの存在論の構築において、「デカルト的存在論」を批判しつつ「マルブランシュ的存在論」へ向かっていたと言うことができるであろう。

註

（1）この点については以下を参照。André Robinet, *Merleau-Ponty*, PUF, 1970, p. 32, 68-69. 木田直人『ものはなぜ見えるのか』、中央公論新社、二〇〇九年、一七三―一七四頁。

（2）この点については以下を参照。Judith Butler, "Merleau-Ponty and the Touch of Malebranche," in *The Cambridge Companion to Merleau-Ponty*, T. Carman & M. B. N. Hansen (eds.), Cambridge University Press, 2005, pp. 181-205. また、同

様に一九四〇年代の『心身の合一』講義の読解を中心としつつ、後期哲学についてもマルブランシュ的視角からの読解可能性を示唆するものとして、以下を参照。加國尚志「「私は私に触れる」：マルブランシュと現象学：ミシェル・アンリとメルロ＝ポンティの解釈を中心に」、『フランス哲学・思想研究』、第一九号、二〇一四年、一一三−一二六頁。

なお、リヨン大学および高等師範学校における『心身の合一』講義の主題は、題材を自由に設定できた後半生のコレージュ・ド・フランス講義とは異なり、教授資格試験の課題がマルブランシュを含んでいたという外的要請によって設定されたものである (cf. UAC, 7)。こうした形式的理由にくわえ、『知覚の現象学』までの哲学の哲学史への敷衍というその内容から、同講義がメルロ＝ポンティ哲学の展開に「決定的な」(Butler, op. cit., p. 205, n.) 影響を与えたとみなすバトラーに対し、タミニョーは同講義をメルロ＝ポンティ自身の哲学の新たな展開とみなすことはできないと述べている (Jacques Taminiaux, "Preface to the English," in Maurice Merleau-Ponty, *The Incarnate Subject: Malebranche, Biran, and Bergson on the Union of Body and Soul*, Humanity Books, 2001, pp. 9-13)。さらに、『心身の合一』と『見えるものと見えないもの』との間には十年以上の開きがあることから、後期哲学を主題とする本稿はもっぱら後者の時期のテクストを検討する。

(3) 伊藤泰雄「奥行と無限——メルロ＝ポンティとマルブランシュ」、『メルロ＝ポンティ研究』、創刊号、一九九五年、一一−一八頁。

(4) Paola Pazienti, *Oltre il dualismo. Merleau-Ponty interprete di Descartes*, Mimesis, 2022, pp. 416-419.

(5) 「第二省察」の議論は厳密には外界の実在を前提しない懐疑のうちで展開されているが、視覚の機構それ自体を論じる『屈折光学』においても、心身の事象的区別に基づいて、「見るのは魂であって、眼ではない」(AT VI, 141) とデカルトは述べる。

(6) Martial Gueroult, *Descartes selon l'ordre des raisons*, t. I, Aubier, 1953, pp. 52-53.

(7) *Ibid.*, p. 63.

(8) Martial Gueroult, *Malebranche*, t. I, Aubier, 1955, p. 23.

(9) *Ibid.*, pp. 25-26.

(10) Ferdinand Alquié, *Le cartésianisme de Malebranche*, Vrin, 1974, p. 129.

(11) 鈴木泉「存在の響きとしてのかすかな知覚」、村上勝三編『真理の探究』、知泉書館、二〇〇五年、七〇頁。

(12) この論点については、鈴木、同論文を参照。

(13) この論点については、伊藤泰雄『神と魂の闇』、高文堂、一九九七年、第二章を参照。

（14）Gueroult, *Malebranche, op. cit.*, p. 36.

（15）この点については、以下を参照。Denis Moreau, *Malebranche*, Vrin, 2004, pp. 102-105. 鈴木泉「マルブランシュ」、小林道夫編『哲学の歴史　五』、中央公論新社、二〇〇七年、四九〇－四九一頁。

（16）「天のみからやって来るにも関わらず忘恩の徒たちが自然的と呼ぶ認識において、哲学者たちを照らし出すのは神そのものである」（OC I, 439）。

（17）Gueroult, *Malebranche, op. cit.*, p. 48.

（18）マルブランシュの成熟した体系が開陳される『形而上学と宗教についての対話』は、「無はいかなる特性ももたない。私は思惟する。ゆえに私は存在する。［…］この思惟する私、私自身の実体は物体ではない」（OC XII, 32-33）という記載から始められており、コギトは論証の対象ではなく、議論の前提となっている。

（19）Gueroult, *Malebranche, op. cit.*, p. 48.

（20）*Ibid.*, p. 58.

（21）*Ibid.*, p. 61.

（22）例えば、メルロ＝ポンティは忘却を「脱分節化（désarticulation）」（VI, 250）と規定している。

（23）さらに極端な表現として、「存在が自らを知覚する」（VI, 107）とさえ述べられる。

（24）メルロ＝ポンティはハイデガーについて扱った『今日の哲学』（一九五八／五九年）講義において、命題的真理に先行する根源的真理を「開け」としている（cf. NC, 98-101）。

（25）本稿が示してきた後期メルロ＝ポンティにおける〈存在〉概念のマルブランシュ的来歴を踏まえるならば、「ハイデガーにとって、知覚は存在と本源的関係にない」（Michel Haar, « Proximité et distance vis-à-vis de Heidegger chez le dernier Merleau-Ponty », dans *Notes de cours sur* L'origine de la géométrie *de Husserl*, R. Barbaras (dir.), PUF, 1998, p. 127）にもかかわらず、「この知覚的世界は、地＝基底においては（au fond）、ハイデガーの言う意味での〈存在〉である」（VI, 223）とするハイデガー研究者を当惑させるメルロ＝ポンティによる〈存在〉の規定は適切に理解される。すなわち、〈存在〉は存在者を現出させつつ自らは退隠するという性格をハイデガーと共有しながらも、知覚的世界と地続きの全体性である点において、マルブランシュ的理解がそこに接木されているのである。

(26) ただし、このように主体を含む一切の存在者を内属するものというメルロ＝ポンティの〈存在〉概念に対して、マルブランシュにおいては、神のうちにあるのは存在者の観念のみであって、存在者それ自体は被造物として神の外部にある点に相違が見られる。一切を〈存在〉に内属させる「内部存在論（intra-ontologie）」（VI, 279）というメルロ＝ポンティ哲学のこうした側面は、巨視的に見れば、唯一の実体である神のうちにすべてを内在させるスピノザに近いと言えるかもしれない。実際、以下の論考は、本稿がマルブランシュとの関係から論じた〈存在〉の概念をスピノザ的なものとしている。Pascal Dupond, *La réflexion charnelle*, OUSIA, 2004, p. 218. ただし、現在公刊されているこの時期のメルロ＝ポンティのテクストのうち、スピノザに肯定的に言及しているものはない。

(27) この比喩は以下から借りた。Gueroult, *Malebranche*, *op. cit.*, p. 52.

凡例

引用者による補足・省略は［　］によって示す。〈　〉は原語が大文字であることを示す。一次文献および古典的著作は略号で参照する。併記した邦訳については、適宜、改訳を施す。

略号表

Merleau-Ponty, Maurice,

PhP : *Phénoménologie de la perception*, Gallimard, 1945.

VI : *Le visible et l'invisible*, Gallimard, 1964.

UAC : *L'union de l'âme et du corps chez Malebranche, Biran et Bergson*, J. Deprun (éd.), Vrin, 1978.

NC : *Notes des cours au Collège de France, 1958-1959 et 1960-1961*, S. Ménasé (éd.), Gallimard, 1996.

Descartes, René,

AT : *Œuvres de Descartes*, C. Adam & P. Tannery (eds.), Vrin, 1996.［『デカルト著作集　増補版』三宅徳嘉ほか訳、白水社、一九九三年］

Malebranche, Nicoas,

OC : *Œuvres complètes de Malebranche*, A. Robinet (dir.), Vrin, 1958-1967.

研究論文

アリストテレス存在論の知識論的構成

杉本英太

序論

アリストテレスは『形而上学』Γ巻の冒頭で、「あるものとしてのあるものと、それに自体的に帰属するものどもを考察する、或る知識がある」(1003a21-22) と述べる。[1] この一文は、「存在論」ひいては「形而上学」のいわば設立宣言として、哲学史上の画期を示すものと正当にも考えられている。

しかしこの一文は、その歴史的重要性によって名高いと同時に、難解さによって悪名高い。解釈上の主な困難は、主張内容そのものの不明瞭さ、およびアリストテレス著作における他の理論的主張との一見するところの緊張関係にある。まず、当の知識——伝統的呼称によって「存在論」と呼ぶことにする[2]——の対象となる「あるものとしてのあるもの (τὸ ὂν ᾗ ὄν)」や「それに自体的に帰属するものども (τὰ τούτῳ ὑπάρχοντα καθ᾽ αὑτό)」の意味内容について、諸家の解釈は一致を見ない。また、「あるものとしてのあるもの」という表現が、存在者全体を対象とするという普遍性を意味するとすれば、そうした普遍性と『分析論後書』の領域限定的な知識論との整合性は疑義に付されうる。特に、同書の知識論において知識の対象は「類」だとされるが、このことは、「あるものは

類ではない」というアリストテレスのテーゼを踏まえると、冒頭の一文と矛盾するように思われる。(3)

存在論の構想と『分析論後書』の知識論のこうした緊張関係ゆえに、特に二〇世紀後半の多くの論者は、存在論が知識論の枠組みを例外的に越え出る知であると考えてきた。とりわけ、通常の知識論の基礎をなす論証のモデルが存在論に対して無力であるという観察のもとで、そうした枠組みから自由な問答法的議論がアリストテレス形而上学の方法をなすとしばしば論じられてきた。(4)

たしかに、存在論の構想と『分析論後書』の知識論の関係は、前者を後者の単純な適用例と呼べるほど明瞭ではない。しかしながら、以上の通説は、両者に緊張関係を見るあまり、知識論が存在論の構想に対して果たしている積極的な寄与を見落としている。

本論の目的はこの寄与の解明である。その最大の手がかりは、冒頭の一文に登場する「自体的に帰属するものども」の概念である。この概念はΓ巻1－2章の議論を主導する概念だが、「あるものとしてのあるもの」の概念に比して十分に注目されてこなかった。本稿はこの概念の知識論的起源を辿り、そこから存在論の枠組みを再構成する。

一、存在論構想のコンテクスト：『形而上学』Β巻のアポリア

まず、Γ巻において「自体的に帰属するものども」という表現が置かれている脈絡と、その指示対象を確認したい。存在論の構想を立ち上げる『形而上学』Γ巻1章冒頭の主張を、アリストテレスは2章の結語で敷衍している。

[T1] ゆえに、[a] あるものとしてのあるものを考察することと、[b] あるものとしてのそれに帰属するものどもを考察することが一つの知識に属することは明らかであり、また、[c] 諸ウーシアのみならず、[d] 帰

属するものども――上述のものどもや、また先行と後続、類と種、全体と部分、他のそうしたものに関するものども――にもその同じ理論的知識があることは明らかである。（*Met.* Γ2, 1005a13-18）

引用箇所の［a］-［c］からは、存在論という単一の知識が以下の三条件を満たすことが読み取れる。

（C1）あるものとしてのあるものを考察する。
（C2）あるものとしてのあるものに帰属するものどもを考察する。
（C3）諸ウーシアを考察する。

さらに通説では、［d］は以下の条件 C4 に対応する。(5)

（C4）諸ウーシアに帰属するものどもを考察する。

しかしながら、［d］では単に「帰属するものども（τῶν ὑπαρχόντων）」と述べられているだけであり、それらの帰属先がウーシアだとは明記されていない。したがって、この語の意味内容を［b］の「あるものとしてのそれ〔＝あるもの〕に帰属するものども（τὰ ὑπάρχοντα αὐτῷ ᾗ ὄν）」と同じとみなし、［d］は条件C2と別個の条件C4を示すものではないと理解することもできる。次節ではこの異説を擁護する。

ウーシアが帰属先となるか否かに拘らず、［b］と［d］で「帰属するものども」の指示対象が同じであることは論を俟たない。これ以前には、「同じ（ταὐτό）」や「反対（ἐναντίον）」が、あるものとしてのあるものの「自体的諸属性（καθ᾽ αὑτά ... πάθη）」（1004b5-6）と呼ばれている（cf. T5）。さらに遡れば、「〈同じ〉や〈似た〉や他のそうしたものども」(1003b36)「〈他の〉や〈似ていない〉や〈等しくない〉」(1004a18) などの「諸対立者 (τἀντικείμενα)」(1004a9) が、同じグループに括られている。以下ではこれらを短く「自体的属性」と呼ぶことにする。

ところで、単一の知識が (少なくとも) 条件C1-C3を満たすという上記の結論は、先立つB巻1章で提示される以下のアポリアに大まかに対応する。その限りで、以下のアポリアはいわば存在論構想のコンテクストを与えている。

T2　そして、[c] 考察が諸ウーシアをめぐるものであるのか、それとも諸ウーシアの自体的付帯性をめぐるものでもあるのか、[f] これらに加えて、〈同じ〉や〈異なる〉や〈似ている〉や〈似ていない〉や反対性について、また先行と後続について、また、問答家がエンドクサのみを前提して探究することで探究を試みている、他のそうしたことども全てについて、それら全てを考察することが誰に属するのかを〔考察しなければならない〕。[g] さらに、まさにこうしたことどもに自体的に付帯する限りのものどもに関しては、それらの各々が何であるかということのみならず、一つのものの反対は一つであるかどうか〔を考察することが誰に属するのかを考察しなければならない〕。(B1, 995b18-27)

アポリアを提示するT2と、アリストテレス自身の結論を示すT1との関係を確認しよう。実のところ、両者は単純な問いと答えの関係にはなっていない。T2はより複雑であり、[e]-[g] の各セクションで一つずつ、合わせて三つのアポリアに言及している。[c] は、先述の条件C3 (ウーシアを対象とすること) とC4 (ウーシアの属性を対象とすること) を同一の知識が満たすか否かを問う。続く [f] は、〈同じ〉〈異なる〉等々の探究が誰の管轄かを問う。それらは全てΓ巻の自体的属性の具体例だが、このアポリアは「これらに加えて (πρὸς δὲ τούτοις)」という談話標識によって、[e] とは別個のアポリアとして提示されている。最後に [g] は、自体的付帯性の「何であるか」や、「一つのものの反対は一つであるかどうか」の探究が誰の管轄かを問う。したがって、T2のヴァージョンの自体的属性の問いには条件C1, C2への言及がなく、かつT2はT1に言及のない「探究の管轄」に関する問いを問うている。

とはいえ、自体的属性の問いのヴァージョンの違いを一旦脇に置けば、これらの問いは全てΓ巻2章で解答されている(cf. T5)。B巻においても自体的属性の問いが最も重要な位置を占めていることは、このアポリアのみがB巻の本論をなす2章以降で敷衍されることから示唆される(B2, 997a25-34)。

B巻の脈絡のなかで、自体的属性の問いは他のいくつかの問いと緩やかに連合している(以下、B巻2章以降でn番目に言及されるアポリアを「第nアポリア」と呼ぶ。自体的属性の問いは第四アポリアである)(6)。第四アポリアは通常、アポリアの最初のグループに含められる(7)。すなわちB巻2章では、第四アポリアの前に、大略、(一)諸原因の全てを単一の知識が対象とするのか、(二)ウーシアを対象とする知識は諸公理も対象とするのか、(三)全ウーシアを単一の知識が対象とするのかというアポリアが、この順に提示される。特に第二－四アポリアは、探究される知識がウーシアを対象とすることを前提したうえで、その知識のスコープに関する問題を提起している。

しばしば「方法論的」とも形容される第一から第四までのアポリアは、いずれも『分析論後書』の知識論を背景に、探究される知識の枠組みを問うている(8)。特に、Γ巻に対応する主張を明確に見出せる第二・第四アポリアは、『分析論後書』の以下の箇所で提示される知識の三要素説を背景にして初めてその眼目を理解できる。

T3　全ての論証的知識は三つの事柄をめぐってある。すなわち、あることが措定される事柄(これは類であって、理論的知識はその自体的属性についてある)、いわゆる共通公理(理論的知識はそれら第一の事柄から論証を行う)、そして第三に諸属性である(理論的知識はそれらの各々が何を意味するかを受け入れている)。

(*APo.* 1.10, 76b11-16)

アリストテレス自身の例解によれば、算術の類となるのは「単位」(76b4)や「数」(76b18)であり、その自体的属性は「偶や奇や平方や立方」(76b8)などである。共通公理は特定の知識に限られない原理であり、例としては「等しいものから等しいものを取り去ると残りは等しい」(76a41)という原理、および無矛盾律(1.11, 77a10)や排中律(77a22)が挙げられる。類・自体的属性・公理は各々、「それらをめぐって証示するそれら」「それらを証示するそれら」「それらから証示するそれら」とも呼ばれる(1.10, 76b22)。すなわち、論証知はある類にある属性が帰属することを示すのであり、類は論証の主項、属性は述項に位置づけられる。

　したがって『形而上学』B巻の第二および第四アポリアは、ウーシアを対象とする知識について、この知識論の枠組みに基づき、ウーシアという類、その自体的諸属性、および諸公理の三要素をもつと考えてよいかどうかを問うものにほかならない。実際アリストテレスは、第四アポリアに対して肯定的に解答するならば、その知識が「論証的知識となるであろう」(B2, 997a30-31)とも述べている。

　実際、アリストテレスは第四アポリアに対応する肯定的結論をΓ巻2章で示している。また、本論文では詳論できないが、Γ巻3章における諸公理の知識に関する議論も、第2アポリアに肯定的結論を与えるものとして理解できる。このように、『分析論後書』における知識の三要素説が『形而上学』B巻の問題設定に反映され、B巻の問題設定がΓ巻の行論に反映されているならば、その分だけ、知識論が存在論の構想に積極的に寄与していると言えるだろう。

　だが、既に見た通り、B巻の第四アポリアの問題設定とΓ巻1－2章の存在論構想の関係は、決して単線的ではない。B巻がまずは「ウーシアの知識」の存在、つまり条件C3とC4の充足を問題にしていたのに対して、Γ巻は「あるものとしてのあるものの知識」を条件C1とC2で定義しているからである。「あるものとしてのあるもの」をただちにウーシアと同一視できない以上、ここには説明すべきギャップがある。

また、条件C3の代わりにC1を措定すると、知識の三要素説との緊張関係が生じる。なぜなら、知識の類として「あるものとしてのあるもの」を措定することは、「あるものは類ではない」というアリストテレスの見解に矛盾するように見えるからである。[9] 存在論の内容および知識論との距離は、しばしばこの問題と関連づけて論じられてきた。次節では、この問題に対する従来のアプローチの批判的検討を通じて、存在論に要求される諸条件を明確化する。

二、存在論の存立可能性の問題

P・オーバンクは、アリストテレスの以下三つの命題が解きがたいトリレンマをなすと主張する。[10]

一、あるものとしてのあるものの知識がある。
二、全ての知識は或る定まった類を対象とする。
三、あるものは類ではない。

すでに見た通り、第一の命題は『形而上学』Γ巻で、第二の命題は『分析論後書』で肯定されている。また、第三の命題もアリストテレスが一貫して保持する主張であり、B巻の第七アポリアで証明が与えられている（998b22-27）。したがって、仮にこの命題の三つ組が矛盾しないなら、これらの命題に一見共通に含まれる諸概念、例えば「あるもの（としてのあるもの）」「知識」「類」のどれかに多義性があることになる。

オーバンクがトリレンマの形に定式化した問題系に対して、多くの論者は様々な解決を提案してきた。とりわけ二〇世紀後半に一世を風靡したのは、いわば第一と第二の命題における「知識」が同一ではないという解釈指針である。G・E・L・オーウェンやT・アーウィンに代表されるこの解釈指針によれば、存在論が一定領域に局限されないのは、それが演繹体系に定式化されうる論証知ではなく、むしろ問答法的だからである。[11]

実際、Γ巻の議論には「問答法的」と呼びうる多様な要素が見て取れる。同巻は冒頭からエンドクサの引証に事欠かない。また「ある」の諸義とその相互関係を検討する2章の議論は、『トポス論』1巻13章・15章で問答法的推論を捉える道具とされる多義性の考察の延長線上にある。[12] またΓ巻4章の無矛盾律の「論駁的論証」は試問的な原理探究と呼びうる。特に最後の要素は、論証不可能な事柄への問答法の適用例として注目されてきた。[13]

だが、K・フレイザーが指摘するように、Γ巻に「問答法的」と特徴づけうる議論が用いられていることは、存在論に論証理論のモデルが妥当することと矛盾しない。例えば『トポス論』において論証的知識の原理の探究に問答法が有用であると論じられていることは（*Top.* 1.2, 101a34-b2）、むしろ「問答法的」性格と論証理論的なモデル化の両立可能性を示唆する。[14]

実際、より近年の研究には、存在論の論証的性格を強調するものが見られる。[15] なかでもフレイザー自身の議論は、上記の問題に明示的に言及し、独創的解決を試みている。[16] 彼によれば、存在論という知識も、他の知識と同様の仕方で、類と自体的属性をもつ。ただし、その類はウーシアであり、ウーシアに帰一的に依存する他カテゴリーの諸事物がその自体的属性である。

フレイザーは、Γ巻2章の序盤で導入される「帰一的（πρὸς ἕν）」／「一つのものに即する（καθ᾽ ἕν）」という対概念の各々を、緩やかな意味で同名異義的な述定関係と、同名同義的な述定関係として捉えるオーウェン以来の主流解釈に挑戦し、むしろ前者をカテゴリー横断的な述定関係、後者を単一カテゴリー内の述定関係として捉えることで、上記の解釈を導いている。問答法的解釈がトリレンマの第一と第二の命題にギャップを認めるのに対し、この解釈は第一と第三の命題にギャップを認める。

だが、フレイザーの解釈は、あるものの帰一的構造を導入する序盤の箇所（1003a33-b19）に限れば一見尤もらしいものの、それ以外の箇所と整合的であるかが疑わしい。そもそもウーシアに帰一的に依存するものを諸カテゴリーと解釈することが正当であるかという問題を措くとしても、S・デルコミネットが指摘するように、他著作や『形而上学』の他の箇所に、ウーシアを類とし他カテゴリーを自体的属性とするフレイザー解釈を裏付ける記述は見出せない。[17]またこの解釈は、自体的属性の具体例――〈同じ〉〈異なる〉〈似ている〉〈似ていない〉など――がいずれもウーシア以外のカテゴリーに属する述語ではなく、むしろカテゴリー横断的述語であることを説明できない。[18]

帰一的構造のうちに自体的属性を位置づけるフレイザーの解釈の根本的な問題は、自体的属性の概念が本来位置する文脈を捨象していることにある。帰一性に関する議論の文脈と自体的属性に関する議論の文脈の弁別に関しては、すでにE・ベルティの一九七三年の論考が基本的な見通しを与えている。[19]ベルティによれば、Γ巻におけるあるものの帰一性の議論の眼目はあるものとしてのあるものにウーシアを中心とする一定の統一性を認めることにあるのに対し、次の一節から始まる自体的属性の議論は、それとは異なる視点から展開されている。[20]

T4　全ての類には、それが一つであるとき、一つの感覚と一つの知識がある。例えば読み書きの技術は一つでありながら全ての音素を考察する。それゆえ、あるものも、その全ての諸形相や、諸形相の諸形相を、類的に一つの知識が考察する。(Γ2, 1003b19-22)

ここで「諸形相」と呼ばれるのは、あるものの諸カテゴリーではなく、「一の諸形相」(b34-35)でもあるあるものの自体的属性、すなわち〈同じ〉〈似ている〉などである。個別のあるものが同じであるとか似ているなどと語られうるという観点からすれば、これらはあるものの属性である。他方ベルティによれば、〈同じ〉〈似ている〉などは「ある」の下位概念ないしは種として並び立つ（ここで「形相」と訳した語 εἶδος をベルティは単に

「種（specie）」と訳している）。[21] 類種関係は推移的なので、それら諸種の諸種も同じ類に含まれる。

アリストテレスはこの後、これらの諸属性、およびこれらに対立する否定的諸属性が、各々一と多に「還元される」（1004a1）と論じる。この主張は、万物の一と多への還元という後のより問題含みの主張（1004b27ff.）と相まって、ここでアリストテレスが、数学的原理から実在が派生・導出されるというプラトン主義的世界観に与しているという印象を若干の解釈者に与えた。[22] だが、この「還元」の主張が意味するのは、さしあたり、超越範疇としての一や多が、諸属性のカテゴリー横断的分類を与えるということでしかない。実際、ベルティが指摘するように、アリストテレスはこれら一／多やその諸形相を一義的な対象とは見なしておらず、むしろそれら自身カテゴリー横断的な述語として、あるものと同様の帰一的構造をもつことを確認している（1004a22-31）。一／多とその諸形相がなす階層関係は、ウーシアとそれに帰一的に依存する事柄がなす階層関係と独立であり、いわば垂直に交わるのである。

ところで、ベルティによる帰一性の文脈と自体的属性の文脈の弁別は、フレイザーの解釈のみならず、一般に自体的属性の帰属先がウーシアであると理解する解釈を斥ける。前節で私たちはT1の読解を通じて、Γ巻の存在論が（C1）あるものとしてのあるもの、（C2）あるものとしてのあるものの自体的属性、（C3）諸ウーシアを対象とすることを確認した一方で、そこで（C4）諸ウーシアの属性を対象とするという条件は課されていない可能性を示唆した。実際、帰一性に関する議論は、条件C1を満たす知識がC3を満たすことを要求する。他方、自体的属性に関する議論は、C1を満たす知識がC2を満たすことを要求する。そして、このどちらの文脈においても、条件C4は登場しない。つまり、自体的属性の帰属する類は、ウーシアではなく、あるものどもである。

したがって、Γ巻における存在論の構成は、B巻の第四アポリアで想定された知識の構成と異なる水準にある。すなわち、類と自体的属性に関する条件として、B巻ではウーシアの水準におけるC3-C4の対が考えられていたのに対して、Γ巻ではあるもの一般の水準におけるC1-C2の対が考えられている。このように理解するなら、第四アポリアを中心としてB巻1章（T2）で提示された三つのアポリアが、Γ巻二章（T5）で一挙に解決されていることも説明できる。すなわち、B巻では自体的属性の問題と〈同じ〉や〈異なる〉や反対性などをめぐる問題とが異なる水準に置かれていたのに対して、Γ巻では両者が普遍的な水準に揃い、後者の諸概念が新たに自体的属性としての地位を享受するのである。

さて、存在論の対象である「あるものとしてのあるもの」をこのように普遍的に理解する場合、「あるものは類ではない」というトリレンマの第三の命題は、この対象にも妥当する。したがって、存在論に論証知的性格を認める限り、トリレンマの解決のために残された可能性は、第二の命題と第三の命題のあいだにギャップを認めること、すなわち知識の類という概念を、第三の命題における「類」概念と区別することである。

この区別を行うことはさほど困難ではない。第三の命題における「類」が術語的な意味をもつことは、B巻におけるその論証（998b22-27）が類の種差の存在に訴えていることからも明らかである。すなわちそれは「諸種差の基礎に置かれるもの」（Δ28, 1024b3-4）である。だが、知識の類という概念を導入する『分析論後書』1巻7章および10章の議論は、種差による分割可能性という要件をこの概念に課してはいない(23)。むしろ知識の類という概念の眼目は、前節で触れたように、当の知識に対応する論証の主項に位置づけられることにある。例えば、それ以上分割されえない最下の種であっても、論証の主項に位置しうる。

では、存在論における類と自体的属性の関係が以上のようなものだとして、この枠組みは存在論の探究についていかなる意義をもつのだろうか。次節ではこの点の解明を試みる。

三、存在論の知識論的構成とその意義

アリストテレスはΓ巻2章の以下の箇所で、あるものとしてのあるものの自体的属性の探究が存在論に属する論拠として、自体的属性に関するいくつかの具体的な問いが哲学者の所轄だと思われることを挙げている。

T5　それゆえ、『アポリア集』で述べられた通り、これらのものやウーシアについて説明をもつことが一つの知識に属することは明らかであり（これは諸難問に含まれる論点の一つであった）、そして全てについて考察しうることが哲学者に属するのだ。実際、哲学者に属するのでなければ、「ソクラテスと座っているソクラテスが同じであるかどうか」や「一つのものが一つのものの反対か」や「反対とは何であるか」や「どれだけの仕方で語られるのか」を考察する人は誰になるだろうか。他のそうしたことどもについても同様である。そしてこれらは一としての一やあるものとしてのあるものの自体的属性であり、数として、線として、火としての〔一やあるものの自体的属性〕ではないのだから、それらが何であるかと、それらに付帯する事柄とを認識することが、かの知識に属することは明らかである。（Γ2, 1004a31-b8）

すなわち第一に、「ソクラテスと座っているソクラテスは同じである」という命題の判定が存在論の所轄とされる。これは「同じ」という概念の適用基準をめぐる問いであり、「同じ」という述項が何であるかの省察を要求する。するとこの探究は、「ソクラテスと座っているソクラテス」という主項をも、例えば単に人間（の対）としてではなく、あるものとして、つまり一定の形而上学的構造をもつ対象として抽象的に捉えることも要求するだろう。したがって、仮に哲学者がこうした命題を論証的知識としてもつなら、それは、あるものとしてのあるものを主項とし、その自体的属性を述項とする論証的知識の例となりうる。もっとも、アリストテレスがこれを真剣な可能性と見なした形跡はない。むしろ『形而上学』E巻2章では、これと同型の問いが、付帯性に関わるがゆえにソフィストの論に属するものとして探究対象から除外される（E2, 1026b15-21）。それでも、具体的な同一性命題が、知識の候補として一旦は探究プロセスに乗っていることは注目に値する。

他方、反対性に関する二つ目以降の問いは、いずれも『形而上学』I巻4章において実際に探究され、具体的な解答が与えられる。すなわち「反対とは何であるか」という三つ目の問いに対するI巻の答えは「最大の差異」(I4, 1055a5) であり、この規定の論理的帰結として、一つのものが多くのものの反対であってはならないことが導かれる (1055a19-20)。これが二つ目の問いへの解答にあたる。最後に、反対が「どれだけの仕方で語られるのか」という四つ目の問いに対しては、所持と欠如が第一義的な反対性であり、その他全ての反対性はそれを焦点とする帰一的構造をなすという解答が与えられる (1055a33-38)。なお、これがウーシアを焦点とする帰一性でないことは[24]、存在論における自体的属性をウーシアの自体的属性として理解すべきでないことを再度裏付けている。

自体的属性に関してこうした探究がなされることは、『分析論後書』の論証理論のもつ本質主義的側面から理解されうる。『分析論後書』1巻4章では、主項の述項への「自体的」帰属について、以下の二通りが区別される (*APo.* 1.4, 73a34-73b5)。

(自体性I) PがSの自体的I属性である ⇔ PがSに述定され、かつPがSの何であるかに内属する (PがSの本質に含まれる)。

(自体性II) PがSの自体的II属性である ⇔ PがSに述定され、かつSがPの何であるかに内属する (SがPの本質に含まれる)。

これら二種類の自体的帰属は、いずれも論証において一定の役割を果たす。すなわち、「SはMであり、MはPである。ゆえに、SはPである」という論証 (以下これを「P—M—S」の形式に略記する) において、中項MはSの本質 (の構成要素) である場合と、Pの本質 (の構成要素) である場合とがある。例えば「瞬かないこと—近接—惑星」という論証は前者であり、惑星が近接することは惑星の「何であるか」に含まれる (自体性I)。これに対して「落葉—樹液の凝結—広葉樹」という論証は後者であり、樹液の凝結は落葉の「何であるか」に含まれる (自体性Ⅱ）。[25] 知識をもたらす論証の成立が主項および述項の「何であるか」に基づいて説明される点で、この枠組みは本質主義的である。

したがって、存在論があるものとしてのあるものを類としてその自体的属性を探究するなら、その構想は、あるものとしてのあるものが何であるか、および諸々の自体的属性が何であるかの探究を導く。後者の課題が『形而上学』I巻で遂行されているとすれば、前者の課題は帰一性を通じてZ巻で着手されるウーシア論に結びついている。同巻の序章で言われるように、「昔も今もつねに探究されつつねにアポリアとされてきた事柄、すなわち「あるものとは何であるか」とは、「ウーシアとは何であるか」なのである」(Z1, 1028b2-4) からである。

以上の仕方で、知識の三要素説は、存在論の基本枠組みと、それに続く探究の方向を定めるのに明確に寄与している。就中、ウーシア論とカテゴリー横断的諸属性の理論（および公理論）が単一の学知に統一される仕方は、知識論を前提して初めて理解可能になる。

もっとも、こうした一般的な構成を超えて、『分析論後書』の理論を具体的に適用する試みは、多くの困難に逢着するだろう。第一に、アリストテレスは存在論の何らかの「論証」を無中項の諸原理からなる項連関として提示してはおらず、またそのような具体的な論証を想像することも難しい。第二に、「あるもの」のもつ特殊な性格ゆえに、探究論の一部の道具立ては存在論には適用できない。特に『分析論後書』2巻13章で論じられる分割法による「何であるか」の狩り立ては、種差をもつ狭義の類にしか適用できないため、存在論に用いることができない。

とはいえ、特定の探究法の適用不可能性は、知識の資格を掘り崩すものではない。またアリストテレスが知識を項連関として書き下しうる形で提示することは稀であり、論証知の範例である幾何学においてさえ、具体的な項連関はしばしば不明である。この点で存在論の論証知的性格が不明瞭になるとしても、その責任は存在論にはない。アリストテレスにとって知識の本質的要件は事象とその原因の必然的関係の把握であり (*APo.* 1.2, 71b9-12)、上記の自体性の枠組みが妥当する限り、存在論はこの要件を満たしている。

第二節で論じたように、『形而上学』Γ巻の存在論の構成は、B巻の第四アポリアで素描された知識論的構成から自体的属性の位置づけを変化させている。このことは、存在論を『ソフィスト』や『パルメニデス』におけるプラトンの問答法の対抗的プログラムとして立ち上げる企図に基づいていると考えられる。実際アリストテレスは、哲学者が自体的属性を探究する理由を次のように説明している。

T6 その証拠は次の通りである。一方で問答家たちとソフィストたちは哲学者と同じ姿を装っている。というのも、ソフィスト的技術は現れの上でのみ知恵であるものであり、問答家はあらゆる事柄について問答するのであって、「ある」はあらゆる事柄に共通であり、問答家がこれらについて問答するのは、それらが哲学に相応しい事柄であることのゆえであることは明らかである。つまり、ソフィスト的技術と問答法は哲学と同一の類を巡っているのだが、しかし一方は能力の方式の点で〔哲学と〕相違し、他方は生の選択の点で相違するのだ。問答法がそれらについて試問的であるところの事柄について、哲学は認識的である。他方、ソフィスト的技術は現れの上で〔認識的〕であるが、実際にそうであるわけではないのだ。（Γ2, 1004b17-26）

ここで「問答法」と呼ばれているのは、最大類を扱うプラトン的な問答法である。[26] それは「試問的」なものにすぎないとして、「認識的」な哲学との対比において消極的に位置づけられている。「試問的」という形容詞および対応する実詞は、アリストテレス著作中、この箇所を除けば、『ソフィスト的論駁について』にのみ登場する語であり、特に答え手の無知をあらわにする実践について用いられる。だが文脈上、ここで標的とされている問答法が、主張を切り崩す問い手側の手続きのみを指すとは考えにくい。

この対比はむしろ、『ソフィスト的論駁について』34章における問答法の規定を手がかりに理解すべきである。[27] それによれば、（アリストテレスの）問答法では、ソクラテスがしたように問答法的に試問するだけでなく、知っている者として（ὡς εἰδώς）そうする必要がある（183b1-8）[28]。この規定は、試問の営み一般から、「知っている者として」それを行う営みを特に切り出している。

この対比を『形而上学』Γ巻の文脈に引き戻すと、ここで「試問的」であるとは、単に「試問的」であること、つまり存在論という知識をもたないままに推論を行うことだと解釈できる。知識をもたないとは、あるものとしてのあるものに自体的属性が帰属するという事象について原理に遡る把握を行っていない、つまり主項と述項の「何であるか」を把握していないということである。実際、Γ巻2章では、問答家の過ちがウーシアの把握に欠けることだとも明言されている（Γ2, 1004b8-10）。

なお、この解釈は、論証的知識の原理の探究に問答法が有用であるという『トポス論』1巻2章の一般的主張と矛盾しないし、また存在論が少なくとも部分的に問答法的手続きを通じて探究されることとも矛盾しない。しかし、従来の問答法的解釈が見落としてきたのは、そうした探究の成功が、まさに知識を目指すこと、つまり知識論の枠組みが設定する探究順序を踏むことに懸かっているということである。問答法は知識論の設定する限界を踏み越える手段であるどころか、知識論の設定する限界内でのみ認識に資するのである。

四、結論

本論文では、アリストテレス『形而上学』Γ巻における自体的属性の概念に着目することで、同巻の存在論の構想が論証的学知のモデルに従うことを示した。とりわけ、あるものとしてのあるものは存在論の類をなし、そこから、その何であるかを問うていくウーシア論と、カテゴリー横断的なその自体的属性の探究が派生するのであり、この探究構想は、知識の成立を、それに対応する論証の主項と述項の「何であるか」の把握に求める論証理論に即している。またこの構想は、B巻における実体の学知の特徴づけとは、特に自体的属性の捉え方を大きく異にする。かつ、Γ巻における対象の一般化によって初めて、存在論とプラトン的な問答法との対抗関係が明確化される。

もとより、以上の解釈はΓ巻の存在論構想の全貌を捉えるものではない。第一に、以上は主に自体的属性の側を辿る解釈であり、ウーシア論の側についてはΓ巻内部に限ってもより注意深い検討を必要とする。第二に、自体的属性に関しても、Γ巻の議論の意義を十全に見定めるには、I巻との対応関係をより仔細に見る必要がある。第三に、最後に触れた存在論とプラトン的問答法との対比の内容上の意義に関しては、もちろん別途の検討を要する。第四に、存在論と知識の三要素説との関係は、Γ巻3章の公理論を含めた検討が必要である。以上の課題を残しつつ、解釈上の要所であるΓ巻冒頭の一文については、本論文は一定の解明を与え得たものと思われる。[29]

注

（1）アリストテレスのテクストを訳出する際、『形而上学』Γ巻についてはHecquet-Devienne 2008,『形而上学』のその他の巻についてはRoss 1924を用いる。その他の著作の底本は参考文献に示す通りである。

（2）ここで「存在論」という呼称を用いることで、「アリストテレスは「存在論」を語らない」と題された中畑 二〇二〇のテクスト解釈に異論を提起する意図はない。実際、本稿で“ὄν”に「ある（もの）」というこなれない訳語を充て、“οὐσία”を「実体」と訳さず音訳するのは、述定的意味をこれらの語の基本義とする中畑 二〇一五、中畑 二〇二〇の理解に倣うものである。それでも「存在論」という呼称を目下の主題に用いるのは、単によりよい選択肢がないからに過ぎない。内容に即した呼称を案出するのは、当該知識の内容的特徴の解明自体が本稿の目的に含まれる以上、論点先取のおそれがある。Ontologia系統の伝統的呼称を別様に訳すことも考えられようが、そもそも述定的な「ある」を表す資源が日本語の漢語に乏しいという困難がある。例えば「有論」は所有のニュアンスや仏教的文脈を誤って示唆しうるうえ、「有」と「である」の関連は現代日本語の用字法に照らして必ずしも明瞭でない。かくして、簡潔な呼称を求める限り、「存在論」という通称を避けることは難しい。また、ontologia, ontology etc. の概念理解の歴史的多様性は明らかであり、「存在論」という語は必ずしも特定の概念理解を直ちに呼び出すものではない。ゆえに、「存在論」という日本語が厳密には誤称であることに留意しつつ、あえて一種のラベルとして採用することは許容可能でもあると思われる。

（3）問題の古典的な定式化としてAubenque 1962: 222を参照。これについては本論文の第2節で詳論する。

（4）典型例としてIrwin 1988: esp. ch. 8-9が挙げられる。

（５）Colle 1931; 出　一九六八；Ross 1984; Cassin & Narcy 1989; Kirwan 1993; Hecquet-Devienne 2008の諸訳はいずれもこの理解を示す。

（６）ナンバリングはMadigan 1999に従う。

（７）例えばRoss 1924, vol.1: xvi; Madigan 1999: xiiiがこのグルーピングを採る。

（８）Cf. Crubellier & Laks 2009: p.20. なおCrubellier & Laksは続く第五アポリアをもこのグループに含めることを提案しており、同書所収のDe Haas 2009も同様の読解方針を採る。

（９）実際のところ、単に著作内の記述の整合性という観点から言えば、条件C3がC1よりよく知識の三要素説に整合するかは明らかではない。『形而上学』Ι巻には、論拠は明確でないものの、ウーシアもあると一と同じ理由で類でないという趣旨の記述が見られるからである（*Met.* I2, 1054a22-24）。

（10）Aubenque 1962: 222.

（11）Owen[1960]1986; Owen [1966] 1986; Irwin 1988; Berti[1997]2004.

（12）Cf. Berti[1997]2004: 288. 周知の通りOwen [1960] 1986は『オルガノン』と『形而上学』Γ巻の間に焦点的意味の発見という画期を想定するが、Code 1996やShields 1999: ch.9が論じるように、この画期の想定、およびその論拠となるテクスト解釈は妥当性を欠く。

（13）Irwin 1988; Nussbaum 2001.

（14）Fraser 2002: 54-55.

（15）Bolton 1995; Fraser 2002; Bell 2004; Delcomminette 2018. もっとも、長期的に見れば、これは必ずしも新奇な解釈指針というわけではない。それどころか、夙にアフロディシアスのアレクサンドロスが、論証知の枠組みで存在論を解釈している。Cf. Bonelli 2010.

（16）Fraser 2002.

（17）Cf. 中畑　二〇二〇。

（18）Delcomminette 2018: 345.

（19）Berti [1973] 2012.

(20) Hecquet-Devienne 2008 の校訂版はこの一節を1004a2の直後に移動する提案を行っている。これは1004a2-9の位置づけに関する解釈上の問題の解決を図る提案だが、写本上の根拠を欠き、内容上の必然性にも乏しい。

(21) 引用箇所の訳においては「種」という訳語を避けたが、それは、この訳語がもつ排他的な場合分けという含みが、例えば〈同じ〉があるもののエイドスであるという主張を理解する際の障害となるように思われるからである（この論点は荻原理氏のご教示による）。排他性を読み込まない場合、「*X*は*Y*のエイドスである」という関係は必ずしも*Y*の分類を与えない。とはいえ、その場合でも関係の推移性は認められ、また「エイドスのエイドス」が語られる自体的属性内部では実質的に分類を与えうる。したがって、エイドスを単に種と解する点は、ベルティの解釈の致命的な欠陥ではない。

(22) 例えばMerlan 1960; Happ 1971を見よ。実際、ベルティのこの論考の研究史上の主要な寄与は、帰一性の文脈と「反対者の還元」の文脈を混同し、議論全体にプラトン主義的「導出体系」(Ableitungssystem) の反映を読み込むP・メルラン以来の錯綜した解釈路線を打ち切ったことにある (cf. Lefebvre 2008: 288, 302)。

(23) 知識の類を術語的に解する動機の一つは、知識の類を、少なくとも第一義的には一定の学問領域が扱う諸対象の全体を包摂する最大類であるとする解釈であろう (e.g., Hintikka 1972; Barnes 1993: 119)。だが近年Steinkrüger 2018が説得力をもって示したように、この解釈は必ずしも必要でない。

(24) Cf. Castelli 2018: xviii.

(25) 以上の説明と例示はBronstein 2016: ch.3の記述に基づく。河谷一九九五も同様の説明を行っている。

(26) Cf. Berti [1997] 2004; Leszl 2008.

(27) Cf. Berti [1997] 2004. ただしベルティは以下に示す解釈と異なり、「試問的」を問い手の営みに属するという意味に理解し、これに対して「知っている者として」という特徴づけをもっぱら答え手の側に置いている。

(28) テクスト理解に争いのある箇所だが、主要写本の読みに基づき、納富 二〇一四：Hecquet 2019の解釈に従う。

(29) 本研究はJSPS科研費23KJ0526の助成を受けたものである。元になった原稿は、哲学会第六二回研究発表大会において発表の機会を得た。発表にコメントいただいた方々に感謝する。また、とりわけ荻原理氏、西岡千尋氏、および『哲学雑誌』の匿名査読者には、詳細かつ有益なコメントをいただいた。ここに記して感謝する。

参考文献

Aubenque, P. (1962) *Le problème de l'être chez Aristote*, Presses Universitaires de France.

Bell, I. (2004) *Metaphysics as an Aristotelian Science*, Academia Verlag.

Berti, E. [1973] (2012) "La «riduzione dei contrari» in Aristotele" in E. Berti (2012) *Studi aristotelici*, Morcelliana, 253-280.

Berti, E .[1997] (2004) "Philosophie, dialectique et sophistique dans *Métaphysique* Γ2" in E. Berti, *Nuovi studi aristotelici I: Episemologia, logica e dialettica, Morcelliana*, 283-297.

Bronstein, D. (2016) *Aristotle on Knowledge and Learning*, Oxford University Press.

Bolton, R. (1995) "Science and the Science of Substances in Aristotle's *Metaphysics Z*" *Pacific Phlosophical Quarterly* 76: 419-469.

Bonelli, M. (2010) "Alexander of Aphrodisias on the Science of Ontology" in F. A. J. de Haas, M. Leunissen & M. Martijn (eds.) *Interpreting Aristotle's* Posterior Analytics *in Late Antiquity and Beyond*, Brill, 101-121.

Cassin, B. & Narcy, M. (1989) *La décision du sens*, J. Vrin.

Castelli, L. (2018) *Aristotle* Metaphysics *Book Iota*, Oxford University Press.

Code, A. (1996) "Owen on the Development of Aristotle's *Metaphysics*" in W. Wians (ed.) *Aristotle's Philosophical Development*, Rowman & Littlefield, 303-325.

Colle, G. (1931) *La Métaphysique livre IV*, Éditions de l'Institut supérieur de Philosophie.

Crubellier, M. & Laks, A. (eds.) (2009) *Aristotle*: Metaphysics *Beta. Symposium Aristotelicum*, Oxford University Press.

De Haas, F. A. J. (2009) "*Aporiai* 3-5" in Crubellier, M. & Laks, A. (eds.) *Aristotle*: Metaphysics *Beta. Symposium Aristotelicum*, Oxford University Press.

Delcomminette, S. (2018) *Aristote et la nécessité*, J. Vrin.

Fraser, K. (2002) "Demonstrative Science and the Science of Being qua Being," *Oxford Studies in Ancient Philosophy* 22: 43-82.

Happ, H. (1971) *Hyle*, De Gruyter.

Hecquet, M. (2019) *Aristote Les réfutations sophistiques*, J. Vrin.

Hecquet-Devienne, M. (2008) "Introduction, texte grec et traduction" in Hecquet-Devienne, M. & Stevens, A. (eds.), *Aristote* Métaphysique *Gamma, Peeters*, 1-169.

Hecquet-Devienne, M. & Stevens, A. (eds.) (2008) *Aristote Métaphysique Gamma*, Peeters.

Hintikka, J. (1972) "The Ingredients of Aristotelian Science," *Noûs* 6, 55-69.

出隆（訳）（一九六八）『アリストテレス全集　一二　形而上学』岩波書店

Irwin, T. (1988) *Aristotle's First Principles*, Oxford University Press.

河谷淳（一九九五）「『分析論後書』における「自体性」と「必然性」：「論証」の理想と現実」東京大学大学院人文社会系研究科哲学研究室『論集』一三、九六－一〇六。

Kirwan, C. (1993) *Aristotle Metaphysics Books* Γ, Δ, *and* E, 2nd ed., Oxford University Press.

Lefebvre, D. (2008) "L'usage de la série des contraires en *Métaphysique* Γ2, 1004b27-1005a5" in Hecquet-Devienne, M. & Stevens, A. (eds.), *Aristote* Métaphysique *Gamma*, Peeters, 287-321.

Leszl, W. (2008) "On the Science of Being qua Being and its Platonic Background" in Hecquet-Devienne & Stevens (eds.), *Aristote* Métaphysique *Gamma*, Peeters, 217-265.

Madigan, A. (1999) *Aristotle* Metaphysics *Books* B *and* K 1-2, Oxford University Press.

Merlan, P. (1960) *From Platonism to Neoplatonism*, 2nd ed., Martinus Nijhoff.

中畑正志（二〇一五）「移植、接ぎ木、異種交配：「実体」の迷路へ」村上勝三編『越境する哲学：体系と方法を求めて』春風社、二二一－二六五。

中畑正志（二〇二〇）「アリストテレスは「存在論」を語らない：オントロジーの概念と歴史の再考に向けて」土橋茂樹編『存在論の再検討』月曜社、四五－七五。

納富信留（二〇一四）「問答法、試問術とソクラテス：アリストテレス『ソフィスト的論駁について』34.183a37-b8」『フィロロギカ』九、三一－三八。

Nussbaum, M. C. (2001) "Saving Aristotle's Appearances" in *The Fragility of Goodness: Luck and Ethics in Greek Tragedy and Philosophy*, Updated Edition, Cambridge University Press, 240-263.

Owen, G. E. L. [1960] (1986) "Logic and Metaphysics in Some Earlier Works of Aristotle" in G. E. L. Owen, *Logic, Science and Dialectic*, Cornell University Press, 180-199.

Owen, G. E. L. [1966] (1986) "The Platonism of Aristotle" in G. E. L. Owen, *Logic, Science and Dialectic*, Cornell University Press, 200-220.

Ross, W. D. (1924) *Aristotle Metaphysics*, 2 vols, Oxford University Press.

Ross, W. D. (1964) *Aristotelis Analytica priora et posteriora*, praefacione et appendice avxit L. Minio-Paluello, Oxford University Press.

Ross, W. D. (1984) "Metaphysics" in J. Barnes (ed.) *Complete Works of Aristotle*, Vol.2.

Shields, C. (1999) *Order in Multiplicity*, Oxford University Press.

Steinkrüger, P. (2018) "Aristotle on Kind-Crossing," *Oxford Studies in Ancient Philosophy* 54, 107-158.

哲学会公募論文募集のお知らせ

哲学会では『哲学雑誌』に、従来の「若手論文」枠とは別に、「哲学会公募論文」枠を設け、会員の皆様からの論文を募集しています。来年10月発行予定の『哲学雑誌』第139巻第812号に掲載される公募論文の応募要領は以下のとおりです。掲載論文は三編以内、審査は哲学会編集委員会（編集委員以外の依頼査読者を含む）によって厳正に行われます。

なお、広く皆様からの論文を募るため、公募論文の枚数制限を400字詰め原稿用紙換算で40枚以上100枚以内と設定いたします。会員の皆様の力作を心よりお待ちしております。

応募要領

応募資格：本会会員
論　　題：哲学一般に関わるもの（ただし応募論文は未発表のものに限る）
制限枚数：400字詰原稿用紙換算で（註・文献一覧等も含めて）40〜100枚
締　　切：2025年1月末日（必着）
送 付 先：〒113-0033　東京都文京区本郷7－3－1
東京大学大学院人文社会系研究科哲学研究室内　哲学会宛
提出部数：計5部

編集後記

ここに『哲学雑誌』第一三八巻第八一一号をお届けいたします。今号の特集「「世界哲学」という視点」の執筆は、昨年度研究発表大会での同タイトルのシンポジウムにご登壇いただいた諸先生に加え、大西克智先生、小村優太先生にお願いいたしました。また今号では、公募論文および研究論文に多数のご応募があり、結果として多彩かつ重厚な巻となりました。皆様のご協力に心より御礼申し上げます。

今号のテーマとなっております「世界哲学」は、ご存じ二〇一八年から日本を中心的な拠点として展開を続けているプロジェクトです。発端は日本にありますが、もちろん世界のあらゆる人々が参加し、また世界のあらゆる思想、言説、そしてリアルな問題と向き合い展開される、まさに国や地域の垣根を越える哲学であることが意図されております。このような狙いをもったプロジェクトには、おそらく「哲学」という営みからして必然的に要請されるという側面だけでなく、まさにいまこの時代によって要請される側面があるということ、このことを示すと思われる「事件」は、世界情勢を一瞥しただけでも（残念ながら）枚挙に暇がありません。今年八月に、二〇二八年の世界哲学会議の東京での開催が決定したことは、この激動の情勢における「世界哲学」という視点への世界の期待・注目と重なるものに思われます。（J・K）

（付記）本号所収の研究論文は、哲学会理事に委託された審査員の審査を経たものである。

◆学会通知

一　本年度のカント・アーベントが左記の通り行われました。

日　時　二〇二四年四月二十日（土）
　　午後二時～午後五時十分

場　所　東京大学本郷キャンパス法文二号館　教員談話室

カント生誕三〇〇年記念研究報告会

司会　東京女子大学　山田有希子

時間と自由――カント超越論的哲学からのメッセージ　立正大学　湯浅　正彦

カントの観念論と心の外側　駒澤大学　滝沢　正之

カントのテキストと現代　大東文化大学　山根雄一郎

二　来る十一月二日（土）・三日（日）の両日、東京大学本郷キャンパス法文二号館一番・二番大教室に於いて第六十三回研究発表大会を開催いたします。

哲学会第六十三回研究発表大会プログラム

第一日（十一月二日）

◇研究発表　（午後一時～三時一五分）

1　哲学の体系と存在論（Ontologia）の諸問題　東洋大学　今井　悠介

2　自己犠牲的行為について　立正大学　竹内　聖一

3　人工知能開発と哲学研究　立教大学　村上　祐子

◇ワークショップ　（午後三時三十分～五時三十分）

「主権・連邦・土地の社会哲学」　京都外国語大学　伊多波宗周

東京大学　二井　彬緒

コーディネーター　大正大学　高橋　若木

「変化する意味」　東京大学　藤川　直也

東京大学　朝倉　友海

コーディネーター　東京大学　古荘　真敬

第二日（十一月三日）

◇研究発表　（午前十時～十二時）

1　モラリズムについて　東京大学　渡辺　一樹

2　読心論争における「崩壊の恐れ」について
——理論的推論とシミュレーションに違いはあるのか　東京大学　藤原　諒祐

3　痛み体験の現象学
——フッサール『論理学研究』における身体の不在　東京大学　大内　良介

◇総会　（午後一時～一時二十分）

◇シンポジウム　（午後一時三十分～五時）

「哲学会と近現代の日本哲学」

提題者　京都大学　上原麻有子

東北大学　野家　啓一

専修大学／大阪大学　檜垣　立哉

司会　聖心女子大学　加藤　和哉

執筆者紹介（執筆順）

頼住《よりずみ》　光子《みつこ》　駒澤大学教授
原《はら》　和之《かずゆき》　東京大学教授
中野《なかの》　裕考《ひろたか》　お茶の水女子大学准教授
河本《かわもと》　英夫《ひでお》　東洋大学名誉教授
大西《おおにし》　克智《よしとも》　九州大学教授
小村《こむら》　優太《ゆうた》　早稲田大学准教授

納富《のうとみ》　信留《のぶる》　東京大学教授
乗立《のりたて》　雄輝《ゆうき》　東京大学准教授
岡本《おかもと》　賢吾《けんご》　東京都立大学名誉教授

齋藤《さいとう》　直子《なおこ》　京都大学教授
相澤《あいざわ》　康隆《やすたか》　山梨大学准教授
今村《いまむら》　健一郎《けんいちろう》　愛知教育大学准教授

柳瀬《やなせ》　大輝《ひろき》　東京大学大学院人文社会系研究科博士課程
杉本《すぎもと》　英太《えいた》　東京大学大学院人文社会系研究科博士課程／日本学術振興会特別研究員

「世界哲学」という視点
Perspectives on "World Philosophy"
哲学雑誌　第138巻　第811号

2024年10月26日　初版第1刷発行

東京都文京区本郷7の3の1
〔東京大学大学院人文社会系研究科哲学研究室内〕
郵便振替番号　00120-7-2105

編集者　哲学会
葛《くず》谷《や》　潤《じゅん》
鴻《びしゃご》　浩《こう》介《すけ》

発行所　哲学会

発売所　株式会社　有斐閣
郵便番号 101-0051
東京都千代田区神田神保町2-17
電話 (03) 3265-6811〔営業〕
http://www.yuhikaku.co.jp/

印刷・製本／株式会社文成印刷

ISBN978-4-641-49015-4